KB031532

독도를 보는 한 눈금 차이

독도를 보는 한 눈금 차이

지 은 이 · 영남대학교 민족문화연구소
이동순(소장), 김호동, 이창언, 박성용, 김윤곤
발 행 인 · 김 윤 태
발 행 처 · 도서출판 선
편 집 · 오 경 애

등록번호 · 15-201
등록일자 · 1995. 3. 27

초판 1쇄 인쇄 · 2006. 1. 20
초판 1쇄 발행 · 2006. 1. 23

주 소 · 서울시 종로구 돈의동 114-1 초등교회 206호
전 화 · 02-762-3335 팩스 02-762-3371
E-mail · sunytk@hanmail.net

값 15,000원
ISBN 89-86509-70-9 03900

독도를 보는 한 눈금 차이

■ 영남대학교 민족문화연구소 편

■ 책머리에

왜 이렇게도 한국의 땅 독도를 두고 소란인가?
그 어떤 기록이나 역사적 고증을 통해서도 한국의 영토가 분명한 독도를 두고 왜들 이렇게 난리인가?

소란의 근원은 오로지 일본의 억지 주장 때문인 바, 모든 한국인들은 이제 더 이상 참고 보기가 어려운 지경에 이르렀다. 저 일본인들은 한국과 한국인의 정체성에 훼손을 주려는 저의를 지니고 틈만 나면 음모를 꾸미는 기회를 만들곤 하였던 것이다.

지역문화 창달과 민족문화의 정체성 확립에 노력해온 영남대학교 민족문화연구소는 진작부터 한일 양국간의 현안의 하나인 독도 문제에 관심을 가져왔다. 그리하여 그 노력의 결산으로 「울릉도·독도에 관한 종합적 연구」를 세상에 내놓은 바 있다.

당시 연구는 국사학, 법학, 인류학, 국어학, 해양 및 자연생태학 분야의 여러 연구자들이 울릉도와 독도를 테마로 하여 최초로 학제간 연구를 시도하였다는 점에서 주목할만 하다. 이 연구를 통하여 독도에 관한 연구가 단지 영유권 문제에만 국한했던 점을 반성하고 독도와 울릉도가 시공간적 차원에서 둘로 분리할 수 없는 하나의 생활권역으로서의 공동운명체라는 사실을 확인할 수 있었다. 하지만 그 책은 한정판에다 비매품이었으므로 일반 독자들에게 널리 보급되지 못하였다.

2005년 일본의 시마네현 의회가 '다케시마의 날'을 제정하고, 일본 공민교과서에서 '다케시마는 국제법상으로도 일본 고유의 영토이다'라고 기록하고 화보를 통해 한국이 불법 점거하고 있다는 사실을 대대적으로 보도하였다.

더불어 독도를 다케시마로 바꾸어 보도한 사실이 알려지면서 독도에 관한 관심은 국제적 정치적 문제로 비화되었다.

그동안 영남대학교 민족문화연구소는 독도와 울릉도, 그리고 동해안에 관한 연구를 계속하여 「동해안어촌민속지자료편」(2000.5)를 내놓았고, 한국학술진흥재단의 지원으로 2003년에 「울릉도·독도 동해안 주민의 생활구조와 그 변천 발전」, 「동해안 지역의 방언과 구비문학 연구」, 「울릉도·독도 동해안 어민의 생존전략과 적응」 등 3권의 책을 발간하였다. 계속해서 「전근대 동해안 지역사회의 운용과 양상」, 「울릉도·동해안 어촌지역의 생활문화연구」 등 2권의 책을 2005년 봄에 잇따라 발간하였다.

이번에 펴내는 책은 독도 문제에 관한 기존의 연구성과 중에서 중요한 사실들을 가려 뽑고 재구성하여 일반 독자들이 읽기 쉽도록 다시 풀어서 쓴 것이다.

원래 울릉도와 독도는 둘이 아니라 하나이다.

우리는 이 책을 통해 독도와 그 근해가 역사적 전통적으로 울릉도민, 그리고 동해안 및 남해안 어민들의 삶의 텃밭이었음을 다시 한번 확인하고자 하였다.

아무쪼록 이 책이 독도에 관한 그릇된 지식과 정보를 바로잡는 다행스런 계기가 되었으면 한다.

이 책이 출간되기까지 영남대 민족문화연구소 상임연구원 김호동, 이창언, 남경란, 박영식 선생이 열과 성을 다해 헌신적 노력을 쏟았다. 그들의 노력은 날이 갈수록 빛을 발하게 될 것이다.

어렵고 힘든 시기에 이 책의 출판을 맡아준 선출판사 김윤태 사장에게 깊은 감사를 드리는 바이다.

2006년 1월

영남대학교 민족문화연구소 소장 이동순

■차 례

[1] 독도를 일본은 왜 자기네 땅이라고 우기는가?

1905년 일본은 무주지(無主地, 임자 없는 땅)인 다케시마(죽도, 竹島), 즉 독도를 자국의 영토로 삼았다고 한다. 그러면서도 죽도는 역사적으로도 일본의 영토임이 분명하다는 논리적 모순을 범하고 있다. 그에 반해 우리나라에서 독도를 다룬 책들은 삼국시대 이사부의 우산국정벌 이후부터 독도를 우리나라 땅이라고 한다. 어떤 책들은 삼국시대부터 독도에 사람들이 살았다고도 한다. 그랬으면 좋겠지만 독도는 무인도이다. 현재 독도에 호적을 두거나 주민등록을 한 사람마저 독도에 살지 않는다. 독도경비대원들이 독도를 지키지만 그들은 독도주민이 결코 아니다. 독도는 예나 지금이나 유인도라고 볼 수 없다. 독도입도를 허용하지 않았던 시절이나 제한적 입도가 허용되는 지금에서도 입도 제한의 근거로서 천연기념물을 보호하기 위한 문화재보호법이 거론되고 있다. 하지만 그것과는 전혀 무관하게 독도는 사람들이 지속적으로 살 수 있는 기본적 조건을 구비하지 못하고 있다. 독도에 사람이 살았다는 식의 우리 측 문헌은 곧 우리 측의 다른 자료의 신뢰성에 대한 불신을 초래한다는 점을 알아야 한다.

독도가 한국의 고유영토가 된 것은 삼국시대인 서기 512년지증왕 13에 '우산국'이 신라에 복속된 때부터라고 한다. 이 사실은 「삼국사기」 신라본기 지증왕 13년조와 열전 이사부조에 두 차례나 기록되어 있다고 한다.(신용하, 「독도의 민족영토사 연구」, 지식산업사, 1996) 과연 그럴까? 그에 관한 지증왕 13년의 사료를 한번 살펴보기로 한다(열전 이사부에 실려 있는 내용은 지증왕 13년조에 실린 내용과 똑같은 내용이다).

> (지증마립간) 13년 6월에 우산국이 귀복歸服하여 해마다 토의(土宜:토산물)를 바치기로 하였다. 우산국은 명주(溟州, 현 강릉)의 정동쪽의 해도海島에 있어 혹은 울릉도鬱陵島라고도 하거니와, 땅이 사방 100리로, 천험을 믿고 신라에 귀복하지 않았다. 이찬 이사부異斯夫가 하슬라주(何瑟羅主:강릉)의 군주軍主가 되어 생각하되, '우산국 사람은 어리석고도 사나워 위세로써 내복하게 하기는 어려우나 계교를 써서 항복받을 수는 있다' 하고, 이에 목우사자木偶獅子를 많이 만들어 전선에 나누어 싣고 그 나라 해안에 이르러 속여 말하기를, "너희들이 만일 항복하지 아니하면 이 맹수를 놓아 밟아 죽이겠다"고 하였다. 그들이 두려워하며 곧 항복하였다.
>
> –「삼국사기」 권4 신라본기 지증마립간

우산국과 울릉도는 나오지만 독도에 관한 언급은 단 한마디도 없다.

방향에 따라 다양한 모습을 보이는 독도 혹은 세 봉우리, 혹은 두 봉우리로 보인다.

삼국시대의 역사를 담고 있는 또 다른 책인 「삼국유사」의 경우도 마찬가지이다.

> 아슬라주阿瑟羅州 지금 명주 동해중東海中에 순풍順風으로 이틀거리二日程에 우릉도于陵島(지금은 우릉 羽陵이라고 쓴다)가 있으니 주위가 26,130보이다. 도이島夷가 그 해수海水의 깊음을 믿고 교만하여 조공하지 않거늘 왕이 이찬伊湌 박이종朴伊宗으로 하여금 군사를 거느리고 가서 치게 하였다. 이종이 나무로 사자를 만들어 큰 배에 싣고 위협해 말하되 "항복하지 않으면 이 짐승을 놓으리라"하니, 도이島夷가 두려워서 항복하였다. 이종을 포상하여 그 주백州伯 주의 장관으로 삼았다.
>
> -「삼국유사」권1, 기이 1, 지철로왕

이름과 지명은 비록 다르지만 지증왕 대 우산국 정벌에 관한 기록을 담고 있는 내용이 분명하다. 이 책에도 독도에 관한 언급은 없다. 그럼 이러한 주장은 어디에 근거를 둔 것일까?

서기 512년부터 독도는 한국의 영토였다는 것이 역사적으로 증명되었다는 주장을 입증하는 자료로 활용되는 것이 15세기 중엽에 만들어진 「세종실록지리지世宗實錄地理志」이다. 「세종실록지리지」 강원도 삼척도호부 울진현조에 실려 있는 울릉도·독도에 관한 기록은 독도문제를 거론할 적에 가장 많이 인용하는 자료이기 때문에 한 글자도 빠짐없이 인용해보기로 한다.

우산于山과 무릉武陵 두 섬이 현의 정동쪽 바다 가운데에 있다.〔두 섬이 서로 거리가 멀지 않아 날씨가 청명하면 가히 바라볼 수 있다. 신라 때에 우산국于山國, 또는 울릉도鬱陵島라 하였는데, 지방地方이 1백 리이다.

사람들이 지세가 험함을 믿고 복종하지 아니하므로, 지증왕智證王 12년에 이사부異斯夫가 하슬라주何瑟羅州 군주軍主에게 이르기를, "우산국 사람들은 어리석고 사나와서 위엄으로는 복종시키기 어려우니, 가히 계교로써 하리라." 하고는, 나무로 사나운 짐승을 많이 만들어 여러 전선戰船에 나누어 싣고 그 나라에 가서 속여 말하기를, "너희들이 항복하지 아니하면, 이 사나운 짐승을 놓아서 너희들을 잡아먹게 하리라." 하니, 그 나라 사람들이 두려워하여 와서 항복하였다.

고려 태조太祖 13년에, 그 섬 사람들이 백길토두白吉土豆로 하여금 방물方物을 헌납하게 하였다. 의종毅宗 13년에 심찰사審察使 김유립金柔立 등이 돌아와서 고하기를, "섬 가운데 큰 산이 있는데, 산꼭대기로부터 동쪽으로 바다에 이르기 1만여 보이요, 서쪽으로 가기 1만 3천여 보이며, 남쪽으로 가기 1만 5천여 보이요, 북쪽으로 가기 8천여보이며, 촌락의 터가 일곱 곳이 있고, 간혹 돌부처·쇠북·돌탑이 있으며, 멧미나리柴胡·호본蒿本·석남초石南草 등이 많이 난다."하였다.

우리 태조太祖 때, 유리하는 백성들이 그 섬으로 도망하여 들어가는 자가 심히 많다 함을 듣고, 다시 삼척三陟 사람 김인우金麟雨를 명하여 안무사安撫使로 삼아서 사람들을 쇄출刷出하여 그 땅을 비우게 하였는데, 인우가 말하기를, "땅이 비옥하고 대나무의 크기가 기둥 같으며, 쥐는 크기가 고양이 같고, 복숭아씨가 되升처럼 큰데, 모두 물건이 이와 같다." 하였다.〕

위 「세종실록지리지」를 인용하면서 삼국시대부터 독도가 우리나라

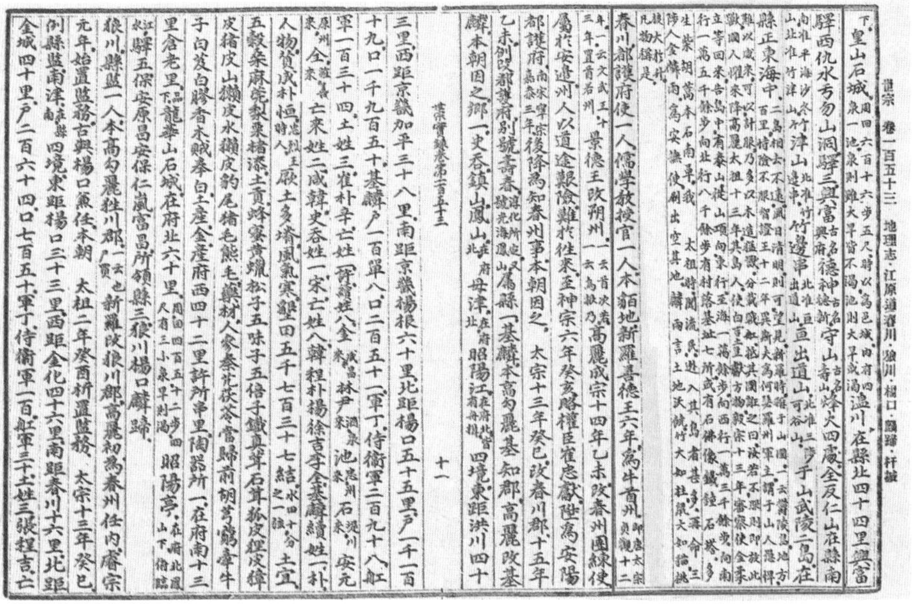

世宗 卷一百五十三 地理志·江原道春川·狼川·楊口·麟蹄·杆城

下。皇山石城。周回六百十六步五尺時以爲邑城內有四泉一池泉則雖大旱常不渴池則大旱或渴 溫川。在縣北四十四里。興富
驛西仇水丐勿山洞驛三。興富古名興府 德神古名德新 守山古名寺山 烽火四處。全反仁山在縣南
南准平海沙冬山北准竹津山 竹津山北准竹邊串 竹邊串北准亘出道山 亘出道山北准可谷山 可谷山北准三陟 于山武陵二島。在
縣正東海中。二島相去不遠風日清明則可望見新羅時稱于山國一云鬱陵島地方百里恃險不服智證王十二年異斯夫爲何瑟羅州軍主謂于山人愚悍
難以威來可以計服乃多以木造猛獸分載戰船抵其國誑之曰汝若不服則卽放此獸國人懼來降高麗太祖十三年其島人使白吉土豆獻方物毅宗十三年審察使金柔
立等回來告島中有泰山從山頂向東行至海一萬餘步向西行一萬三千餘步向南行一萬五千餘步向北行八千餘步有村落基址七所或有石佛像鐵鐘石塔多
生柴胡蒿本石南草我 太祖時聞流民逃入其島者甚多再命三陟人金麟雨爲安撫使刷出空其地麟雨言土地沃饒竹大如柱鼠大如猫桃
核大於升凡物稱是
春川都護府使一人。儒學敎授官一人。本貊地。新羅善德王六年。爲牛首州。卽唐太宗貞觀十二
年一云文武王十三年置首若州 景德王改朔州。一云首次若一云烏根乃 高麗成宗十四年乙未。改春州團練使。
屬於安邊州。人以道途艱險。難於往來。至神宗六年癸亥。賂權臣崔忠獻。陞爲安陽
都護府。南宋寧宗嘉泰三年 後降爲知春州事。本朝因之。 太宗十三年癸巳。改春川郡。十五年
乙未。例改都護府。別號壽春。淳化所定又號光海鳳山 屬縣一。基麟。本高句麗基知郡。高麗改基
麟。本朝因之。鄕一。史呑。鎭山。鳳山。在府北 母津。在府北 昭陽江。在府北皆有舟楫 四境。東距洪川四十

世宗實錄卷第一百五十三　十一

三里。西距京畿加平三十八里。南距京畿楊根六十里。北距楊口五十五里。戶一千一百
十九。口一千九百五十。基麟戶一百單八。口二百五十一。軍丁。侍衛軍二百九十八。舡
軍一百三十四。土姓三。崔朴辛。亡姓。麟蹄續姓八。金咸昌來 林尹酒泉來 池忠州來 石堤川來 安元
原州來 全旌善來 亡來姓二。咸韓。史呑姓一。宋。亡姓八。韓程朴楊徐吉李全。基麟續姓一。朴。
人物。貿戌朴恒。忠烈王時人 厥土多塉。風氣寒。墾田五千七百三十七結。水田十分之一強 土宜
五穀桑麻楮漆。土貢。蜂蜜黃蠟松子五味子五倍子鐵眞茸石茸狐皮狸皮獐
皮猪皮山獺皮水獺皮豹尾猪毛熊毛。藥材。人參秦艽茯苓當歸前胡芎藭牛
子白芨白膠香木賊奉白。土產。金。産府西四十二里許所串里。陶器所一。在府南十三
里倉老里。品下 龍華山石城。在府北六十里。周回四百五十二步四人有三小泉旱則渴 昭陽亭。在府北鳳山下俯臨
江水 驛五。保安原昌安保仁嵐富昌。所領縣三。狼川楊口麟蹄。
狼川縣監一人。本高句麗狌川郡。一云也尸買 新羅改狼川郡。高麗初爲春州任內。睿宗
元年。始置監務。古興楊口兼任。本朝 太祖二年癸酉。析置監務。 太宗十三年癸巳。
例縣監。南津。在縣南 四境。東距楊口三十三里。西距金化四十六里。南距春川十六里。北距
金城四十里。戶二百六十四。口七百五十。軍丁。侍衛軍一百。舡軍三十。土姓三。張程吉。亡

세종실록지리지 독도 사료

땅이라고 하는 경우, 위 사료의 밑줄 친 부분만을 잘라 아래와 같이 인용한다.

> 우산과 무릉 두 섬이 현의 정동 쪽 바다 가운데에 있다. 두 섬이 서로 거리가 멀지 않아 날씨가 청명하면 가히 바라볼 수 있다. 신라 때에 우산국이라 칭하였다.

이 기록에 의거해 「세종실록지리지」는 '울릉도'와 '독도'를 '우산국'이라고 칭했다고 하면서, 우산국이 울릉도와 독도를 영토로 한 해상 소왕국이었음을 명백하게 기록하고 있다고 한다. 또 우산국이 서기 512년지증왕 13에 신라에 병합되었다는 것은 영토상으로 울릉도와 독도가 신라에 병합되었음을 의미한다고 한다. 우산국을 울릉도와 독도라고 한 최초의 기록은 「세종실록지리지」이다. 그러나 우산국이 멸망한 512년에서 「세종실록지리지」가 만들어진 1432년까지는 약 900년의 시간적 간격이 있다. 이 시간적 틈을 보완할 수 있는 객관적 사료는 없다.

이것을 입증하기 위해 1808년에 편찬된 「만기요람萬機要覽」 군정편軍政篇에 "여지지輿地志에 이르기를 울릉도와 우산도는 모두 우산국 땅이다. 우산도는 왜인들이 말하는 송도松島이다."라고 한 기록을 들고 있다(신용하, 「독도의 민족영토사 연구」(지식산업사, 1996, 27~28쪽) 및 「신용하의 독도 이야기」(살림, 2004, 10~11쪽) 참조). 그러나 이 자료는 「세종실록지리지」보다 훨씬 후대의 자료로서 「세종실록지리지」에 근거하여 언급하였다고 보아야 할 것이다. 일본의 「혐한류」란 만화를 보면 한일간 독도 분쟁은 “한국에서는 한문 자료를 읽지 못하는 사정 때문”이라고 언급되어 있다. 이것을 일고의 가치가 없다고 웃어넘길 일이 아니라 우리 측의 지나친 독도자료에 대한 의미 부여가 일본인으로 하여금 한문에 대한 무지의 소치로 치부되기까지 한다는 것을 생각해야만 한다.

독도를 한국 땅이라고 한 미촌수수梶村秀樹가 ‘독도 문제란 무엇인가?’(「일본인 역사학자가 말한다 왜 독도는 한국 땅인가?」 다함께, 2005)에서조차 “독도를 선험적으로 울릉도의 속도라고 보는 관점에서 그것이 당연히 우산국의 판도에 이미 들어가 있어야 할 것이라는 견해가 한국에 일부 있기는 하지만, 멀리 떨어져 있는 무인도인 독도가 우산국의 판도에 들어가 있다는 직접적인 증거도 없다”라고 한 지적을 우리는 귀 기울여야만 한다. 독도문제에 관한한 설득의 주된 대상은 일본이다. 「세종실록지리지」와 「만기요람」에 의거해 울릉도와 독도를 우산국이라고 한 우리 측 주장이 일본과 국제사회에 얼마만큼 설득력을 가질 것인가에 대한 질문을 던지고 이에 대한 보완을 해 나가야만 할 것이다.

[2] 독도는 울릉도에서 과연 육안으로 보이는가?

「세종실록지리지」에 의하면 우산도와 무릉도는 "날씨가 청명한 날이면 서로 바라볼 수 있다"고 기록되어 있다. 「세종실록지리지」는 세종조 당시 조선왕조의 영토에 관한 기록을 담고 있다. 그렇기 때문에 이 기록을 두고 한국측은 울릉도에서 날씨가 청명한 날 서로 바라볼 수 있는 우산도는 지금의 독도라고 하면서 독도가 우리나라의 영토였음이 역사적으로 입증된다고 하였다. 이에 반해 일본학자들은 울릉도에서 독도가 보이지 않는다고 주장한다. 그들은 우산도는 울릉도 저동 앞에 있는 죽도죽서도, 혹은 관음도라고도 한다.

그러나 이 두 섬은 울릉도에서 폭풍우가 치는 날에도 볼 수 있기 때문에 굳이 날씨가 맑은 날에 보인다고 기록할 필요가 없다. 이 때문에 1960년대 일본 외무성의 조사관 가와까미 겐조는 「세종실록지리지」

의 기록은 울릉도에서 독도를 본 것이 아니라 본토에서 울릉도를 본 것이라고 주장하였다. 그는 울릉도에서 독도를 볼 수 없다는 것을 입증하기 위해 해상에서 물체를 볼 수 있는 거리를 구하는 공식까지 제시하기까지 하였다. 그는 지구가 둥글기 때문에 해상에서 시선이 닿을 수 있는 거리시달거리를 계산하는데 다음과 같은 수식을 사용하였다.

$D=2.09(\sqrt{H}+\sqrt{h})$

D: 시달거리(해리) 1해리=1,852km

H: 목표물의 수면으로부터의 높이(m)

h: 눈의 높이(관측자가 선 지점의 해발높이+관측자의 눈높이(m)

그는 목표물의 수면으로부터의 높이H를 독도 서도 정상의 높이 157m로 잡고, 바닷가에서 선 사람의 눈높이, 즉 수면에서 눈까지의 높이h 4m로 대입하여 계산한 결과 시달거리는 30.5해리라고 하였다. 울릉도에서 독도까지의 거리가 92km이므로 울릉도에서 독도를 볼 수 없다고 하였다. 따라서 독도를 보기 위해서는 배를 타고 34km 이상 바다에 나가야 한다고 주장하였다. 아울러 울릉도에서 독도에 이르는 해역은 한류와 난류가 교차하기 때문에 안개가 잦아서 독도를 볼 수 있는 맑은 날은 극히 한정되어 있다고 한다.

이 공식을 그대로 적용하여 반론을 제기한 이한기는 울릉도의 최고봉에 오르지 않더라도 약 120m만 올라가면 충분히 독도를 볼 수 있다고 지적하면서, 가와까미 겐조가 울릉도에서의 눈높이를 4m로 정해 의도적인 결론을 유도하려는 속셈을 가지고 있었다고 비판하였다. 이에 대해 가와까미 겐조는 울릉도는 원시림이 울창하여 200m 정도 올라가기 어렵고, 나뭇가지에 가리거나 한난류의 교차로 발생한 안개 때문에 독도를 볼 수 없다고 하였다.

책상머리에 앉아 복잡한 수학공식을 적용하여 울릉도에서 독도가 보이지 않는다는 것을 입증한다는 것 자체가 참으로 우스꽝스러운 일이다. 울릉도에서 육안으로 독도를 실제 확인해보면 될 일을 갖고. 그러나 그런 공식을 갖고 논란을 벌일만큼 독도를 육안으로 관찰한다는 것은 쉽지 않다. 독도 근해는 항상 짙은 안개가 드리워져 있다. 1년 365일 가운데 안개가 끼지 않는 날은 겨우 60~90일 정도이다. 울릉도에서 독도를 볼 수 있는 시기는 1년 중 일기가 가장 청명한 9월부터 이듬해 2월 사이에 가능하다. 그러니 「세종실록지리지」에서 날씨가 맑은 날 보인다고 기록에 남겼으리라.

울릉도에서 독도를 볼 수 있다는 말을 듣고 울릉도에 간 숱한 관광객들은 날씨가 맑은 날에도 불구하고 독도를 볼 수 없다는 것을 알고 대개 실망하고 의구심을 갖고 돌아선다. 현재 울릉도에서 독도를 찍은 사진이 몇몇 책에 실려 소개되고 있다. 좀 더 많은 사진을 확보하기 위해 울릉군에서 독도를 촬영한 사진들에 대해 포상을 하고, 그 사진들을 그 촬영장소에 게시해 둔다면 좋은 관광거리가 될성 싶다. 그런 포상이 알려 진다면 비교적 관광객이 적은 늦가을에서 겨울 사이에 울릉도 관광객 증가의 한 요인이 될 지도 모른다는 생각도 실없이 해본다. 또 망원경을 비치해 맑은 날 독도 근해에 짙은 안개가 드리워져 있는 것을 보여주는 것도 좋을 듯한데.

1998년 5월 8일, 경상북도의 학술용역인 「울릉도·독도 종합적 연구」에 참여한 영남대학교 민족문화연구소 연구진들이 독도에 입도한 적이 있었다. 그때 울릉도는 구름 한 점, 바람 한 점 없는 날이었다.

그러나 독도근해는 한 치 앞을 바라볼 수 없는 짙은 안개에 쌓여 있었다. 한순간 짙은 안개 속에 불쑥 독도가 솟아나는 바람에 깜짝 놀랐다. 독도에 머문 지 몇 시간도 안되어 파도가 높아져 철수해야 한다는 선장의 독촉에 서둘러 배에 올랐다. 높은 파도에 겁을 잔뜩 집어먹고 돌아섰건만 울릉도 근해는 아침에 떠날 때 그대로의 모습이었다. 한류와 난류가 교차하는 독도해역은 예나 지금이나 그런 모습으로 존재했었다.

울릉도에서 독도를 찍은 사진은 몇몇 알려져 있지만 독도에서 울릉도를 보고 찍은 사진은 더더욱 없다. 그간 독도에 들어간다는 것이 북녘 땅에 들어간다는 것 못잖게 어렵다는 점에서 당연하겠지만 독도에서 울릉도를 찍은 사진도 확보할 필요가 있다. 굳이 사진을 찍고자 한다면 독도수비대에서 사진을 찍으면 쉬이 해결되리라고 본다. 어쩌면 독도를 지킨다는 것 그것 못지않게 중요한 일의 하나일 것 같다.

울릉도에서 독도를 바라본다는 것은 그만큼 어렵다. 그럼에도 불구하고 「세종실록지리지」에 두 섬을 서로 바라볼 수 있다고 기록한 것은 오랜 세월동안 양쪽에서 부단히 서로 보면서 그것을 알게 된 체험의 축적이다. 이것은 독도가 울릉도민, 나아가 우리나라 동·남해 어민들의 삶의 터전으로서 계속적으로 이용되었음을 말해주는 것이다. 그 시점은 「세종실록지리지」가 만들어지기 이전에, 그 상한선은 우산국시대까지 거슬러 올라갈 것이다. 이것을 입증하는 것이 독도는 삼국시대부터 우리나라 땅이라는 것을 역사적으로 증명하는 것이다.

「세종실록지리지」에 우산과 무릉, '두 섬이 날씨가 청명하면 서로 보인다' 고 한 기록은 국제사회를 설득하는데 중요한 자료로 활용될 수 있다. 이것은 국제법상 영토판단의 한 근거인 '어느 쪽이 얼마만큼

울릉도에서 보이는 독도 2005.3.19(사진제공: 한국외국어 대학교 독도연구회)

계속적으로 이용해 왔는가'의 측면에서 중요한 의미를 갖는 기록이다. 그 기록은 「고려사지리지」와 「신증동국여지승람」에도 실려 있다.

1882년 4월, 고종은 이규원을 울릉도 검찰사로 보내면서 우산도 등에 대한 조사도 당부하였다. 이규원은 「검찰일기」에서 "울릉도의 최고봉인 성인봉 꼭대기까지 올라가 사방을 둘러보았는데 섬이 하나도 없습니다"라고 고종에게 보고하였다. 일본 학자들은 당시 이규원의 이러한 언급을 들면서 조선 조정은 독도를 조선 영토로 인식하지 않았다고 주장한다. 대개 봄의 경우 울릉도에서 독도를 본다는 것은 쉽지 않다. 음력 4월, 이규원이 성인봉에서 독도를 보지 못한 것은 어쩌면 당연하다. 지리지 외에 육안으로 울릉도에서 독도를 관찰한 기록은 숙종조 장한상의 「울릉도사적」에서 확인된다.

1694년숙종 20 9월 20일부터 10월 3일까지 울릉도에 체류하여 조사활동을 펼친 장한상의 「울릉도사적」에 "동쪽을 바라보면 바다 가운데 한 섬이 보이는데 아득히 진방辰方에 위치하며 그 크기는 울도의 3분의 1 미만이고 (거리는) 삼백여 리에 불과하다"고 한 기록이 나온다. 진방辰方의 방위는 동남동인데 독도는 울릉도의 동남동에 위치하고 있다. 비록 크기는 과장되어 있지만 장한상이 확인한 이 섬은 바로 독도를 가리키는 것이다. 장한상이 독도를 이렇게 정확하게 관찰할 수 있었던 것은 그가 울릉도에 입도한 시점이 현재 울릉도에서 독도를 관찰하기에 가장 적절한 가을 청명한 날에 해당하는 시점이기 때문이다.

조선조에 울릉도로 입도한 관인들 대다수는 입도하기 가장 좋은 봄 4, 5월에 입도하였다. 그러나 이때 독도를 보기는 쉽지 않다. 그에 반해 장한상이 입도한 가을날은 태풍 등으로 입도하기에는 어려움이 있지만 독도를 관찰하기에는 가장 적절한 시기여서 독도를 보았던 것이

동도에서 보이는 울릉도

다. 장한상에 의해 「세종실록지리지」의 기록, "두 섬이 서로 거리가 멀지 않아 날씨가 청명하면 가히 바라볼 수 있다"는 내용이 공식적으로 확인된 셈이다. 이규원은 지리지와 장한상의 기록을 숙지하고 있었고, 그 때문에 성인봉에 올라가 둘러보았지만 자신이 그것을 확인할 수 없었다고 적은 것에 불과한 것이다. 이를 두고 조선 조정이 독도를 조선 영토로 인식하지 않았다고 주장하는 것은 어불성설이다.

[3] 독도에 관한 최초의 기록은 언제일까?

울릉도에서 날씨가 맑은 날 육안으로 보이는 우산도가 독도임이 분명하다면, 독도, 즉 우산도가 문헌상 처음 등장하는 시기는 언제일까? 문헌상 우산도를 직접 거론한 최초의 기록은 1417년태종 17 2월 다음의 기록이다.

> 안무사 김인우가 우산도에서 돌아와 토산물인 대죽大竹·수우피水牛皮·생저生苧·면자綿子·검박목檢樸木 등을 바쳤다. 또 그곳의 거주민 3명을 거느리고 왔는데, 그 섬의 戶는 15口요, 남녀를 합치면 86명이었다. 김인우가 갔다가 돌아올 때에, 두 번이나 태풍을 만나서 겨우 살아날 수 있었다고 했다.
>
> -「태종실록」 태종 17년 2월 임술

우의정 한상경, 6조·대간에 명하여, 우산·무릉도의 거민居民을 쇄출刷出하는 것의 편의 여부를 의논케 하니, 모두가 말하기를, "무릉의 주민은 쇄출하지 말고, 오곡과 농기를 주어 그 생업을 안정케 하소서. 인하여 주수主帥를 보내어 그들을 위무하고 또 토공을 정함이 좋을 것입니다."라고 하였다. 그러나, 공조판서 황희만이 유독 불가하다 하며, "안치시키지 말고 빨리 쇄출하게 하소서."하니, 임금이, "쇄출하는 계책이 옳다. 저 사람들은 일찍이 요역을 피하여 편안히 살아왔다. 만약 토공을 정하고 주수를 둔다면 저들은 반드시 싫어할 것이니, 그들을 오래 머물러 있게 할 수 없다. 김인우를 그대로 안무사로 삼아 도로 우산·무릉 등지에 들어가 그곳 주민을 거느리고 육지로 나오게 함이 마땅하다."하고, 인하여 옷衣·갓笠과 목화木靴를 내려 주고, 또 우산 사람 3명에게도 각기 옷 1습씩을 내려 주었다. 강원도 도관찰사에게 명하여 병선 2척을 주게 하고, 도내의 수군 만호와 천호 중 유능한 자를 선발간택하여 김인우와 같이 가도록 하였다.

–「태종실록」 태종 17년 2월 을축

1417년 2월 5일임술에 "안무사 김인우가 '우산도'에서 돌아왔다고 한 기록과 3일 후인 8일을축에 중앙정부에서 우산·무릉도에 거주하는 사람들을 잡아들일 것인가를 논의하였다는 기록이 우산도를 거론한 최초의 기록이라고 볼 수 있다. 그러나 두 사료를 검토해보면 동해 바다에 우산·무릉의 두 섬이 있다는 것을 분명히 알고 있지만 '우산도'를 독도, 무릉도를 울릉도로 확연히 구분하여 사용하지 않은 채 혼동하여 부르고 있음을 알 수 있다. 아마 그것은 울릉도를 우산국으로 부르면서 우산국 안에 울릉도와 독도를 포함시켜 부른 관행으로 인해 혼동되어 나타난 것이라고 볼 수 있다. 그러나 당시에 '울릉도'와 별개의 다른 섬이 존재하며, 때로는 우산도를 우산국, 또는 울릉도를 지칭하는 뜻으로 사용하기도 하였지만, 그 섬을 별도로 무릉도울릉도와 대칭시켜 구별하여 부를 때 '우산도'로 부른 것만은 분명하다. 울릉도 외에 하나의 별도의 섬이 존재한다는 것을 분명히 인식하고 있었기 때문에 1416년 9월, 김인우를 울릉도 안무사로 삼았을 때 '무릉등처 안무사'라고 호칭하였다. 그를 이 직책에 임명할 당시의 기록을 살펴보면 그것이 더 분명해진다.

> 김인우를 무릉등처 인무사武陵等處 安撫使로 삼았다. 호조참판 박습朴習이 아뢰기를, "신이 일찍이 강원도 도관찰사로 있을 때에 들은 이야기를 말씀드리면 무릉도武陵島의 둘레가 7식息이고, 곁에 작은 섬小島이 있고, 전지가 50여 결이 되는데, 들어가는 길이 겨우 한 사람이 통행하고 나란히 가지는 못한다고 합니다.
>
> –태종실록 태종16년 9월 경인

1141년태종 11에 호조참판 박습이 강원도 감사로 있을 때 무릉도 옆에 작은 섬이 있다는 것을 들었기 때문에 울릉도와 함께 이 섬에 대한 조사를 위해 김인우를 '무릉등처 안무사'로 삼았을 것이다. 그럼에도 불구하고 두 번이나 태풍을 만나 겨우 돌아올 수 있었던 김인우는 울릉도에는 가보았지만 독도, 즉 우산도에는 가보지 못하였을 가능성이 많다. 태종이 '우산·무릉 등지에 들어가 그곳 주민을 거느리고 육지로 나오게 함이 마땅하다'고 하여 김인우를 다시 안무사로 임명한 것이나 '우산 사람 3명' 운운한 것은 김인우가 독도에 가보지 못하였기 때문에 대충 얼버무려 보고하였고, 중앙정부에서는 우산도에도 주민이 살고 있으리라 생각하였기 때문일 것이다.

김인우가 울릉도에 들어갔다 온 태종 17년 이후에 울릉도 외의 또 다른 섬, '독도'를 정확히 인지하게 되었고, 그 섬을 '우산도'로 기록하기 시작하였고, 세종조에 다시 김인우가 울릉도에 파견되면서 독도에 대한 인식이 확연히 자리잡아 「세종실록지리지」에 우산于山과 무릉武陵 두 섬이 현의 정동 쪽 바다 가운데에 있으며, 두 섬이 서로 거리가 멀지 않아 날씨가 청명하면 가히 바라볼 수 있고, 신라 때에 우산국于山國, 또는 울릉도鬱陵島라고 불렀다고 기록하게 되었다고 볼 수 있다.

1417년에 독도가 우리나라의 문헌에 명백하게 기록되어 나온데 반해 일본측의 문헌에서 독도가 처음 나오는 것은 17세기 중엽에 발간된 「은주시청합기隱州視聽合記 : 1667년 발간」이다. 그 기록은 다음과 같다.

> 은주隱州는 북해北海 가운데 있다. 그러므로 은기도隱岐島라고 말한다. … 술해간(戌亥間: 서북 방향)으로 이틀 하룻밤을 가면 송도松島가 있다. 또 1일 거리에 죽도竹島가 있다. 「속언俗言에 기죽도磯竹島라고 말하는데 대나무와 물고기와 물개가 많다. 신서神書에 말하는 50맹猛일까」. 이 두 섬은 무인도인데 고려를 보는 것이 마치 운주雲州에서 은기를 보는 것과 같다. 그러한즉 일본의 서북乾 경지境地는 이 주州로서 한계限를 삼는다.

일본에서 최초로 독도를 기록한 문헌인「은주시청합기」에서는 독도를 송도, 울릉도를 죽도로 부르고 있다. 이 두 섬에서 고려를 보는 것이 마치 일본의 운주에서 은기를 보는 것과 같다고 하여 일본의 서북방의 경계는 은주은기도로써 한계를 삼는다고 밝힘으로써 독도를 우리나라의 영토로 명시하고 있음이 주목된다. 국제법 관행에서 영토분쟁 판단의 한 근거는 어느 쪽이 먼저 알았는가와 어느 쪽이 얼마만큼 계속적으로 이용해 왔는가 하는데 있다. '먼저 알았는가'의 측면에서 볼 때 문헌상 독도를 우리나라에서 일본보다 약 250여 년 전에 먼저 인지하여 기록하고 있었음을 알 수 있다.

[4] 고대의 자료에는 독도가 어떻게 나타나 있는가?

「세종실록지리지」에 울릉도와 독도를 우산국으로 칭하였다고 기록되어 있지만 이것을 입증할 수 있는 사료는 앞에서 살펴본 바와 같이 「삼국사기」와 「삼국유사」에는 없다. 두 사서에는 신라 지증왕 대에 이사부의 우산국 정벌에 관한 기록만이 실려 있을 뿐, 우산국의 영토에 독도가 포함된다는 단서를 전혀 찾을 수 없다. 후대 각종 사서에 전하는 우산국에 관한 기록은 이것을 전재한 것에 불과하며 통일신라 시대까지 우산국 및 독도에 관한 다른 어떠한 기록도 사서에 보이지 않는다.

도대체 울릉도와 독도가 우산국이라는 「세종실록지리지」의 기록은 어디에 근거를 둔 것일까? 그 근거를 찾을 수 없지만 울릉도에 전해오는 전설을 통해 독도가 울릉도와 더불어 우산국의 영토였음을 살펴보기로 한다.

우산국이 가장 왕성했던 시절은 우해왕于海王이 다스릴 때였다. 왕은 기운이 장사요, 신체도 건장하여 바다를 마치 육지처럼 주름잡고 다녔다. 우산국은 작은 나라지만 근처의 어느 나라보다 바다에서는 힘이 세었다.

당시 왜구는 우산국을 가끔 노략질 하였는데 그 본거지는 주로 대마도였다. 우해왕은 군사를 거느리고 대마도로 가서 대마도의 수장을 만나 담판을 하였고, 그 수장은 앞으로 우산국을 침범하지 않겠다는 항복문서를 바쳤다.

우해왕이 대마도를 떠나 올 때 그 수장의 셋째 딸인 풍미녀豊美女를 데려와서 왕후로 삼았다. 우해왕은 풍미녀를 왕후로 책봉한 뒤 선정을 베풀지 않았을 뿐 아니라 사치를 좋아했다. 풍미녀가 하는 말이면 무엇이건 들어주려 했다. 우해왕은 우산국에서 구하지 못할 보물을 풍미녀가 가지고 싶어 하면 신라에까지 신하를 보내어 노략질을 해 오도록 하였다. 신하 중에 부당한 일이라고 항의하는 자가 있으면 당장에 목을 베거나 바다에 처넣었다. 이로 인해 백성들이 우해왕을 매우 두려워 하였고, 풍미녀는 더욱 사치에 빠졌다. "망하겠구나." "풍미 왕후는 마녀야." "우해왕이 달라졌어." 이런 소문이 온 우산국에 퍼졌다.

우해왕은 신라가 쳐들어오리라는 소문을 전하는 신하를 도리어 바다에 처넣는 등, 왕의 마음을 불안하게 하는 자는 죽였다. 이를 본 신하는 되도록 왕을 가까이하지 않으려 했다. 풍미녀가 왕후가 된 지 몇 해 뒤에 우산국은 망하고 말았다.

사자바위

투구봉 우산국 우해왕이 신라의 이사부에게 항복하고 벗어 던진 투구가 바위가 되었다고 전해진다.

이 설화는 전해지는 과정에서 많은 윤색이 가해졌을 것이지만 문헌 사료에 보이지 않는 우산국의 실체를 전해준다. 여기에서 주목되는 것은 우해왕이 대마도 – 왜국과 혼인동맹을 체결하고 있다는 점이다. 그러나 그 동맹관계는 우산국이 왜구의 노략질을 징벌하고 차단하기 위해 그 소굴인 대마도를 정벌하고 맺은 것이다. 더욱이 우해왕은 신라의 변방을 공격하는 등 동해안 지역의 해상권을 장악하고 있었다. 아마 이러한 사실이 동해안의 해상권 장악을 노리던 신라에게 위기감을 가져다주어 이사부의 우산국 정벌을 불러일으키게 되었을 것이다. 대마도를 정벌하고 신라의 변방을 공격할 정도의 힘을 갖고 있었던 동해의 해상강국인 우산국의 영토 내에는 울릉도에서 육안으로 볼 수 있는 독도가 포함되었을 것이다. 어족자원이 풍부한 독도 근해는 우산국민들의 어장으로서, 삶의 터전이었을 것이다. 왜구로 인해 이 삶의 터전이 위협받게 되자 우해왕은 대마도를 정벌하고 '풍미녀'를 전리품으로 획득하여 왕비로 삼았을 것이다.

「삼국사기」에 의하면 우산국을 정벌하기 위해 나무로 만든 사자를 만들어 위협하여 우산국의 항복을 받아냈다고 한다. 지금 울릉도의 남서동 고분군으로 올라가는 입구인 남양포南陽浦에 '사자바위'가 있고 그 옆에 '사자굴'이 있고, 사자바위를 굽어보는 곳에 '투구바위'가 있다. 신라에서 던진 나무 사자가 변하여 지금의 '사자바위'가 되었고, 우해왕이 벗어던진 투구가 '투구바위'가 되었다는 것이다. 여기에 얽힌 설화들은 우산국 최후의 모습을 전한다. 비파산琵琶山의 설화 역시 마찬가지이다. 우산국을 큰 위기로 몰아넣은 우해왕은 풍미녀가 죽자 슬픔을 가눌 길 없어 뒷산에 병풍을 치고 백일 제사를 지냈으며, 왕비의 열두 시녀로 하여금 매일 비파를 뜯게 하였으므로 '비파

비파산. 남양리 마을 뒤편에 위치, 암석의 주상저리현상으로 국수를 말리는 모양 또는 비파 모양을 하고 있다.

산'과 '병풍바위' 등의 설화가 생기게 되었다는 것이다.

그리고 왕비가 평소 사랑하던 학鶴도 백일 제사를 마치던 날 한소리 높이 슬프게 울며 학포鶴圃 방면으로 날아갔다고 전한다. 이러한 설화를 통해 우해왕이 신라와의 싸움에서 전사하지 않았음을 알 수 있다. '우산국이 귀복하여 해마다 토산물을 바치기로 하였다'고 한 「삼국사기」 기록에서 보듯이 우산국은 멸망한 것이 아니라 신라에 귀복하여 신라와 연합 동맹을 구축하였을 것이다. 신라의 입장에서 우산국을 정벌하고, 그곳에 군현을 설치하여 지배하기 위해 인적·물적 자원을 지속적으로 조달하기가 쉽지 않았다. 따라서 종래의 우산국 체제를 유지하여 동맹관계를 맺음으로써 삼국 쟁패전에 전념하고자 하였고,

방치된 현포 고분군 일대

또 우산국으로 하여금 왜의 침략을 막는 전위 역할을 맡기고자 하였을 것이다. 특히 왜의 침략을 막는 전초기지로서의 역할은 신라가 삼국을 통일한 이후에도 필요하였다.

동해의 해상강국이었던 우산국은 이사부의 정벌로 인해 포말처럼 사라져버렸을까? 현재 울릉도에 남아 있는 고분군은 지증왕 이전에 축조된 것이 아니라 6세기 이후 통일신라시대에 걸쳐 축조된 것이다. 고분의 양식 및 도질토기 등의 출토 유물들은 신라 양식이다. 이것을 감안할 때 우산국은 지증왕 이후 이 땅에 사라진 것이 아니라 도리어 신라에 귀복함으로써 신라의 인적 물적 지원 하에 더욱더 강력한 해상력을 확보하여 동해의 해상권을 장악하였을 것이다. 따라서 독도

현포 고분군 10-1호분 내부

위기에 처한 태하리 고분(위), 밭 속에 방치된 천부 고분(아래)

및 그 근해는 물론, 우산국이 정벌하였던 대마도까지 이사부의 우산국 정벌 이후에도 신라에 복속한 우산국의 세력권에 포함되어 있었다고 볼 수 있다.

「신증동국여지승람」권23, 동래현 산천조에 의하면 대마도가 "옛날에 계림신라에 예속되었는데, 어느 때부터 일본 사람들이 살게 되었는지 모르겠다"고 기록되어 있다. 비록 후대의 사료이지만 그에 대한 방증의 한 예라고 하겠다. 「세종실록지리지」에서 '울릉도'와 '독도'를 '우산국'이라고 칭했다고 한 기록은 이러한 역사적 사실 때문이다. 따라서 문헌자료에서 이것을 입증할 수 없는 상황에서 울릉도에 대한 고고학적 조사를 위한 정부차원의 지원이 이루어져야만 한다.

광복 60주년을 기념하는 경축의 일환으로서 독도에 대형 태극기를 내걸고, 울릉도와 독도를 수영으로 종단하는 것을 생중계하는 것도 필요하지만, 그 일부를 울릉도 지표조사 및 고고학적 발굴조사 등에 투자해야만 한다. 그 속에 독도는 우산국의 영토, 그리고 통일신라시대 및 고려시대 우리나라의 영토였다는 것을 증명해주는 생생한 유물이 나올지도 모른다. 지금 그것을 말해주는 고분 등은 무관심 속에 파괴되어 가고 있다. 신라의 적석목곽분과는 달리 울릉도의 고분들은 지상에 돌로 무덤을 만들었다. 그렇기 때문에 그것들은 지금 논밭의 축대 등으로 사용되는 등 하루하루가 다르게 사라져가고 있다.

[5] 고려시대 자료에는 독도가 어떻게 나타나고 있는가?

512년 이사부의 우산국 정복에 관한 기록 이후에 우산국이 사서에 다시 등장하는 것은 400여년이 지난 후삼국시대인 930년에 고려에 토산물을 바쳤다는 내용이다.

> 우릉도芋陵島에서 백길白吉과 토두土豆를 보내 방물을 바쳤다. 백길에게 정위正位, 토두에게 정조正朝 품계를 각각 주었다.
>
> –「고려사」 권1, 세가 태조13년 8월 병오일)

이 해 정월, 고려 태조 왕건은 고창경북 안동의 병산전투에서 후백제 견훤을 물리침으로써 후삼국의 주도권을 장악하게 되었다. 이로 인해 신라의 동쪽 연해 주군과 부락들이 다 와서 항복하니 명주(溟州－강릉)로부터 흥례부(興禮府－경북 울산)에 이르기까지 항복한 성이 총계 1백 10여 성이었다는 기록(「고려사」 권1, 세가 태조13년 2월 을미)과 연관시켜볼 때, 이 시기 울릉도는 독자세력을 유지하면서 후삼국의 쟁패전에 대한 정보를 육지의 호족들처럼 나름대로 수집하여 그 향배를 결정하였을 것이다. 고려왕조에서 방물을 바친 주체를 '우산국'이라 하지 않고 '우릉도'로 표현하고, 향직인 정위, 정조를 준 것은 우산국을 고려 왕조에 투항한 신라의 연해 주군과 같은 존재로 파악하고 있음을 말해주는 것이다. 이것은 한반도의 주도권이 급격히 고려로 기울면서 고려의 후삼국통일이 목전에 위치한 상황 하에서 우산국이 하나의 '국가'로 자처하기 보다는 스스로 '우릉도'로 자칭하면서 방물을 보냈기 때문일 것이다. 그러나 고려 초에 동해 먼 바다에 위치한 울릉도에 대한 지배권을 확보하기가 어려운 현실에서 울릉도를 '우산국'으로 부르면서 그 독자성을 인정하였을 것이다. 이에 관한 자료를 살펴보면 다음과 같다.

> 우산국이 동북 여진의 침략을 받아 농사를 짓지 못하였으므로 이원구李元龜를 그곳에 파견하여 농기구를 주었다.
>
> －「고려사」 권4 세가 현종 9년(1018) 11월 병인일

> 우산국 백성들로서 일찍이 여진의 침략을 받고 망명하여 왔던 자들을 모두 고향으로 돌아가게 하였다.
>
> －같은 책, 현종 10년 7월 기묘일

도병마사가 여진에게서 약탈을 당하고 도망하여 온 우산국 백성들을 예주(禮州 - 경북 영해)에 배치하고 관가에서 그들에게 식량을 주어 영구히 그 지방에 편호編戶로 할 것을 청하니 왕이 이 제의를 좇았다.

–같은 책, 현종 13년 7월 병자일 (1022)

위 기록에서 보다시피 '우산국'이란 이름만이 보일뿐 '우릉도' 등의 명칭은 보이지 않는다. 위 사료들은 시기적으로 현종 9년에서 현종 13년에 걸친 시기의 것이다. 현종 9년은 특히 고려 지방관제의 틀이 완성되는 시점이다. 고려의 군현제가 완성되는 현종 9년을 전후한 시기에서 현종 13년에 걸쳐 '우산국'이란 국명이 등장하는 것은 무엇을 뜻하는가? 그것은 고려의 군현체제 속에 우산국이 포함되지 않은 채 나름대로의 독자성을 확보하고 있다고 보아야 할 것이다.

고려 성종 14년에 12목이 설치되기 이전까지 대개 지방은 상주외관이 파견되지 않은 채 나말려초의 성주·장군이라고 불리는 호족과 그 후예인 향호들에게 지방통치를 위임하고 있었다. 그러나 고려의 지방제도가 완비되는 시점인 현종 대에 오면 내륙은 물론 서남해안의 도서 가운데, 제주도, 거제도, 진도 등에 군현이 설치되었다. 이들 도서에 설치된 군현은 인근 유인도들을 속도屬島로 거느리고 있었다. 울릉도는 고려사 지리지 울진현의 '속도'로 다음과 같이 기록되어 있다.

울진현蔚珍縣은 원래 고구려의 우진야현(于珍也縣 고우이군이라고도 한다)이다. 신라 경덕왕이 지금 명칭으로 고쳐서 군으로 만들었다. 고려에 와서

> 현으로 낮추고 현령을 두었다. 여기에는 울릉도鬱陵島가 있다〔이 현의 정동正東쪽 바다 가운데 있다. 신라 때에는 우산국于山國, 무릉武陵 또는 우릉羽陵이라고 불렀는데 이 섬의 주위는 100리이며 지증왕 12년에 항복하여 왔다. 태조 13년에 이 섬 주민들이 백길·토두白吉·土豆를 보내 방물을 바쳤다. 의종 11년에 왕이 울릉도는 면적이 넓고 땅이 비옥하며 옛날에는 주현을 설치한 일도 있으므로 능히 백성들이 살 수 있다는 말을 듣고 명주도 감창溟州道監倉인 김유립金柔立을 파견하여 시찰하게 하였다. 유립이 돌아 와서 보고하기를 "섬에는 큰 산이 있으며 이 산마루로부터 바다까지의 거리는 동쪽으로는 1만여 보步이며 서쪽으로는 1만 3천여 보, 남쪽으로는 1만 5천여 보, 북쪽으로는 8천여 보인데 마을이 있던 옛 터가 7개소 있고 돌부처, 철로 만든 종, 돌탑 등이 있었으며 시호柴胡 고본藁本, 석남초石南草 등이 많이 자라고 있었습니다. 그러나 바위와 돌들이 많아서 사람이 살 곳이 못됩니다."라고 하였으므로 이 섬을 개척하여 백성들을 이주시키자는 여론은 중지되었다. 혹자는 말하기를 우산于山과 무릉武陵은 원래 두 섬인데 서로 거리가 멀지 않아서 날씨가 맑으면 가히 바라다 볼 수 있다고도 한다.〕
>
> –「고려사」 권58 지12 지리3 동계 울진현

그러나 이 자료에는 고려 태조 때 섬 주민들이 방물을 바쳤다는 기록 외에 고려의 군현제도가 정비되는 현종 때에 관한 기록이 일체 없다. 다만 앞의 자료에서 본 바와 같이 '우산국'만 등장한다. 그것은 우산국이 고려의 군현조직 속에 포함되지 않은 독자세력으로 존재하였기 때문이다.「고려사」 지리지에 고려 군현제의 획기적 정비 시기인 현종조에 울릉도에 관한 기사가 없는 것은 바로 이 때문이다.

그렇다면 의종 11년 사료에 '옛날에는 군현을 설치한 일도 있다'는 지리지의 기록은 어떻게 해서 나온 것일까? 현종대의 기록을 살펴보면 여진족의 침략을 받아 우산국의 존립기반이 붕괴되고 있음을 알 수 있다. 현종 때 여진족의 피해는 우산국뿐만 아니라 동해안 일대의 19읍에 걸칠 만큼 광범하였다. 이 때 해당군현에는 주민들의 조세 감면 등의 조처가 단행되었지만(「고려사」 권94, 열전7, 이주좌) 우산국의 경우 조세감면의 조처에 관한 기록은 없다. 이것은 우산국의 주민이 고려의 군현체계 속에 포함되어 조세와 역역을 부담하는 군현민이 아니었음을 뜻한다. 그러나 여진족의 침략으로 인해 우산국은 더 이상 자립할 수 없는 상황에 이르렀고 그 주민의 대다수가 고려에 망명하여 고려 군현에 편적될 정도였고, 농기구의 지원의 명목이지만 고려의 관리를 받아들이지 않을 수 없는 상황이었다. 그 과정에서 '우산국'이란 명칭은 역사의 무대에서 사라지고 더 이상 등장하지 않음을 다음의 사료들은 보여준다.

우릉성주羽陵城主가 자기의 아들 부어잉다랑夫於仍多郎을 파견하여 토산물을 바쳤다.

–「고려사」 권5 세가 덕종 원년 11월

명주도溟州道 감창사監倉使 이양실李陽實이 울릉도에 사람을 보내 이상한 과실 종자와 나뭇잎을 가져다가 왕에게 바쳤다.

–같은 책 권17 세가 인종 19년 7월 기해일

왕이 동해 가운데 있는 우릉도는 지역이 넓고 땅이 비옥하며 옛날에는 주州, 현縣을 두었던 적이 있어서 백성들이 살 만하다는 말을 듣고 명주도 감창 전중내급사 김유립을 시켜 가 보게 하였다. 유립이 돌아와서 그곳에는 암석들이 많아서 백성들이 살 수 없다고 하였으므로 그 의논이 그만 잠잠하여졌다.

–같은 책 권18 세가 의종 11년(1157) 5월 병자일

또 동해 중에 울릉도라는 섬이 있는데 땅이 비옥하고 진귀한 나무들과 해산물이 많이 산출되나 수로가 원격하여 왕래하는 사람이 끊어진 지 오래이다. 최이가 사람을 보내서 시찰한즉 과연 집터와 주춧돌이 완연히 있었으므로 동부지방의 군 주민들을 이주시켰다. 그 후 풍랑과 파도가 험악해서 익사자가 많다는 이유로 이민을 중지하였다.

–같은 책 권129 열전42 반역 최충헌전 부 최우 고종 30년

국학학유國學學諭 권형윤權衡允과 급제 사정순史挺純을 울릉도 안무사安撫使로 임명하였다.

–같은 책 권23 세가 고종 33년(1246) 5월 갑신일)

울진 현령 박순朴淳이 처자와 노비 및 가산을 배에 싣고 울릉도에 가려고 하였다. 성안 사람들이 이것을 알고 마침 성안에 들어 온 박순을 붙잡아 두었는데 뱃사람들은 배에 실은 가산을 가지고 도망하여 갔다.

–고려사 권25 원종 1년 7월 경오일

계축일에 대장군 김백균金伯均을 경상도 수로방호사水路防護使로 임명하고 판합문사 이신손李信孫을 충청도 방호사로 임명하였다. 첨서 추밀원사 허공許珙을 울릉도 작목사斫木使로 임명하여 이추와 함께 가게 하였다. 왕이 황제에게 보고하여 울릉도에서 나무를 찍는 일과 홍다구의 부하 5백 명의 의복을 마련하는 것을 축감해 달라는 것과 삼별초를 평

정한 후 제주의 주민들은 육지에 나오지 말고 예전대로 자기 생업에 안착하게 하여 줄 것을 요청하였더니 황제가 그 제의를 좇았다.

–고려사 권27 원종 14년(1273)2월 계축일

얼마 안 지나서 원나라에서 또 이추를 보내서 재목을 요구했으며 이추는 울릉도로 건너가서 재목을 베고자 했으므로 왕은 대장군 강위보康渭輔를 동행시켰더니 이추는 3품 관질은 낮다 하여 "3품이란 개 같은 것인데 어찌 데리고 다니겠느냐!" 라고 하였으므로 청서 추밀사 허공許珙을 대신 보냈다. 왕이 원나라에 청하여 드디어 이추를 파면시켰다.

–고려사 권130 열전 열전 43 반역 조이 부 이추

동계東界의 우릉도 사람이 내조來朝하였다.

–같은 책, 권37 세가 충목왕 2년(1346) 3월 을사일)

이상에서 보다시피 현종 때를 마지막으로 하여 우산국의 명칭은 보이지 않고 우릉성, 혹은 우릉도 내지 울릉도의 명칭이 보일 뿐이다. 그리고 울릉도에는 감창사, 안무사, 혹은 작목사 등의 고려의 관리가 수시로 파견되고 있다. 그것은 고려의 군현체계상 목, 도호부– 영군·현–속군·현의 정연한 조직체계는 아니지만 고려의 군현조직의 하나인 주–속읍체제의 한 형태인 '속도'로 운영되고 있음을 말해준다. 고려시대에는 수령이 파견되지 않은 속읍 및 향소부곡 등에는 그 지방의 향리들이 다스리면서 주읍의 수령 및 계수관의 관원과 안찰사 등이 수시로 순행하여 통치의 실을 기하고 있다. 특히 동계·북계 등의 양계는 성을 중심으로 한 독립된 전투단위부대를 형성하고 있었다.

앞 자료에서 본 바와 같이 우릉성주가 토산물을 바쳤다는 '우릉성'의 기록은 그것을 뒷받침해준다. 그렇기 때문에 "옛날에는 주현州縣을 두었던 적이 있다"라고 표현하였다. 그러나 여진족이 우산국을 한차례 휩쓸고 간 뒤 이곳 울릉도는 개척의 대상으로 여겨지는 등 안정되고 지속적인 상태로서 고려의 군현조직 속에 포함되지 못하였다. 조선시대 「고려사」 찬자는 지리지를 편성하면서 울릉성의 특수성을 옳게 파악하지 못한 채 군현의 설치에만 주목하였기 때문에 동계 울진현의 '속도'로 울릉도가 있다는 사실만 밝혀둔 채 현종조~인종조에 이르는 기록을 빠뜨리고 말았던 것이다. 울릉도는 고려 말 울릉도가 유배지로도 이용되기도 하였으며(「고려사」 권91 열전4, 영흥군 환; 「고려사절요」 신창 원년 9월), 왜의 침략을 받기도 하였다(「고려사」권134 열전47, 신우 5년 7월).

이상과 같이 고려시대 우산국 및 울릉도에 관한 사료를 살펴보았다. 이들 자료 가운데 독도에 관한 사료는 「고려사」지리지에 유일하게 나온다. 그러나 그것은 앞에서 이미 살펴본 「세종실록지리지」의 독도에 관한 조선시대의 인식을 담은 것이다. 「고려사」는 고려시대의 실록 등의 사료를 바탕으로 하여 작성하였다. 위에서 살펴본 바와 같이 고려시대의 사료에는 우산국, 울릉도 등에 관한 사료가 나오지만 그 속에 독도가 포함된다는 것을 증명해주는 기록이 없다. 그렇기 때문에 「고려사」 지리지의 찬자는 동계의 울진현조에 울릉도만을 속도로 기록하였다.

「고려사」가 편찬된 시기는 독도에 관한 최초의 기록을 담고 있는 「세종실록지리지」가 만들어진 지 약 20년이 지난 1451년문종 1이다. 그렇기 때문에 「고려사」 지리지의 찬자는 울릉도의 기록 말미에 "혹자는 말하기를 우산과 무릉은 원래 두 섬인데 서로 거리가 멀지 않아서 날씨가 맑으면 가히 바라다 볼 수 있다고도 한다"라고 하여 독도를 언급하였던 것이다.

그런 점에서 볼 때 고려시대의 사료에는 우산국, 그리고 울릉도에 독도가 포함된다는 것을 증명해주는 어떠한 흔적도 찾을 수 없다.「세종실록지리지」에 우산도, 즉 독도가 울릉도와 함께 우산국의 영토였다는 기록에 의거해「고려사」에 나오는 우산국의 존재 속에 독도가 포함된다고 우리들이 주장할 경우 국제사회에 얼마만큼 설득력을 가질 것인가?

일본 측의 자료인「대일본사」권234 열전 5의 고려 관홍 원년1004조에 "고려의 번도인 우릉도인이 표류하여 이르렀다高麗蕃徒芋陵島人漂至"고 한 것이나「대일본사료」제2편의 5, 관홍 원년 3월 7일조에 "고려번도 가운데에 신라국 우릉도인이 있다高麗蕃徒之中 有新羅國迂陵島人"는 기록은 우산국이 고려의 통치를 받고 있다는 것을 입증하는 자료로서 중요한 의미를 가진다. 그러나 "구우산국지울릉도와 독도가 신라에 이어 고려의 통치를 받는 영토라는 것을 일본이 알고 있었음을 증명해주는 중요한 자료"(신용하,「독도의 민족영토사 연구」지식산업사, 1996, 69~70쪽)라는 주장의 근거로서는 부족하다.

동도 정상에서 본 서도

[6] 조선시대 자료에는 독도가 어떻게 나타나고 있는가?

독도가 문헌에 처음으로 기록된 것은 「세종실록지리지」이다. 자국의 영토에 대한 기록을 담은 지리지는 국정운영상의 절대적인 통치자료로 활용되었다. 동양에 있어서 역대 제왕들은 정치의 자료로서 지리地理를 살피고, 경역境域을 나누고, 산천을 정하고 물산을 낱낱이 들고, 공부를 갖추어 지리지를 만들게 하였다. 토지의 획정, 산물의 파악, 세금의 부과, 국방의 요해처 등의 파악 등이 지리를 이해함으로서 가능하다고 보았다. 따라서 한 국가의 오랜 역사적 전통과 시대적 배경 속에서 행정·경제·사회·문화 등 여러 부문에 걸쳐 당대의 자료를 풍부하게 수록한 것이 지리지이기 때문에 「세종실록지리지」에 독도가 기록되어 있다는 것은 독도가 우리의 영토로서 확정되었음을 대내외에 천명하는 것이다. 그렇다면 이전의 지리지에 독도가 실리지 않은 이유는 무엇이며 15세기에 왜 독도 등이 지리지에 실리게 되었을까?

우리나라의 경우 삼국시대부터 지리지가 만들어지기 시작했다. 그러나 현재 전해지는 지리지 가운데 가장 오래된 것은 고려시대에 편찬된 「삼국사기」 지리지이다. 「삼국사기」는 본기, 지, 열전, 표로 구성된 기전체 사서이다. 중국의 「한서漢書」나 「당서唐書」의 '지'가 오행지에 중심을 둔 것과는 달리 「삼국사기」의 '지'에서 가장 큰 비중을 차지하고 있는 부분은 '지리지'이다. 그것은 당시 영토의식의 반영이다. 또 치열한 삼국간의 영토 전쟁 결과 군현의 연혁과 영속관계를 담은 지리지가 중요한 비중을 차지하게 되었다. 그러나 지리지가 큰 비중을 갖고 있지만 군현이 설치된 지역의 연혁과 영속관계의 변천만이 언급될 뿐이다.

따라서 도서지역의 경우 강화도나 진도, 거제도처럼 군현이 설치된 섬은 수록되지만 군현이 설치되지 않은 도서지역은 기록에서 제외되었다. 그것은 아직 도서지방에 대한 영토의식이 확고하게 자리잡지 않았기 때문일 것이다. 따라서 「삼국사기」 지리지에는 우산국과 울릉도, 독도에 관한 기록이 없다. 우산국은 지증왕대에 신라에 복속하였지만 신라의 영토로 확정되어 군현이 설치되지 않은 채 동맹국의 지위를 유지하고 있었기 때문에 지리지에 나오지 않는다.

더욱이 우산국 영토의 하나였을, 무인도인 독도가 「삼국사기」 지리지에 기록되지 않은 것은 당연하다. 「고려사」 지리지의 경우 조선시대에 편찬되는 지리지와는 달리 「삼국사기」 지리지처럼 군현의 연혁과 영속관계를 밝힌 행정적 변경사항만이 언급되고 있다. 그러나 「고려사」 지리지의 경우 읍이 설치된 지역 뿐만이 아니라 읍이 설치되지 않은 섬도 그것의 행정업무를 관장하는 읍에 '속도'로 기록하고 있다. 그것은 섬에 대한 영토의식이 그만큼 증대되었음을 반영하는 것인 동시에 해당 읍이 '속도'인 섬에 대한 행정사무를 맡아 보았기 때문이다. 그런 점에서 지리지에 실린 '섬'들은 군현이 설치되지 않은 향·소·부곡·장·처와 같은 반열에 있었다고 보아야 할 것이다. 「고려사」 지리지 동계 울진현조에 '울릉도'가 실린 것은 고려의 영토로서, 그 소관 읍이 울진현이었음을 의미하는 것이고, 울진현과 울릉도 양자의 관계는 군현과 향소부곡과 같은 관계였다고 볼 수 있다.

조선시대에 들어와 중앙집권체제가 완비되면서 지리지는 국정운영상의 절대적인 통치자료로 활용되었다. 특히 북방개척과 사민정책을 통해 조선의 영토를 확정해 나가는 시기였던 세종조에서 성종조에 걸친 시기에는 지리지의 편찬을 국가적 사업으로 추진하였다.

세종이 1424년세종 6에 지리지 편찬을 명령한 이듬해1425에 「경상도지리지」를 발간하였고, 「경상도지리지」와 같이 발간된 나머지 7도의 지리지를 한데 모아서 1432년세종 14에 「신찬팔도지리지」를 편찬하였다. 그 후 「신찬팔도지리지」를 다소 가감, 정리하여 1454년단종 2 3월에 「세종실록지리지」를 완성하였다.

「세종실록」지리지는 현존하는 최고最古의 조선 초기의 전국 지리지이다. 조선이 건국한 이후 국가에서 필요로 하는 기초적 자료를 정리하기 위하여 전국의 지방관들에게 편찬사목을 정하여 조사하도록 하고, 이것을 중앙에서 정리한 것이다. 국토의 위치와 연혁에 치중하여 지명의 설명과 나열을 중요시한 「삼국사기」 지리지 체제를 탈피하여 인문지리, 자연지리, 경제·군사적인 내용을 상세히 기술하였다. 특히, 지방 명칭의 변천, 행정 단위의 승강陞降 등이 기록된 연혁·소관조 등의 행정 관계 사항과 호구·군정·공부·전결·토산 등의 경제·재정 관계 사항, 명산·군영·성곽·목장·관방조 등의 군사 관계 사항, 성씨·인물조 등 주민들의 신분 구성에 관한 사항이 상세하게 기록되어 있다. 특히 국가 통치에 근간이 되는 경제 분야의 내용과 당시의 국경상황에 따른 군사적 측면의 내용이 상세하게 조사되었고, 정치적 격변기로 인한 계층분화에 따른 인구 이동 등의 모습도 자세히 파악되었다. 그와 함께 영토개척에 따른 영토획정의 의미를 담고 있는 군현의 연혁을 강조하였다. 이러한 영토의식의 반영의 결과 「삼국사기」 지리지에 나오지 않았던 울릉도, 독도가 「세종실록지리지」에 처음으로 실리게 되었다.

「세종실록지리지」의 편찬사목은 남아 있지 않다. 그 저본인 「경상도지리지」 서문을 보면 섬에 관한 언급이 나온다. 이에 의하면 '섬은 수륙의 멀고 가까움과 입도농업인물의 유무를 기록하도록 하였다海中諸島 水陸之遠近 入島農業人物之有無)'. 또 총론에 나타난 서술규식에 의하면 '섬은 전에 살던 인민의 접거와 농작의 유무를 기록하도록 하였다島中在前人民 接居農作有無 開寫事'. 「세종실록지리지」의 울릉도·독도에 관한 언급을 다시 살펴보면 이것에 입각하여 기록되었음을 한눈에 알 수 있다.

> 우산과 무릉 두 섬이 현의 정동 쪽 바다 가운데에 있다.〔두 섬이 서로 거리가 멀지 않아 날씨가 청명하면 가히 바라볼 수 있다. 신라 때에 우산국, 또는 울릉도라 하였는데, 지방地方이 1백 리이다. 사람들이 지세가 험함을 믿고 복종하지 아니하므로, 지증왕 12년에 이사부가 하슬라주 군주)가 되어 이르기를, "우산국 사람들은 어리석고 사나와서 위엄으로는 복종시키기 어려우니, 가히 계교로써 하리라." 하고는, 나무

로써 사나운 짐승을 많이 만들어서 여러 전선에 나누어 싣고 그 나라에 가서 속여 말하기를, "너희들이 항복하지 아니하면, 이 사나운 짐승을 놓아서 너희들을 잡아먹게 하리라." 하니, 그 나라 사람들이 두려워하여 와서 항복하였다. 고려 태조 13년에, 그 섬 사람들이 백길 토두로 하여금 방물을 헌납하게 하였다. 의종 13년에 심찰사 김유립 등이 돌아와서 고하기를, "섬 가운데 큰 산이 있는데, 산꼭대기로부터 동쪽으로 바다에 이르기 1만여 보이요, 서쪽으로 가기 1만 3천여 보이며, 남쪽으로 가기 1만 5천여 보이요, 북쪽으로 가기 8천여보이며, 촌락의 터가 7곳이 있고, 간혹 돌부처·쇠북·돌탑이 있으며, 멧미나리·호본·석남초 등이 많이 난다." 하였다. 우리 태조 때, 유리하는 백성들이 그 섬으로 도망하여 들어가는 자가 심히 많다 함을 듣고, 다시 삼척 사람 김인우를 명하여 안무사를 삼아서 사람들을 쇄출하여 그 땅을 비우게 하였는데, 인우가 말하기를, "땅이 비옥하고 대나무의 크기가 기둥 같으며, 쥐는 크기가 고양이 같고, 복숭아씨가 되升처럼 큰데, 모두 물건이 이와 같다." 하였다.〕

–「세종실록」 권153, 「세종실록지리지」

울릉도와 독도는 그것을 관장하고 있는 강원도 삼척도호부 울진현의 해중제도海中諸島의 하나, 즉 울진현의 속도로 명기하였다. 따라서 울진현으로부터 수륙의 원근에 관해 "우산과 무릉 두 섬이 (울진)현의 정동 쪽 바다 가운데에 있다"고 하고, "두 섬이 서로 거리가 멀지 않아 날씨가 청명하면 가히 바라볼 수 있다"고 기록하였다. 이어서 연혁을 기록하면서 입도농업인물의 유무와 전에 살던 인민의 접거와 농작의 유무를 기록하고 있다. 결국 이러한 편찬사목을 따라 기록해나가다 보면 울릉도에 관한 언급을 할 수 밖에 없고 무인도인 독도는 '수륙의 원근' 만을 언급할 뿐 '입도한 농업인물의 유무', '섬에 전에 살던 인민의 접거여부와 농작의 유무' 에 관한 기록이 있을리 없기 때문에 이것을 언급하지 않았을 뿐이다.

「세종실록지리지」가 편찬된 이후에 지리지 편찬 사업은 계속된다. 1447년성종 8에 양성지에 의해 「속찬팔도지리지」가 편찬되었고, 그것을 토대로 하여 1481년성종 12 초고본 「동국여지승람」이 편찬된 후 1530년에 「신증동국여지승람」이 완성되었다. 「동국여지승람」의 제1차 수찬을 맡은 김종직은 수찬의 과정에서 고적·성씨·봉수·도서·변경의 요해要害 항목을 새로 창설하였다. 이것은 세종·세조조의 대외 정복활동으로 인해 한때나마 안정되었던 여진·왜구의 세력이 다시 문제를 일으키기 시작하면서 다시 관심을 두었기 때문이다. 김종직이 수찬에 중점을 둔 부분을 설명하면서 "양계의 국경 가까운 지역과 바다 밖의 대마도 등 섬도 또 경계에 연한 지역으로 기재하였다"고 하였다. 그 결과 「세종실록지리지」에 비해 「신증동국여지승람」에는 훨씬 많은 섬이 실리게 된다. 전라도 연안지역의 소속도서의 경우 「세종실록지리지」1432에 27개의 섬이 수록된데 반해 「고려사」 지리지1454에는 60개로 늘어나고, 「동국여지승람」1481에 오면 무려 234개의 섬이 실리게 된다. 단순한 숫자상의 증가만이 아니라 섬에 대한 언급 또한 훨씬 구체적이고 상세하다. 이것을 울릉도, 독도에 관한 내용을 통해 확인해 보기로 한다.

우산도·울릉도 〔무릉武陵이라고도 하고, 우릉羽陵이라고도 한다. 두 섬

> 이 고을 바로 동쪽 바다 가운데 있다. 세 봉우리가 곧게 솟아 하늘에 닿았는데 남쪽 봉우리가 약간 낮다. 바람과 날씨가 청명하면 봉 머리의 수목과 산 밑의 모래톱을 역력히 볼 수 있다. 순풍이면 이틀에 갈 수 있다. 일설에는 우산 울릉이 원래 한 섬으로서 지방이 백리라고 한다. 하략]
>
> -「신증동국여지승람」 권45, 울진현 산천

독도와 울릉도는 '울진현으로부터 정동 쪽 바다 가운데 있다'는 본읍에서의 방향이 우선 기재되었다. 그리고 "세 봉우리가 곧게 솟아 하늘에 닿았는데 남쪽 봉우리가 약간 낮다. 바람과 날씨가 청명하면 봉 머리의 수목과 산 밑의 모래톱을 역력히 볼 수 있다."는 내용은 「세종실록지리지」, 「고려사」 지리지의 "두 섬이 서로 거리가 멀지 않아 날씨가 청명하면 가히 바라볼 수 있다"는 내용보다도 훨씬 구체적으로 울릉도에서 독도를 바라본 모습을 묘사하고 있다. 일각에서 이 자료가 독도를 묘사한 것이지만, 뒤이어 나오는 기록, "순풍이면 이틀에 갈 수 있다"는 내용 때문에 이 기록에 의문을 제기하면서 울릉도를 묘사한 내용으로 치부해버리곤 한다.

그러나 신증동국여지승람의 토대가 되는 「속찬팔도지리지」의 편찬과정에서 만들어진 「경상도속찬지리지」의 편찬사목을 보면, 해도의 경우 본 읍으로부터의 방향과, 거리를 기록한다"海島 在本邑某方 水路幾里 去本邑幾里 四面周廻相距幾里 田畓幾結 民家有無"는 것을 상기하면 '울진현으로부터 이틀이면 독도에 도착할 수 있다'는 것으로 해석되는 것임을 알 수 있다. "일설에는 우산 울릉이 원래 한 섬으로서 지방이 백리라고 한다"

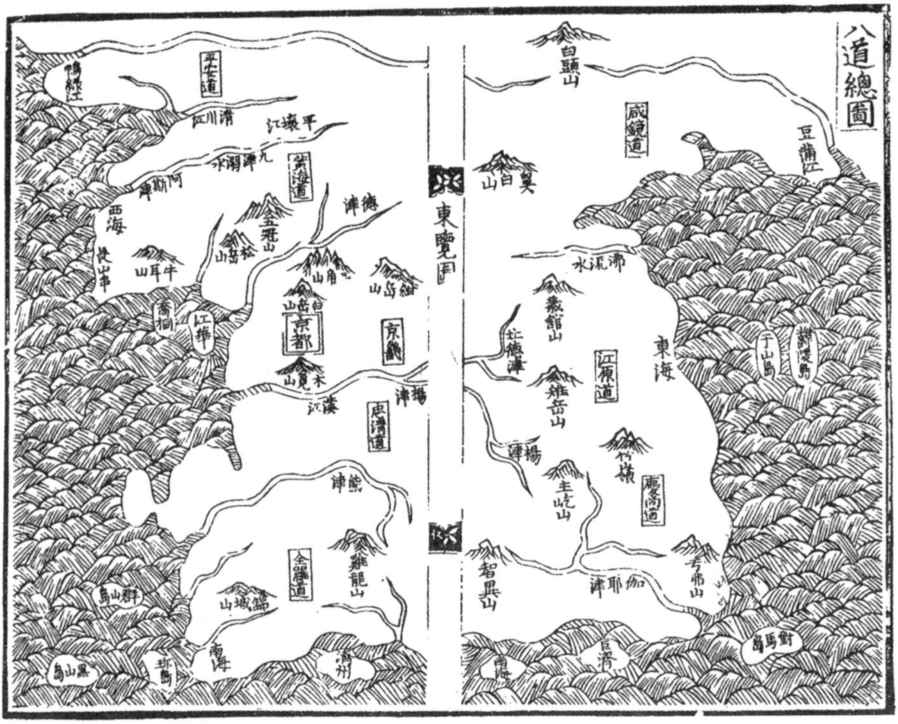

「신증동국여지승람」 8도총도 울릉도, 우산도, 대마도가 그려져 있다.

는 기록은 「세종실록지리지」에서 “신라 때에 우산국于山國, 또는 울릉도鬱陵島라 하였는데, 지방地方이 1백 리이다”라고 하여 우산국의 영역을 울릉도와 독도로 한 것을 달리 표현한 것이다. 이처럼 「신증동국여지승람」에는 이전에 만들어진 지리지에 비해 독도의 모습, 본 읍, 즉 울진과의 거리 등이 구체적으로 언급되고 있음을 확인할 수 있다. 이것은 자국의 영토로서 간주하여 이에 대한 조사가 이루어졌음을 말하는 것이다.

섬에 대한 조사가 이처럼 철저히 이루어지자 섬을 조선 강역의 경계로 삼고자 하였다. 「신증동국여지승람」의 기록에 대마도를 동래현 산천조에 넣어서 ‘옛날에 계림신라에 예속되었는데, 어느 때부터 일본사람들이 살게 되었는지 모르겠다’ 고 하고, ‘이 섬이 해동 여러 섬들의 요충에 해당한다’ 고 하면서 우리나라에 들어오고자 하는 자는 이곳 대마도주의 문서를 받아야만 올 수 있다고 언급한 것을 보면 대마도를 일본의 경계로 삼고 있음을 알 수 있다. 그것은 곧 울릉도와 독도가 조선의 영토임을 확정하고 있음을 말해주는 것이다.

「신증동국여지승람」의 경우 권수卷首에 조선전도朝鮮全圖인 팔도총도八道總圖가 수록되어 있으며, 각 도마다 해당 도의 전도인 도도道圖가 삽입되어 있다. 팔도총도에는 동해, 서해, 남해의 바다에 총 11개의 섬이 기재되어 있는데, 그 가운데 울릉도와 독도, 그리고 대마도가 그려져 있다. 다만 독도, 즉 우산도가 울릉도의 안쪽에 표기되어 있는 것이 하나의 특징이다.

「신증동국여지승람」은 조선시대를 통틀어 가장 기본적인 지리서로서 조선말까지 자주 인용, 참고되었다. 특히 숙종조 일본과 울릉도에 관한 다툼이 일어나자 이 책을 상고하여 일을 처리하기까지 할 정도였다(「속종실록」 권27, 숙종 20년 8월 기유 및 권 30 숙종 26년 3월 계축). 그럼에도 불구하고 우산도가 울릉도 보다 안쪽에 그려짐으로써 일본 측으로부터 우산도는 독도를 지칭하는 것이 아니라는 빌미를 제공해주고 있다.

「세종실록지리지」에 처음으로 울릉도, 독도가 실리게 되고, 또 「신증동국여지승람」에서 훨씬 구체적이고도 상세하게 독도에 대한 언급이 이루어지고, 전자의 지리지에 비해 후자에 도서가 훨씬 많이 등재된 이유는 무엇일까? 이것은 물론 영토의식의 성장에 따른 결과이기도 하지만 보다 구체적인 요인은 어디에 있는가?

흔히들 조선시대는 '공도정책空島政策' 에 의해 섬을 텅 비워둔 것으로 알고 있다. 공도정책에 의해 섬은 왕화王化가 미치지 않는 버려진 땅으로 전락하였다고 한다. 그러한 인식과는 달리 앞에서 살펴본 바와 같이 15세기 지리지에는 지금까지 기록되지 않은 섬들이 기재되고, 해당 섬의 크기(둘레·넓이), 인구, 특산물, 유적·유물, 본 읍과의 거리 및 인접 섬과의 거리 등 다양한 내용이 언급되고 있다. 그것은 공도정책과는 달리 중앙정부 차원에서 대대적인 섬에 대한 조사가 시행되었음을 의미한다. 실제 세종조에 오면 중앙정부에서 섬에 대한 대대적 조사를 실시하고 있다.

그 목적은 군사의 비용 및 흉년을 대비하기 위한 등의 국용國用의 마련에 그 목적이었다. 당시 중앙정부는 상부常賦 외에 자산으로 이용할 만한 것은 어염魚鹽만한 것이 없다고 여겨 경차관敬差官을 각도에 보내어 소금 만들기에 적당하고 고기 잡기에 적당한 곳을 살피게 하였다(세종실록 권77, 세종19년 5월 경인). 또 전라도 관찰사에게 명하여 어떤 섬이 어디에 얼마나 분포하고 있는지, 이들 섬에 공사公私의 선척船隻이 왕래할 수 있는지, 섬과 섬의 거리는 얼마나 떨어져 있고, 이들 섬에서 생산되는 물산은 무엇이 있는지 상세히 조사하여 보고하도록 하였다(「세종실록」권104, 세종 26년 4월 병술). 왜 15세기의 지리지, 특히 「신증동국여지승람」에 독도에 대한 구체적이고 상세한 내용이 실리고, 더욱이 대마도까지 실리게 되었는가? 그것은 섬이 부를 낳는 황금의 땅이기 때문에 섬과 바다에 대한 영토경계를 확정하고자 하는 의도에서 비롯되었다.

섬이 국용의 한 몫을 담당할 수 있는 곳이라고 여기고 있는 마당에 섬을 텅 비워두는 공도정책이 국가의 정책이었다고 보는 것은 이치에 맞지 않다. 우리가 흔히들 말하는 공도정책이란 조선시대의 섬들에 대한 잘못된 인식을 낳게 하는 용어이다. 이제 우리는 이 용어를 폐기하여야 할 시점이다.

[7] 독도에서 '공도정책'이란 용어는 왜 없애야 하는가?

조선시대 울릉도·독도는 '공도空島정책'이 실시되어 사람이 살지 않은 빈 섬이었다고 한다. 공도정책은 고려말에서 시작되어 조선시대에 걸쳐 시행되었다고 한다. 공도 조치란 섬 주민들을 육지로 모두 이주시켜 섬을 비워버리는 극단적인 조치를 의미한다. 고려말 '왜구의 침탈로부터 섬 주민을 보호하기 위해서' 섬 주민을 육지로 이주시켰다는 「신증동국여지승람」 등의 지리지 기록에 근거를 두고 만들어진 용어이다. 이것의 이해를 위해 고려 말 왜구의 침입에 관해 우선 살펴보고자 한다.

「고려사」에서 왜구 침탈에 관한 기록은 1223년고종 10부터 나오기 시작해 그후 4년 동안 소규모, 산발적인 왜구의 출몰이 이어졌다. 이에 대해 고려왕조는 1227년 일본에 사신을 보내 엄중 항의하였고, 일본

측에서는 편지를 보내어 왜구의 침탈행위를 사과하고 우호통상관계를 맺을 것을 청하였다. 이후 왜구의 출몰은 기록상 30여 년간 자취를 감춘다. 이는 당시 고려왕조가 왜구의 침탈을 압도할 수 있는 해양력을 소지하고 있었다는 것을 의미하는 것이다.

왜구가 자취를 감춘 30여년의 기간은 강화도 고려정부의 대몽항쟁기와 겹치는 시기였다. 몽고의 1차 침입 후 최우정권이 개경의 수성책이 마련되지 않았음을 빌미로 해도인 강화도로 들어가 계속 항전을 할 수 있었던 것은 이러한 우수한 해양력을 구비하고 있었기 때문이다. 이후 강화정부는 산성 및 해도 입보책을 통해 들판을 텅 비워버리는 청야전술을 구사하면서 항전을 계속하였다. 특히 강화정부는 몽고병이 기병을 근간으로 하면서 병선兵船을 마련하지 않았기 때문에 '해도입보海島入保' 정책을 통해 강화도로 들어오는 길목 요충지인 섬들에 군사와 주민을 들여보내어 몽고에 효과적으로 항전하였다.

장기간의 전쟁에 따른 육지의 피해와, 이에 따른 민심의 이반으로 인해 몽고에 결국 항복하였다. 비록 몽고에 항복하였지만 오랜 저항의 결과 고려왕조는 왕실의 존속과 고려의 자주성을 확보할 수 있었다. 그러나 삼별초 세력이 항몽과 타도 개경정부를 내세우며 독립정부를 세워 진도와 제주도를 근거지로 하여 항몽 및 반정부활동을 전개하자 고려는 내전에 휩싸이게 되었다. 결국 여몽연합군의 삼별초 정벌과 뒤이은 일본 동정으로 인해 고려의 해양력은 크게 피폐할 수 밖에 없었다.

고려의 해양력이 크게 피폐해지자 왜구의 침탈은 1260년대에 들어 소규모, 산발적인 형태로 다시 나타났으며, 1350년대를 넘어서면서부터 침탈의 빈도와 규모가 크게 증대하였다. 바로 이 시기 고려왕조는 이른바 공도조치를 단행하였다고 한다. 그리고 이러한 공도정책은 고려왕조에 이어 조선왕조에서도 지속되었다고 한다. 과연 그럴까? 고려 말에 공도 조치가 실시되었다는 자료는 주로 「신증동국여지승람」의 건치연혁建治沿革 혹은 고적조古跡條에 나온다. 남해도·거제도·진도·압해도·장산도·흑산도 등에서 '왜적의 침입에 의해 읍의 치소를 옮겼다'는 기록에 근거하여 공도조치가 시행되었다고 한다. 거제도는 1271년(원종 12)에, 진도는 1350년(충정왕 2)에, 그리고 남해도는 공민왕대(1351~1374)에 각각 공도화되었다. 나머지 섬들의 공도화 시점은 기록에 없다고 한다. 이러한 공도정책에 대해 최근 다음과 같은 비판이 가해지고 있다.

> 이들 섬공도정책이 시행되었던 섬들을 보면 하나같이 군현이 설치될 정도로 비중있고, 전통적으로 해양세력의 중요 근거가 된 큰 섬들임을 알 수 있다. 따라서 왜구의 침탈을 이유로 이들을 공도화했다는 것은 선뜻 이해하기 어렵다. 오히려 이러한 섬들의 방어 능력을 충실화하여 왜구의 침탈을 저지하는 것이 왜구에 대한 보다 적극적이고 합리적인 대비책이지 않을까 하는 의구심이 앞서기 때문이다.
>
> 이러한 의구심은 거제도의 공도화 시점에서 더 크게 일어난다. 거제도를 공도화한 1271년을 전후한 시기엔 앞에서 살펴보았듯이 왜구의 침탈은 단지 소규모, 산발적인 수준에 그치고 있어, 거제도란 거대한 섬을 통채로 비워버리는 공도의 조치를 취했다는 것은 아무래도 이해할 수 없는 바이다. 더욱이 1271년의 시점은 삼별초가 진도를 중심으로 서남해안을 석권하던 그 시기와 정확히 겹치고 있어서, 거제도 공도화 조치는 왜구의 침탈 때문이라기보다는 오히려 진도 삼별초세력

과 거제도 해양세력의 연계 가능성을 차단하기 위한 조치로 파악하는 것이 더 자연스러워 보이기도 한다. 실제로 당시 진도 삼별초세력은 완도에 송징 장군을, 남해도에 유존혁 장군을 파견하여 서남해 제해권을 확대·강화해 가고 있었으니, 이런 추세를 우려의 눈초리로 주시하였을 고려정부의 입장에서 볼 때, 삼별초세력이 거도巨島 거제도마저 장악하는 일이 시간문제로 받아들여졌음직하다. 따라서 적어도 1271년에 취해진 거제도 공도화 조치의 원인은 왜구보다는 삼별초세력과의 상관관계 속에서 찾아보는 것이 더 타당하지 않을까 한다.

그렇다면 여타 섬들의 공도 조치는 어떤가? 진도와 남해도의 경우 왜구의 침탈이 본격화되는 1350년 직후에 공도화되었다는 점에서, 공도화의 원인을 '왜구의 침탈로부터 섬 주민을 보호하기 위해서' 라고 파악한 「신증동국여지승람」 등의 기록을 부정하기는 어려울 것처럼 보인다. 그렇지만 왜구 침탈이 본격화되기 때문에 이들이 공도화된 것인지, 이들이 공도화되었기 때문에 왜구의 침탈이 본격화된 것인지 인과관계의 순서를 한번쯤 따져볼 필요는 있다.

왜냐하면 왜구 침탈이 본격화한 시점과 공도화의 시점이 거의 동시적으로 이루어지고 있기 때문이다. 먼저 인과관계의 순서를 전자에 따라 파악할 경우, 공도 조치는 섬 주민을 보호하기 위해서 취해진 것으로 이해할 수 있다. 그러나 후자에 따라 파악할 경우엔, 진도와 남해도 등을 공도화한 것이 원인이 되어 그간 미온적인 수준에 머무르던 왜구의 침탈 욕구가 더욱 증폭되는 결과를 가져왔을 것으로 파악할 수도 있겠다. 그런데 당시의 추세를 엄밀히 따져보면 전자보다는 오히려 후자의 관점이 더 타당할 수 있겠다는 생각으로 기운다. 먼저 고려 말에 공도화의 대상이 된 섬들을 보자. 그들은 대체로 대몽 항쟁의 중심지였던 섬들이 망라되어 있다. 즉 압해도는 일찍이 1256년에 몽고의 차라대車羅大로부터 대규모 공격을 받은 적이 있었고, 남해도는 강화도정부가 팔만대장경 조판 사업을 일으키면서 분사대장도감分司大藏都監을 설치할 정도로 대몽항쟁에서 중시되던 곳이었다. 진도는 삼별초가 입거하여 대몽항쟁의 새로운 기지를 건설한 곳이었으니 말할 것도 없다. 이런 견지에서 볼 때, 이들을 공도화空島化한 조치 역시 거제도와 마찬가지로 일차적으로는 저항세력을 제거한다는 정치군사적 의도에서 비롯된 것으로 보는 것이 합리적이지 않을까? 이런 관점에서 다음과 같은 추론이 가능할 것 같다.

먼저 진도 삼별초세력의 저항이 한창이던 1271년의 시점에 거제도를 첫 공도의 대상으로 삼았던 것은, 진도에서 비교적 멀리 떨어져 있는 거제도의 해양세력이 삼별초세력과 연대할 가능성을 사전에 차단하고자 함이었을 것이다. 그리고 진도와 남해도에 대한 공도화 조치를 비교적 늦은 시점인 충정왕 및 공민왕 연간에 단행했던 이유는 이렇게 설명할 수 있겠다. 삼별초 주력세력이 제주도에서 최종 진압됨에 따라 삼별초의 중심 기지 역할을 담당해오던 진도와 남해도에 대한 1차 탄압조치가 당연히 취해졌을 것이다.

그런데 이후 왜구의 침탈이 본격화될 조짐이 감지됨에 따라, 고려정부에 저항적 성향을 견지해오던 남해도와 진도 등지의 해양세력이 왜구와 연대할 것이 우려되어 이들에 대한 2차 공도화 조치를 취했을 것으로 볼 수 있지 않을까 한다. 삼별초세력과 그 동조세력을 적도賊徒로 간주하던 고려왕조의 입장에서 볼 때, 삼별초 동조세력과 왜구의 연대 가능성에 대한 우려는 충분히 가질 수 있는 상황이었다. 이런 견지에서 볼 때, 고려 말의 공도 조치는 1차적으로는 서남해의 저항 해양세력에 대한 대대적인 탄압을 의미하는 것으로 볼 수 있겠으며, 2차적으로는 그들과 왜구의 연대 가능성을 사전에 차단하기 위한 조치로 볼 수 있을 것이다.그렇다면 이러한 공도 조치는 이후 어떠한 결과를 초래했을까? 그것은 서남해 해양세력의 붕괴를 가져왔을 것이고, 이것이 원인이 되어 더욱 극렬한 왜구 침탈을 부추기는 결과를 가져왔을 것이 분명하다. 2차 공도화 조치가 취해졌던 1350년대 이후부터 왜구의 침탈이 그 빈도와 규모에서 급격히 증대되는 추세를 보여주고 있는 것이 이를 단적으로 반영하는 바이다. 요컨대 고려 말 공도 조치는 해양국가 고려의 해양력을 약화시키고 해방체제海邦體制를 붕괴시키는 결과를 가져왔으며, 급기야 고려왕조의 멸망으로 이어지게 하는 원인으로 작용했던 것이니, 곧 한국 해양사의 일대 전환이 일어나고 있었던 것이다.

고려 말의 이러한 공도 조치는 조선왕조에 들어 더욱 강화되고 전면화되어, 단순히 일시적인 '조치'의 차원을 넘어서서 법으로까지 규정되는 하나의 국가 '정책'(이른바 '공도정책')으로 자리잡아 갔다. 관의 허락 없이 몰래 섬에 들어간 자는 장 1백대의 형을 받는 것으로 규정되었으며, 심지어 섬에 도피 은닉한 죄는 본국을 배반한 죄에 준하는 것으로 다스려져야 한다는 주장까지 거론될 정도로 심각한 사안이 되었다. 조선이 공도정책을 실시했던 목적은, 고려 말에 반정부 활동을 전개하던 해상세력을 탄압하기 위해 취했던 공도 조치와는 사뭇 다른 것이었다. 조선시대의 해양은 이미 피폐화 되어 있었고, 해양을 근거로 하여 삶을 영위하던 해양인들도 크게 쇠락해 있었으므로, 그들을 경계하고 탄압한다는 것은 더 이상 의미가 없는 일이었다.

그럼에도 불구하고 조선왕조가 공도를 국가의 정책으로 삼아 강력하게 추진했던 이유는 무엇일까? 그것은 모든 백성들은 국왕의 지배와 보호를 받는 위치에서 편제되어야 한다는 조선적 통치의 이념에서 나온 것이었다. 조선시대에 섬은 원칙적으로 국왕의 지배와 보호가 미치는 통치의 대상이 아니었고, 행정 편제의 대상에서도 배제되었다. 다만 왕권 내에 있는 조선의 영토라는 관념만이 막연하게 미치고 있을 뿐이었다. 따라서 만약 백성들이 섬에 흘러 들어간다면, 그것은 곧 국왕의 통치권에서 벗어남을 의미하는 것이었다. 그들에게 국가 탈출죄 혹은 반역죄에 상응하는 형벌이 가해졌던 것은 이 때문이었다.

이러한 조선의 공도정책은 고려 말에 취한 공도의 조치를 계승한 측면도 있지만, 더 본질적으로는 명의 해금정책海禁政策을 추수追隨한 결과였다고 볼 것이다. 명을 건국한 주원장朱元章은 원을 축출하고 중국대륙을 통일하는 한편, 명 왕조의 정권을 안정화시켜 가는 과정에서, 명의 지배에 저항하는 해양세력에 일대 타격을 가하기 위해 일체의 해양활동을 금하는 해금정책을 폈다. 당시 절강浙江 지방의 염민鹽民을 규합하여 큰 세력을 형성한 장사성張士誠이나 영파寧波, 온주溫州 등의 무역항구를 점거하여 해상무역을 주도하면서 세력을 키워간 방국진方國珍 등이 주된 견제와 제거의 대상이었다.

그리하여 명 태조 주원장은 민간 상인들의 해외 도항을 모두 금지하고, 민간에서 원양선을 건조하지 못하도록 하였을 뿐만 아니라, 이미 건조한 원양선도 국내 수송용 배로 개조하도록 명함으로써, 이들 해양세력의 활동 수단과 무대 자체를 제거하는 조치를 취했다. 이러한 명의 해금정책은 궁극적으로 바다를 폐쇄하고 육로라는 제한적인 통로를 통해 주변 국가와 조공관계를 맺음으로써 대내적 안정을 추구하고 대외적 패권주의를 관철하려는데 주된 목적이 있었다. 그리하여 주원장의 뒤를 이은 영락제는 정화鄭和로 하여금 1405년부터 28년 동안 7차례에 걸쳐 인도에서 멀리 페르시아만에 이르는 남해 대원정을 단행하게 하였으니, 이로써 전대까지 성행해온 국제 해상무역은 더욱 무력화되었다. 명의 해금정책은 소기의 성과를 거두었으며, 그럴수록 국제적인 해상무역은 위축되어 갔다. 조선은 육로를 통해 명이 설정한 조공체제를 충실히 이행할 수 있는 지정학적 위치에 있었으므로, 명의 해금정책에 적극 동조하였다.

그러나 일본은 명의 해금정책으로 인해 가장 심각한 타격을 입게 되었다. 일본이 명·조선과 교역하기 위해서는 바다를 통하지 않고서는 불가능하였기 때문이다. 결국 일본은 바다를 통한 불법적 교역활동을 전개할 수밖에 없었고, 이것은 결과적으로 명의 해금정책에 도전하는 셈이 되었다. 명은 이에 대해 강력 대응하였다. 이러한 악순환이 계속되는 가운데 일본인들의 불법 행위는 점차 무력적 침탈 행위로 돌변해 갔으니, 이른바 왜구라 불리는 해적집단의 침탈로 나타났던 것이다.

〔이 글은 해상왕장보고 기념사업회, 「월간 해상왕 장보고 NEWS」 47호(2003년 8월)·48호(2003년 9월) 에 연재된 '한국해양사의 흐름' 에 실린 〈고려말의 공도조치 - 해양세력의 몰락〉과 〈조선을 자폐와 쇄국의 길로 이끈 공도 및 해금정책〉을 인용한 것이다.

이 자료는 [해상왕장보고] 홈페이지(http://www.changpogo.or.kr)에 수록되어 있다.〕

위 견해는 일면 공도정책에 대한 이해의 폭을 넓혀주는 것이다. 위 견해를 검토하기 위해 공도정책이 실시되었다는 섬에 관한 사료를 살펴보기로 한다.

거제현巨濟縣 원래 바다 가운데 있는 섬으로서 신라 문무왕이 비로소 이곳에 상군裳郡을 설치하였고 경덕왕이 거제군으로 고쳤다. 현종 9년에 현령을 두었고 원종 12년에 왜적의 침입으로 말미암아 이 지역을 잃었으므로 주민들이 거창군 가조현에 붙여 살았으며 충렬왕 때에 관성(管城)에 합쳤다가 얼마 후 원래대로 고쳤다.

–「고려사」 권57, 지리2 경상도 진주목 거제현

거제현이 원종12년 신미에 왜倭로 인해 땅을 잃어버리고 가조에 붙여 살았다.

–「세종실록지리지」 권50, 가조현

원종 때에 거제현이 삼별초의 난을 피해서 관아도 여기에 우접하고 그대로 거제라 일컬었다.

–「신증동국여지승람」 가조현

남해현南海縣 원래 바다 가운데 있는 섬인데 신라 신문왕이 비로소 전야산군轉也山郡을 설치하였으며 경덕왕은 남해군으로 고쳤다. 현종 9년에 현령을 두었고 공민왕 7년에 왜적의 침입으로 말미암아 이 지역을 잃었으므로 진주 관내의 대야산부곡大也山部曲에 붙여 살았다. 여기에 소속현이 2개 있다.

–「신증동국여지승람」 남해현

난포현蘭浦縣 원래 신라의 내포현內浦縣으로서 남해도南海島 안에 있는데 경덕왕이 지금 명칭으로 고쳐서 본 현에 소속시켰다. 고려 초에도 그대로 소속시켰다. 후에 왜적의 침입으로 말미암아 주민과 가축들이 다 없어졌다.

–「신증동국여지승람」 난포현

평산현平山縣 원래 신라의 평서산현平西山縣〔서평(西平)이라고도 한다〕으로서 역시 남해도 안에 있는데 경덕왕이 지금 명칭으로 고쳐서 남해군의 관할하에 현으로 만들었다. 고려 초에도 그대로 불렀으며 후에 왜적의 침입으로 말미암아 주민과 가축이 다 없어졌다.

–「고려사」 권57 지리2 경상도 진주목 남해현

진도군 본래 백제의 인진도군이었는데 신라 때 진도로 고쳐서 무안의 영현이 되고, 고려 때 나주의 임내가 되었다.(중략) 충정왕 2년(1350)에 진도는 왜구로 인해 육지로 옮겼다. 태종 9년(1409)에 이르러 해남현을 합하여 해진군으로 삼고, 12년에 군치소를 영암의 속현인 옥산으로 옮겨 읍을 설치하였다.

-「세종실록지리지」 전라도 나주목 해진군

지해진군사에게 명하여 군민軍民을 거느리고 다시 진도 구치舊治로 들어가게 하였다. 진도군은 본래 남해 가운데에 있었는데 일찍이 왜구로 인하여 내륙으로 옮겨졌다가 이제 해변이 평안하기에 이주하라는 명이 내려졌다.

-「태종실록」 권27 태종 14년 2월 경오

고려말 거제도의 공도정책의 원인에 대해 「고려사」 및 「신증동국여지승람」 등의 '거제현'에 관한 기록을 1271년원종 12에 왜구로 인해 읍치를 육지인 거창군의 속현인 가조현으로 옮겼다고 하였다. 이와 달리 「신증동국여지승람」 '가조현' 조의 경우 "원종 때에 거제현이 삼별초의 난을 피해서 관아도 여기에 우접하고 그대로 거제라 일컬었다"고 하였다. 아마도 이 사료는 고려말 공도조처가 삼별초 세력과 관련된다는 견해를 확인시켜주는 중요한 사료라고 생각된다.

그것은 그렇다 하더라도 고려말 조선초의 섬에 대한 정책을 공도정책이라고 명명할 수 있을까를 한번 따져보기로 한다. 위 사료 거제현이나 진도군의 예에서 보다시피 이른바 공도정책이 실시된 섬에는 고려말 조선초 다시 그 읍치가 원래의 섬으로 되돌아가고 있다. 그것은 일정한 호구와 전결의 확보 및 어염의 이익으로 인해 섬이 읍으로 유지될 만큼의 재정자립도를 갖고 있었음을 말하는 것이다. 그것을 간과하고 고려에 이어 조선왕조에 들어와 섬에 대한 공도정책이 확립되었으며, 조선시대의 해양은 이미 피폐화 되어 있었고, 해양을 근거로 하여 삶을 영위하던 해양인들도 크게 쇠락했다고 보는 견해(해상왕장보고기념사업회, 「월간 해상왕 장보고 NEWS」 58호, 2004년 7월)는 문제가 있다.

공도정책이 실시되었다고 한 진도의 경우 세종 15년 당시 주민수가 500여 명을 넘어서고 있다. 조선 초기 실록 등의 자료에 의하면 섬과 바다에서 어염을 비롯하여 해산물 채취가 농사에 종사하는 것보다 훨씬 이익이 많아서 바닷가 연안민들이 생계를 유지하기 위해 섬으로 대거 유입하였음을 알 수 있다. 이런 까닭에 백성들이 생업의 기반을 농업에서 어업으로 전환하지 않을까 염려할 정도로 바닷가 연안지역의 주민들이 불법적으로 섬으로 이주해 들어갔다. 이른바 조선초기에 공도정책이 실시되었다는 논자들은 육지 백성 가운데 불법적으로 섬에 들어간 사람들을 다시 육지로 쇄환하는 자료들을 갖고 '공도정책'이 시행되었다는 자료로 잘못 해석하고 있는 것이다.

바다와 섬이 부를 축적하는 곳으로 인식되어 섬으로 사람들이 몰리게 되자 중앙정부는 날로 늘어나는 도서 이주민들에 대한 대책을 마련할 수밖에 없었다. 일부 섬에 수령이 파견되는가하면, 섬에 대한 양전量田이 실시되기도 하였다(「세조실록」 권25, 세조7년 8월 계유) 또 이들의 안정된 생업을 위해 왜구들이 들어오는 길목이긴 하지만 선군船軍의 내왕이 불편하고 또 적변이 일어나도 군관이 미처 구하지 못하기 때문에 부득이 내륙의 해안가 포구에 수성군과 병선을 더욱 보강해주고 수령으로 하여금 변방을 방어하도록 하였다(「세종실록」 권64, 세종 16년 6월 갑자).

이러한 시대적 배경 하에 앞 장에서 살펴본 바와 같이 세종대부터

독도박물관 앞 “대마도는 본시 우리나라땅”표시비

섬에 대한 대대적 정보가 수집되어 지리지에 수록되기에 이르렀던 것이다. 이것을 간과하고 조선조에 공도정책이 실시되었다는 주장은 근거가 없는 것이다. 더욱이 독도의 경우 지금은 물론 조선시대에도 사람이 살 수 없는 무인도였다. 그럼에도 불구하고 조선시대 공도정책 때문에 사람이 살지 않았다는 인식은 크게 잘못된 것이다.

이러한 섬에 대한 정책 전환이 이루어질 수 있었던 것은 세종조에 있어서의 대대적인 왜구소탕전의 결과이기도 하다. 세종대에 오면 왜구의 침탈을 본원적으로 뿌리뽑기 위해서 왜구의 근거지로 지목해온 대마도 정벌을 추진하였다. 마침내 1418년세종 원년 6월 19일 조선측은 삼군도체찰사三軍都體察使 이종무李從茂의 지휘 하에 17,000여 명의 병력을 227척의 병선에 나눠 싣고 거제도를 출발, 대마도 정벌에 나섰다.

정벌군은 왜구의 근거지에 큰 타격을 가하는 한편 많은 조선인 포로들을 쇄환해 오는 전과를 올렸다. 이로써 세종대에 일본에 대한 각종 회유정책이 조선의 주도 하에 실시될 수 있게 되었고, 대마도는 조·일 양국외교의 안전판 역할을 하게 되었다. 「신증동국여지승람」에 대마도가 수록되는 것은 바로 그 때문이다.

거친 파도 위에 조용히 솟은 섬 독도

[8] 조선시대 독도를 찾아 나선 사람은 누구인가?

조선조시대 문헌상 최초의 울릉도·독도에 관한 기록은 다음과 같다.

> 강원도 무릉도 거주민들에게 육지에 나오도록 명령하였는데, 이것은 감사의 품계에 따른 것이다.
>
> –「태종실록」 태종 3년 8월 병진

위의 자료를 통해 조선조에 있어서 무릉도, 즉 울릉도는 군현체계상 강원도에 속해 있었고, 거주민들이 살고 있었음을 알 수 있다. 이 거주민들은 아마도 고려 말부터 울릉도에 삶의 터전을 일구어왔던 사람들이었음을 다음의 자료에 의해 확인할 수 있다.

> 의정부에 명하여 유산국도流山國島 사람을 처치하는 방법을 의논하였다. 강원도 관찰사가 아뢰기를 "유산국도 사람 백가물百加勿 등 12명이 고성高城 어라진於羅津에 와서 정박하여 말하기를, '우리들은 무릉도武陵島에서 생장하였는데, 그 섬 안의 인호가 11호이고, 남녀가 모두 60여 명인데, 지금은 본도本島로 옮겨 와 살고 있습니다. 이 섬이 동에서 서까지 남에서 북까지가 모두 2식息 거리이고, 둘레가 8식 거리입니다. 우마와 논은 없으나, 오직 콩 한 말만 심으면 20석 혹은 30석이 나고, 보리 1석을 심으면 50여 석이 납니다. 대竹가 큰 서까래 같고, 해착海錯과 과목果木이 모두 있습니다.' 고 하였습니다. 이 사람들이 도망하여 갈까 염려하여, 아직 통주通州·고성高城·간성杆城에 나누어 두었습니다." 라고 하였다.
>
> -「태종실록」 태종 12년 4월 기사

백가물 등이 무릉도, 즉 울릉도에서 생장하였다는 말을 통해 고려말 조선초에 울릉도에 사람들이 삶의 터전을 갖고 생활하였음을 알 수 있다. 그러면 태종 3년 강원감사의 품계에 의해 무릉도 거주민을 육지로 나오게 한 조처는 무엇 때문이었는가를 다음의 자료를 통해 살펴보기로 한다.

> 김인우金麟雨를 무릉등처 안무사武陵等處 安撫使로 삼았다. 호조참판 박습朴習이 아뢰기를, "신이 일찍이 강원도 도관찰사로 있을 때에 들었는

데, 무릉도의 둘레가 7식息이고, 곁에 작은 섬小島이 있고, 전지가 50여 결이 되는데, 들어가는 길이 겨우 한 사람이 통행하고 나란히 가지는 못한다고 합니다. 옛날에 방지용方之用이란 자가 있어 15가구를 거느리고 입거하여 때로는 가왜假倭로서 도둑질을 하였다고 합니다. 그 섬을 아는 자가 삼척三陟에 있으니, 청컨대, 그 사람을 시켜서 가서 보게 하소서."하니, 임금이 옳다고 여기어 삼척 사람 전前 만호萬戶 김인우를 불러 무릉도의 일을 물었다. 김인우가 말하기를, "삼척 사람 이만李萬이 일찍이 무릉에 갔다가 돌아와서 그 섬의 일을 자세히 압니다."하니, 곧 이만을 불렀다. 김인우가 또 아뢰기를, "무릉도가 멀리 바다 가운데에 있어 사람이 많으면 왜적이 끝내는 반드시 들어와 도둑질하여, 이로 인하여 강원도를 침노할 것입니다"하였다. 임금이 옳게 여기어 김인우를 무릉등처 안무사로 삼고 이만을 반인伴人으로 삼아, 병선 2척, 초공抄工 2명, 인해引海 2명, 화통·화약과 양식을 주어 그 섬에 가서 그 두목에게 일러서 오게 하고, 김인우와 이만에게 옷과 갓·신발을 주었다.

–「태종실록」 태종 16년 9월 경인

호조참판 박습이 강원도 감사로 있을 때 현지에서 들은 바에 의하면 울릉도에는 '옛날에 방지용이 15 가구를 거느리고 입거해 살고 있었고, 이들은 때로는 왜구에 편승해 가짜 왜구로 활동하고 있었다' 는 말을 들었다고 하였다. 박습이 강원도 관찰사로 파견된 시기가 태종 11년 2월이었음을 감안할 때 박습이 말하는 '옛날' 은 태종 3년 무릉도 거주민들에게 육지에 나오도록 명령하기 이전의 사실을 말할 가능성이 있다. 이를 통해 태종 3년의 강원감사의 품계는 왜구의 침구와 이에 편승한 울릉도민의 가왜假倭활동에서 비롯된 조처로 볼 수 있다.

박습에 의해 천거된 무릉등처 안무사 김인우 역시 "무릉도가 멀리 바다 가운데에 있어 사람이 서로 통하지 못하기 때문에 군역을 피하는 자가 혹 도망하여 들어갑니다. 만일 이 섬에 주접하는 사람이 많으면 왜적이 끝내는 반드시 들어와 도둑질하여, 이로 인하여 강원도를 침노할 것입니다."라는 인식을 갖고 있었는데 이들의 이러한 시각은 울릉도에 관한 향후 정책 판단에 결정적 역할을 하였다고 볼 수 있다.

울릉도의 사정을 아는 삼척인 김인우를 통해 중앙정부는 동해에 울릉도 외에 또 다른 섬이 있다는 인식을 하게 되었던 듯하다. 그것은 김인우를 '무릉등처 안무사'로 칭한 것에서 알 수 있다. 독도가 강원도 등에 알려진 시점은 이보다 앞선 시기, 즉 박습이 강원도 감사로 있을 때 '무릉도의 둘레가 7식息이고, 곁에 작은 섬小島이 있다'는 것을 들은 1416년 이전이었다고 볼 수 있다. 그 결과 김인우가 울릉도에 들어갔다 온 1417년태종 17 이후에 울릉도 외의 또 다른 섬, '독도'를 정확히 인지하게 되었고, 그 섬을 '우산도'로 기록하기 시작하였음을 다음의 자료들은 보여준다.

> 안무사 김인우가 우산도에서 돌아와 토산물인 대죽·수우피·생저·면자·검박목 등을 바쳤다. 또 그곳의 거주민 3명을 거느리고 왔는데, 그 섬의 호는 15구요, 남녀를 합치면 86명이었다. 김인우가 갔다가 돌아올 때에, 두 번이나 태풍을 만나서 겨우 살아날 수 있었다고 했다.
>
> -「태종실록」 태종 17년 2월 임술

우의정 한상경, 육조·대간에 명하여, 우산·무릉도의 거주민을 쇄출하는 것의 편의 여부를 의논케 하니, 모두가 말하기를, "무릉의 주민은 쇄출하지 말고, 오곡과 농기를 주어 그 생업을 안정케 하소서. 인하여 주수主帥를 보내어 그들을 위무하고 또 토공을 정함이 좋을 것입니다."하였으나, 공조판서 황희만이 유독 불가하다 하며, "안치시키지 말고 빨리 쇄출하게 하소서."하였다. 임금이, "쇄출하는 계책이 옳다. 저 사람들은 일찍이 요역을 피하여 편안히 살아왔다. 만약 토공을 정하고 주수를 둔다면 저들은 반드시 싫어할 것이니, 그들을 오래 머물러 있게 할 수 없다. 김인우를 그대로 안무사로 삼아 도로 우산·무릉등지에 들어가 그곳 주민을 거느리고 육지로 나오게 함이 마땅하다." 하였다. 인하여 옷·갓과 나무신木靴을 내려 주고, 우산 사람 3명에게도 각기 옷 1습襲씩을 내려 주었다. 강원도 도관찰사에게 명하여 병선 2척을 주게 하고, 도내의 수군 만호와 천호 중 유능한 자를 선발 간택하여 김인우와 같이 가도록 하였다.

–「태종실록」 태종 17년 2월 을축

전 판장기현사判長鬐縣事 김인우를 우산도·무릉도 등지의 안무사로 삼았다. 당초에 강원도 평해平海 고을 사람 김을지金乙之·이만李萬·김울을금金亐乙金 등이 무릉도에 도망가 살던 것을, 병신년에 국가에서 인우를 보내어 다 데리고 나왔다. 계묘년에 을지 등 남녀 28명이 다시 본디 섬에 도망가서 살면서, 금년 5월에 을지 등 7인이 아내와 자식은 섬에 두고 작은 배를 타고 몰래 평해군 구미포仇彌浦에 왔다가 발각되었다. 감사가 잡아 가두고 본군에서 급히 보고하여 곧 도로 데려 오기로 하고였다. 인우가 군인 50명을 거느리고 군기와 3개월 양식을 갖춘 다음 배를 타고 나섰다. 섬은 동해 가운데 있고, 인우는 삼척 사람이었다.

–「세종실록」 세종 7년 8월 갑술

우산·무릉 등지에서 안무사 김인우가 본도의 피역한 남녀 20인을 수색해 잡아와 복명하였다. 처음 인우가 병선 두 척을 거느리고 무릉도에 들어갔다가 선군船軍 46명이 탄 배 한 척이 바람을 만나 간 곳을 몰랐다. 임금이 여러 대신들에게 이르기를, "인우가 20여 인을 잡아왔으나 40여 인을 잃었으니 무엇이 유익하냐. 이 섬에는 별로 다른 산물도 없으니, 도망해 들어간 이유는 단순히 부역을 모면하려 한 것이로구나."하였다. 예조 참판 김자지金自知가 계하기를, "지금 잡아온 도망한 백성을 법대로 논죄하기를 청합니다."하니, 임금이 말하기를, "이 사람들은 몰래 타국을 따른 것이 아니요, 또 사면령 이전에 범한 것이니 새로 죄주는 것은 불가하다."하고, 곧 병조에 명하여 충청도의 깊고 먼 산중 고을로 보내어 다시 도망하지 못하게 하고, 3년 동안 복호復戶하게 하였다.

-「세종실록」 세종 7년 10월 을유

위 사료에서 보다시피 1416년~1417년에 걸쳐 강원감사를 역임했던 박습과, 그에 의해 천거된 무릉등처 안무사 김인우의 보고에 의해 울릉도 외에 독도, 즉 우산도의 실체를 중앙정부에서 처음으로 파악하였다는 점을 주목하지 않을 수 없다. 려말선초 울릉도를 찾아 나서 삶의 터전을 일구었던 사람들의 생활무대는 울릉도 뿐만이 아니라 독도에까지 미쳤기 때문에 이들로부터 독도에 관한 정황을 파악할 수 있었다. 그렇기 때문에 「세종실록지리지」에 울진현에 우산도와 울릉도가 나란히 실리고 '두 섬이 서로 거리가 멀지 않아 날씨가 청명하면 가히 바라볼 수 있다' 라고 기록할 수 있었다. 그러한 기록을 남길 수 있었던 것은 고려말 조선초 울릉도와 독도를 삶의 터전으로 여기고,

그곳을 생활무대로 일구어나갔던 울릉도 거주민들의 활동 때문이었다.

흔히들 1416~1417년 태종에 의해 울릉도에 대한 공도정책이 채택되었다고 한다. 태종이 공도정책을 채택한 것은 왜구가 울릉도를 침탈하고 이로 인해 강원도까지 침탈할 것을 염려했기 때문이라고 한다. 그러나 태종 이전, 그리고 그 이후에도 울릉도에는 사람들이 항상 살고 있었다. 위 자료에 나타난 울릉도 거주민들을 정리하면 다음과 같다.

울릉도 거주민 상황	연대	전거
1. 무릉도 거민	1403	「태종실록」 태종 3.8.무술
2. 人戶 11, 남녀 60여명	1412	〃 태종 12.4.기사
3. 戶 15口, 남녀 86명	1417	〃 태종 17.2.임술
4. 강원도 평해인 김을지·이만·김우울금 등 일찍이 무릉도로 도망해 거주하다가 병신년에 안무사 김인우가 쇄환함. 계묘년에 을지 등 28명이 무릉도로 도망. 1425년 5월 을지 등 7인이 평해군 구미포로 몰래 나왔다가 발각, 안무사 김인우를 파견하여 20명 쇄환.	1425	「세종실록」 세종 7.8.갑술·10.을유
5. 경차관 남회 등이 쇄환한 남녀 66명	1438	「세종실록」 세종 20.7.무술

위 사료 어디에도 '공도' 정책이란 용어는 존재하지 않는다. 사료에는 '쇄출刷出', '쇄환刷還' 이란 용어만 보일 뿐이다. 쇄출, 쇄환의 대상은 본토로부터 울릉도로 들어간 사람들을 전제로 하고, 이들을 통치의 편의를 위해 다시 끄집어내온다는 것이다. 그럼에도 불구하고 울릉도민에 대한 쇄환, 쇄출을 공도정책이라 부름으로써 울릉도가 빈

땅, 버려진 땅이란 그릇된 인식을 낳아 우리의 영토가 아니라는 주장을 가져오게끔 하는 빌미를 제공하였다. 위 사료를 통해 우리가 확인할 수 있는 것은 울릉거민의 쇄환, 쇄출에도 불구하고 울릉거민이 항상 존재하였다는 역사적 사실이다. 그들은 왜 왜구의 침탈이 있을지도 모르는 울릉도로 들어가 살고자 하였던가?

1417년태종 17 울릉도에는 15口, 남녀 86명이 살고 있었음에도 불구하고 안무사 김인우에 의해 본토로 나온 사람은 겨우 3명 뿐이었다. 그것은 울릉도에 비록 우마와 논은 없으나, 콩 한 말을 심으면 20석 혹은 30석이 나고, 보리 1석을 심으면 50여 석이 날 정도로 안정된 생활을 영위할 수 있었기 때문이다. 더욱이 이들이 피역의 무리라고 한데서 보다시피 본토에서와 달리 조세 부과와 역역 동원이 없었기 때문에 굳이 본토로 나가기를 꺼렸기 때문이다. 육지의 주민이 보다 나은 삶의 조건을 찾아 해도로 들어감으로써 조세와 역역자원 조달에 어려움을 겪었던 중앙정부는 '우산·무릉' 주민에 대한 쇄출의 문제를 논의하였다.

당시 중앙정부의 여론은 무릉의 주민을 쇄출시키지 말고, 오곡과 농기를 주어 그 생업을 안정케 하고, 외관을 파견하여 토공을 정하자는 주장이 대세였다. 그러나 공조판서 황희가 쇄출을 건의하였고, 태종이 "쇄출하는 계책이 옳다. 저 사람들은 일찍이 요역을 피하여 편안히 살아왔다. 만약 토공을 정하고 주수를 둔다면 저들은 반드시 싫어할 것이니, 그들을 오래 머물러 있게 할 수 없다"는 판단을 함으로써 김인우를 다시 '우산·무릉등처 안무사'로 삼아 그곳 주민을 쇄환토록 하였다. 황희의 주장과 태종의 쇄출 판단은 김인우의 "무릉도가 멀리 바다 가운데에 있어 사람이 서로 통하지 못하기 때문에 군역을 피하는 자가 혹 도망하여 들어갑니다. 만일 이 섬에 주접하는 사람이 많으면 왜적이 끝내는 반드시 들어와 도둑질하여, 이로 인하여 강원도를 침노할 것입니다."라고 한 앞의 시각이 크게 영향을 끼쳤을 것이다.

울릉도·독도가 울진현의 속도屬島가 아닌 수령이 파견된 '읍'으로서의 승격할 기회를 무산시킨데 대한 결정적 역할을 한 인물이 김인우라고 볼 수 있다. 태종·세종조에 울릉도로 파견된 김인우는 두 차례나 태풍으로 인해 곤욕을 치렀고, 또 돌아온 후에도 그 쇄출의 성과가 미미한데 대한 비판을 들었기 때문에 울릉도에 읍을 설치한다는데 대한 부정적 견해를 갖고 있었을 것이다. 울릉도에 관한 한 당시 가장 많은 정보를 갖고 있었던 김인우의 이러한 생각 때문에 울릉도에 읍을 설치하고자 하는 정책은 실시되지 않았다.

현재 울릉도에는 김인우와 관련된 '성하신당'이 있다. 성하신당은 서면 태하리 마을 한복판에 있다. 이 신당 안에는 동남동녀童男童女의 신상이 있다. 이 성하신당에 관해서는 다음의 전설이 전해져 내려온다.

조선 초기 태종 17년 조정에서는 안무사 김인우를 보내 울릉도 주민들을 육지로 이주시키게 하였다. 섬 사람들을 모두 모아 출항을 앞 둔 날 밤 김인우의 꿈에 동해의 해신이 나타나 동남동녀 한 쌍을 울릉도에 두고 가라고 했다. 다음날 지난 밤의 꿈을 잊어버리고 출항을 하려 하자 갑자기 풍랑이 일어 김인우와 울릉도 주민들은 배를 띄우지 못했다. 다음날도 김인우 일행이 출발하려 하자 잔잔하던 바다에 파도가 일어 배를 띄우지 못하게 된다. 안무사 김인우는 꿈을 떠올리고 동남동녀를 뽑아 배에서 내리게 하여 자신이 기거하던 곳에 놓아두고 온 붓과 벼루를 가져오라고 했다. 두 사람이 울릉도에 내리자 바다는 언

성하신당 전경

성하신당 내부의 동남동녀상

제 그랬냐는 듯이 잔잔해졌다. 안무사 김인우는 닻을 올리고 순풍을 받아 무사히 육지로 돌아 왔다. 육지로 돌아온 김인우는 울릉도에 두고 온 두 사람이 생각날 때마다 마음이 편치 않았다. 8년 뒤 조정에서는 그에게 다시 안무사직을 맡겼다. 김인우가 자신이 기거하던 곳으로 가보니 꼭 껴안은 동남동녀의 백골이 있었다. 김인우는 그곳에 사당을 짓고 참회를 했고, 그 후 울릉도 주민들은 배를 진수할 때면 꼭 이곳에 와서 진수식을 올리고 무사한 뱃길이 되기를 기원한다.

성하신당에 관한 이야기 이면에는 울릉도에 들어왔던 김인우가 태풍 등으로 인해 얼마만큼 어려움을 겪었는가를 엿볼 수 있다. 울릉도는 사람이 모여 살만한 조건이 어느 정도 되면 쇄출정책에 의해 주민들이 소환됨으로써 그 기반은 한동안 붕괴되기 마련이었다. 숨어 쇄환을 모면한 사람들의 처지는 김인우가 남겨둔 동남동녀의 어려운 처지 그것과 같은 것이었다. 이 성하신당에 울릉도 어민들이 배를 진수할 때 이곳에 와서 진수식을 올리고 무사한 뱃길을 기원한다는 것은 어쩌면 역사적 아이러니라고 할 수 있다. 포항 - 울릉도 사이를 운행하는 2천6백 톤급의 대형 카페리호인 썬 플라워호도 이곳에서 진수식을 올리고 무사 운행을 빌었다고 한다. 현재 울릉도 주민들은 음력 2월 28일 이곳에서 동제를 지낸다.

태종조에서 세종 7년까지 울릉거민의 쇄환의 주창자이면서, 담당자인 안무사 김인우가 역사의 무대에 사라진 후 세종 18년에 울릉도 쇄환정책에 큰 변화가 오게 되는데, 그것은 결코 울릉도가 공도정책의 대상이 아니었음을 보여준다.

강원도 감사 유계문柳季聞이 아뢰기를, "무릉도의 우산은 토지가 비옥하고 산물도 많사오며, 동·서·남·북으로 각각 50여 리 연해의 사면에 석벽이 둘러 있고, 또 선척이 정박할 만한 곳도 있사오니, 청컨대, 인민을 모집하여 이를 채우고, 만호와 수령을 두게 되면 실로 장구지책이 될 것입니다."하였으나, 윤허하지 아니하였다.

–「세종실록」 세종 18년 윤 6월 갑신

강원도 감사 유계문에게 전지하기를, "지난 병진년 가을에 경이 아뢰기를, '무릉도는 토지가 기름져서 곡식의 소출이 육지보다 10배나 되고, 또 산물이 많으니 마땅히 현을 설치하여 수령을 두어서 영동의 울타리를 삼아야 한다.' 고 하였으므로, 곧 대신으로 하여금 여러 사람과 의논하게 하였더니, 모두 말하기를, '이 섬은 육지에서 멀고 바람과 파도가 매우 심하여 헤아릴 수 없는 환난을 겪을 것이니, 군현을 설치하지 않는 것이 마땅하다.' 하였다. 그러므로 그 일을 정지하였더니 경이 이제 또 아뢰기를, '고로古老들에게 들으니 옛날에 왜노들이 와서 거주하면서 여러 해를 두고 침략하여, 영동이 빈 것 같았다.' 고 하였다.

짐이 또한 생각하건대, 옛날에 왜노들이 날뛰어 대마도에 살면서도 오히려 영동을 침략하여 함길도에까지 이르렀었는데, 무릉도에 사람이 없는 지가 오래니, 이제 만일 왜노들이 먼저 점거한다면 장래의 근심을 또한 알 수 없다. 현을 신설하고 수령을 두어 백성을 옮겨 채우는 것은 사세로 보아 어려우니, 매년 사람을 보내어 섬 안을 탐색하거나, 혹은 토산물을 채취하고, 혹은 말의 목장을 만들면, 왜노들도 대국의 땅이라고 생각하여 반드시 몰래 점거할 생각을 내지 않을 것이다. 옛날에 왜노들이 와서 산 때는 어느 시대이며, 소위 고로라고 하는 사람은 몇 사람이나 되며, 만일 사람을 보내려고 하면 바람과 파도가 순조로운 때가 어느 달이며, 들어갈 때에 장비할 물건과 배의 수효를 자세히 조사하여 아뢰라."하였다.

-「세종실록」 세종19년 2월 무진

강원도 감사 유계문이 울릉도는 토지가 비옥하고 산출이 많음을 들어 백성을 모집해서 울릉도에 거주시키고 읍을 설치하여 만호와 수령을 두어 영동의 울타리로 삼자는 주장을 세종 18년 윤 6월에 올렸으나 '육지에서 멀고 바람과 파도가 매우 심하여 헤아릴 수 없는 환난을 겪을 것이니, 군현을 설치하지 않는 것이 마땅하다'는 조정대신의 주장으로 인해 세종이 이를 윤허하지 않았다. 이에 이듬해 2월 유계문은 '고로들에게 들으니 옛날에 왜노들이 와서 거주하면서 여러 해를 두고 침략하여, 영동이 빈 것 같았다'는 이유를 들어 읍의 설치를 주장하였다.

세종은 이에 대해 '현을 신설하고 수령을 두어 백성을 옮겨 채우는 것은 사세로 보아 어려우니, 매년 사람을 보내어 섬 안을 탐색하거나, 혹은 토산물을 채취하고, 혹은 말의 목장을 만들면, 왜노들도 대국의 땅이라고 생각하여 반드시 몰래 점거할 생각을 내지 않을 것이다.'라고 하면서 '만일 사람을 보내려고 하면 바람과 파도가 순조로운 때가 어느 달이며, 들어갈 때에 장비할 물건과 배의 수효를 자세히 조사하여 아뢰라'고 하였다. 여기서 주목되는 것은 세종이 설읍은 허용하지 않았지만 '매년 사람을 보내어 섬 안을 탐색하거나, 혹은 토산물을 채취하고, 혹은 말의 목장을 만들어' 일본에게 우리의 땅임을 인식시키겠다는 뜻을 밝혔다는 점이다. 이것은 울릉도가 공도정책의 대상이 아니었음을 말한다. 세종이 이듬해 4월에 '무릉도순심경차관茂陵島巡審敬差官'을 파견한 것은 그에 따른 후속조처였다.

전前 호군護軍 남회南薈와 전前 부사직副司直 조민曹敏을 무릉도순심경차관으로 삼았다. 두 사람은 강원도 해변에 거주하는 사람이다. 이때 국가에서는 무릉도가 해중海中에 있는데, 이상한 물건이 많이 나고 토지도 비옥하여 살기에 좋다고 하므로, 사람을 보내 찾아보려 해도 사람을 얻기가 어려웠던 것이다. 이에 해변에서 이를 모집하니, 이 두 사람이 응모하므로 경차관의 임명을 주어 보내고, 이에 도망해 숨은 인구도 탐문하여 조사하도록 한 것이었다.

–「세종실록」 세종 20년 4월 갑술

호군 남회와 부사직 조민이 무릉도로부터 돌아와 복명하고, 포획한 남녀 66명과 거기서 산출되는 사철沙鐵·석종유石鍾乳·생포生鮑·대죽大竹 등의 산물을 바치고, 아뢰기를, "배를 출발시킨지 하루 낮과 하루 밤만에 비로소 도착하여 날이 밝기 전에 인가를 몰래 습격하온즉, 항거하는 자가 없었고, 모두가 본군 사람이었으며, 스스로 말하기를, '이곳 토지가 비옥 풍요하다는 말을 듣고 몇 년 전 봄에 몰래 도망해 왔다'고 합니다. 그리고 그 섬은 사면이 모두 돌로 되어 있고, 잡목과 대나무가 숲을 이루고 있었으며, 서쪽 한 곳에 선박이 정박할 만하였고, 동서는 하루의 노정이고 남북은 하루 반의 노정이었습니다."하였다.

–「세종실록」 세종 20년 7월 무술

세종이 앞에서 본 바와 같이 매년 사람을 보낼 뜻을 내비치었지만 항례적이고 규칙적인 울릉도 순심정책은 사료상 보이지 않는다. 그러나 강원감사에 의한 울릉도·독도에 대한 순심은 나름대로 행해졌을 것이다. 그러나 울릉도 순심은 풍랑 등으로 많은 어려움이 있었을 뿐만 아니라 강원도민에게 많은 부담을 가져다주는 것이었기 때문에 세종조에 오면서 왜구의 활동이 숙지는 상황 하에서 항례적이고 규칙적인 순심이 행해지지 않았다.

얼굴바위

[9] 안용복은 일본을 왜 찾아갔나?

이수광(李睟光)의 「지봉유설芝峯類說」권2 지리부 도 울릉도조에 "임진왜란 후 사람들이 (울릉도에) 들어가 본 일이 있으나 역시 왜의 분탕질을 당하여 정착하지 못했다. 근자에 들으니 왜구가 의(기)죽도礒(磯)竹島를 점거했다고 하는데, 의(기)죽도라고 말하는 것은 울릉도이다."고 한 것에서 보다시피 임진왜란 이후 조선왕조의 통치력이 극도로 약화된 상황에서 울릉도·독도를 돌볼 여력을 갖고 있지 못하였다. 이때를 틈타 일본은 대마도번주對馬島藩主가 중심이 되어 울릉도 침탈을 시도했다. 대마도번주는 광해군 6년1614 6월에 조선 동래부에 서계書契를 보내오면서 덕천가강德川家康의 분부로 의죽도礒竹島를 조사하려고 하는데 큰 바람을 만날까 두려우니 길 안내를 내어달라고 했고, 이에 대해 조선왕조는 예조에서 이를 거절하는 회유문을 주어 돌려보낸 적이 있었다(「변례집요」 권17, 울릉도). 이후 대마도번주와 장기도번주長崎島藩主는 울릉도를 '죽도竹島' 라고 부르면서 울릉도의 점탈을 집요하게 시도하였다.

이 당시에 울릉도와 독도 근해에서 조선의 어부와 일본 어부들의 어장 다툼이 치열하게 벌어졌었다. 그 와중에 숙종 19년(1693) 봄에는 울릉도에서 고기잡이를 하고 있던 안용복安龍福·박어둔朴於屯 등의 동래·울산 어부 40명과 울릉도에 출어한 일본 어부가 충돌하였다.

현재 울릉도의 독도박물관 앞에 '안용복 장군' 의 공적비가 세워져 있지만 그는 결코 장군은 아니었다. 후일 그의 공적을 기리는 사람들이 그를 장군으로 높여 불렀을 뿐이다. 현존하는 그의 호패에 따르면, 그는 1658년에 출생했으며 아주 작은 키(4척 1촌)에 가무잡잡한 피부, 그리고 마마 자국으로 얼굴이 심하게 얽은 외모를 가진 인물이었다. 그는 부산 좌천동에서 살았으며, 좌수영 소속의 능로군으로 복무한 경력이 있는 어부였다. 좌수영 소속 능로군은 전선戰船에서 노를 젓는 수졸을 말한다.

안용복은 숙종 19년 봄 박어둔을 비롯한 40여명의 어부들과 함께 고기를 잡고자 울릉도에 들어갔다. 그 곳에는 이미 일본 돗토리현의 어부들이 고기를 잡고 있었다. 이곳에서 양국 어부들 사이에 시비가 벌어졌고, 안용복·박어둔 두 사람은 일본의 오타니 가문大谷家 어부들에 의해 오키도隱岐島로 납치되어 갔다. 안용복은 그곳에서 '울릉도' 와 '자산도子山島' 가 조선의 땅임을 들어 구금 납치의 부당성을 도주島主에게 따졌다. 안용복의 항의를 받게 된 도주는 상관인 돗토리현 태수에게 이들을 이송시켰다. 사건을 보고받은 태수는 당대 일본의 최고 실권자인 에도 관백關白에게 보냈다.

관백은 안용복을 심문한 후 "울릉도와 자산도는 일본 땅이 아니기

독도박물관 앞 안용복 공적비

돗토리현에 있는 전념사 안용복이 2차 도일하여 일본측 어부들의 불법어로를 항의하는 회담을 가진 곳.

때문에 일본 어민들의 출어를 금지시키겠다"는 막부의 서계書啓를 써 주었다.

자산도는 당시 울릉도와 독도를 모자 관계에 있는 섬이라는 의미에서 부쳐진 이름이라는 해석들이 있기도 하고 우산도于山島의 우于 글자를 '자子'로 잘못 알아보아서 생겨난 이름이라도 한다. 그러나 일본어에 능통하였던 안용복이 '우' 자를 '자' 자로 잘못 읽었을 리는 없다. 아마도 당시 독도 근해에서 어로활동을 하고 있었던 어부들이 우산도, 즉 독도를 '자산도'로 불렀을 것이다. 그것을 통해 독도를 우리의 영토로 부각시켜 일본 어부들을 몰아내고자 하였을 것이다. 그런 점에서 자산도, 즉 우산도=독도를 조선의 땅이라고 한 안용복이나 일본 땅이 아니란 막부의 서계는 독도 영유권 주장에 대한 중요한 국제적 판단의 근거가 된다.

돗토리현의 아카자키 해변 안용복 일행이 2차 도일때 오키시마를 거쳐 상륙했던 곳이다.

막부의 서계에도 불구하고 대마도주의 생각은 달랐다. 황금어장인 울릉도와 독도의 편입에 지대한 관심을 갖고 있던 대마도주는 안용복으로부터 막부의 서계를 빼앗는가 하면, 50일을 더 억류시켰다. 부산포의 왜관으로 이송한 뒤에도 40일이나 더 구금한 뒤에야 동래부로 넘겼다. 동래부에서 안용복이 서계 강탈 사건에 대해 소상하게 보고했지만, 동래부사는 도리어 그를 '월경죄인'으로 몰아 감금해 버렸다. 상황이 유리하게 돌아간다고 판단한 대마도주는 귤진중橘眞重을 사신으로 파견, 울릉도가 일본의 '죽도' 라고 주장하면서 조선 어민들의 출어를 금지해 달라는 엉뚱한 요구까지 하였다. 이 사건을 계기로 다음 장에서 보다시피 울릉도에 대한 수토정책이 확립되고, 독도에 관한 사항이 중앙정부에 보고되었다는 점에서 안용복의 활동은 의미가 있는 일이었다.

감옥에서 풀려난 안용복은 일본인들의 이와 같은 작태에 분개했다. 그리하여 일본측과의 직접 담판을 결심한 그는 1696년숙종 22년 봄 울산을 출발, 울릉도로 향했다. 울릉도에 들어가서 이곳에 침입한 일본 어부들을 쫓아냈다. 이때 일본 어부들이 우리는 본래 '송도松島' 에 사는데 고기를 잡으러 왔다고 말하자, 안용복은 "송도松島는 곧 자산도인데 이 역시 우리나라 땅이다. 너희가 감히 여기에 산다고 하느냐"고 호통치고 쫓아냈다. 안용복 일행이 이튿날 새벽에 배를 저어 자산도에 들어가 보니 일본 어부들이 솥을 걸어놓고 물고기를 삶고 있었다. 그래서 막대기로 이를 두들겨 부수며 큰 소리로 꾸짖으니 일본 어부들이 그것을 거두어 배에 싣고 돌아갔다. 안용복 일행은 그 길로 일본 백기주伯耆州에 들어갔는데, 이때 안용복은 백기주 태수와 대등해지려고 '울릉·자산 양도 감세장鬱陵·子山 兩島 監稅將' 이라는 직책을 칭하였고, 백기주 태수는 안용복에게 "두 섬이 이미 당신네 나라에 속한 이후인데 혹시 다시 범월하는 자가 있거나 횡침하는 일이 있으면 문서를 작성하여 역관과 함께 보내주면 마땅히 무겁게 처벌하겠다"고 약속했다.(「숙종실록」 숙종 22년 9월 무인)

안용복은 같은 해 8월 일행과 함께 강원도 양양으로 귀환했다. 그런데 안용복 일행을 기다린 것은 조정의 혹독한 심문이었다. 강원도 감사 심평은 귀국한 안용복 일행을 '범경 죄인' 으로 몰아 체포, 서울로 압송했다.

대마도주는 같은 해 10월 조선의 '도해渡海 역관' 에게 막부의 뜻을 전달하고, 이듬해(1697) 2월에는 동래부사 이세재에게 서계를 보내어 일본인의 울릉도 출어 금지를 공식적으로 확인했다. 이로써 다케시마죽도와 마쓰시마송도가 곧 조선의 울릉도와 독도임이 재천명되기에 이르렀다.

지난 5월 17일 시마네현에서 발행되는 산음중앙신보山陰中央新報는 최근 일본시마네현내 오래된 가문 창고에서 발견된 '원록구병자년조선주착안일권지각서元祿九丙子年朝鮮舟着岸一卷之覺書' 라는 제목의 기록의 내용을 소개하고 있는데 이 기록은 1696년 도일한 안용복을 심문한 내용을 담고 있다. 이 기록에는 도항목적을 묻는 일본 당국의 심문에 대해 안용복이 "백기(伯耆. 현재의 시마네현) 태수에게 소송하기 위해"라고 답해 당시 돗토리현 영주에게 항의하기 위해 왔음을 밝히고 있다. 여기에서 안용복은 강원도에 속해있는 울릉도가 일본에서 말하는 '다케시마' 라고 설명하면서 소지하고 있던 조선 8도 지도를 꺼내 울릉도가 표시돼 있음을 보여줬다. 또 마쓰시마(독도)도 '자산子山' 이라고 불리는 섬으로 강원도에 속해 있다면서 지도에 표시되어 있다고 설명했다. 특히 이 기록에서 안용복이 "다케시마(당시 울릉도의 일본 이름)와 조선은 30리, 다케시마와 마쓰시마(현재의 독도)는 50리"라고 위치를 설명하고 있다. 이 문서의 끝부분에는 경기도 등 '조선 8도朝鮮之八道' 가 적혀있고 강원도에는 주석으로 "이 도道에는 다케시마와 마쓰시마가 속한다此道中竹島松島有之"고 기록되어 있다. 이 기록에 의하면 자산도가 독도이며, 이것을 일본측에서 '마쓰시마' 로 부르며, 그것을

조선영토로 인식하고 있음을 보여주고 있다.(「한겨레신문」 2005년 5월 17일)

안용복의 두 차례에 걸친 도일 활동은 조선 초 이래 공도 정책으로 방치되었던 울릉도와 독도를 일본의 영토 편입 야욕으로부터 지켜 내고, 일본의 최고 권력기관으로부터 조선의 영토임을 인정받은 결정적 계기를 마련했다는 점에서 가장 큰 의의가 있다. 그러나 정작 울릉도와 독도의 파수꾼 노릇을 자임한 안용복은 '월경죄인'이라는 죄목으로 귀양형에 처해졌다는 것은 역사적 아이러니이다. 그렇기 때문에 일본은 안용복 이야기는 거짓이 많고, 안용복은 조선 조정으로부터 불법적으로 국경을 넘었다는 이유로 처벌되었다고 주장한다. 그러나 안용복의 죄명은 벼슬을 사칭하고, 외교문제를 일으켰으며, 국경을 넘었다는 것인데 그가 넘었던 국경은 울릉도와 독도가 아닌 일본에 허락없이 갔다는 것을 의미하는 것이다.

1977. 9.28 초일봉피 까세 독도그림(일랑 이종상)

[10] 조선후기 울릉도 수토정책은 어떻게 세워졌나?

안용복 사건이 처음 일어나자 대마도번주는 이 사건을 역이용하고자 하였다. 그는 자기가 막부정권을 대신한다고 하면서 귤진중을 시켜 안용복·박어둔 등을 부산에 호송하는 길에 조선 측에 서찰을 보내 마치 울릉도가 아니면서 그와 비슷한 별개의 일본 영토인 죽도竹島가 있는 것처럼 문구를 만들어 "이제 이후로는 죽도에 조선 선박이 출어하는 것을 결코 용납지 않을 터이니 귀국도 엄격히 금제해 달라"는 엉뚱한 요구를 하였다. 이에 대하여 조선정부는 강경대응론과 온건대응론이 대립하다가 온건론이 채택되어 울릉도가 조선의 영토인 것만 분명히 하고 저들이 자기의 영토라고 서찰에 쓴 '죽도'가 울릉도를 가리킨 것임을 모른체 하기로 결정을 내리고 예조가 부산왜관에서 답서를 기다리는 귤진중을 통해 대마도주에게 다음과 같은 회답문을 보냈다.

예조에서 회답하는 서신에 이르기를, "폐방에서 어민을 금지 단속하여 외양外洋에 나가지 못하도록 했으니 비록 우리 나라의 울릉도일지라도 또한 아득히 멀리 있는 이유로 마음대로 왕래하지 못하게 했는데, 하물며 그 밖의 섬이겠습니까? 지금 이 어선이 감히 귀경의 죽도에 들어가서 번거롭게 거느려 보내도록 하고, 멀리서 서신으로 알리게 되었으니, 이웃 나라와 교제하는 정의는 실로 기쁘게 느끼는 바입니다. 바다 백성이 고기를 잡아서 생계로 삼게 되니 물에 떠내려가는 근심이 없을 수 없지마는, 국경을 넘어 깊이 들어가서 난잡하게 고기잡는 것은 법으로서도 마땅히 엄하게 징계하여야 할 것이므로, 지금 범인들을 형률에 의거하여 죄를 과하게 하고, 이후에는 연해 등지에 과조를 엄하게 제정하여 이를 신칙하도록 할 것이오." 하였다. 이내 교리 홍중하를 접위관으로 임명하여 동래의 왜관에 이르게 했는데, 귤진중이 우리 나라의 회답하는 서신 중에 '우리 나라의 울릉도란 말'을 보고는 매우

태하 황토굴 황토굴에 많은 양의 황토가 있어 황토구미라고 한다. 조선시대 울릉도 수토관들에게 이곳의 황토와 향나무를 섬 순찰 증거품으로 내놓게 하였다.

싫어하여 통역관에게 이르기를, "서계에 다만 죽도라고만 말하면 좋을 것인데, 반드시 울릉도를 들어 말하는 것은 무슨 이유인가"하면서, 이내 여러 번 산개하기를 청하고는, 사사로이 그 따라온 왜인을 보내어 대마도에 통하여 의논하기를 거의 반 달이나 되면서 시일을 지체하여 결정하지 않았다. 홍중하가 통역관으로 하여금 이를 책망하니, 따라온 왜인이 사사로 통역관에게 이르기를, "도주는 반드시 울릉이란 두 글자를 깎아 버리려고 했으니, 난처한 일이 있는 듯하며, 또한 자세히 고치기를 청하는 정관正官의 서신을 받아야 하기 때문에 저절로 이와 같이 되었다."하고는, 또 번갈아 근거 없는 말을 하면서 다투므로, 우리 조정에서 마침내 들어주지 않았다. 귤진중이 꾀가 다하고 사실이 드러나게 되어 그제야 서계를 받고서 돌아갔다.

–「숙종실록」 숙종 20년 2월 신묘

귤진중은 회답문 속의 "우리나라의 경지 울릉도"란 말의 삭제와 개서를 요구하다가 조선정부가 끝까지 들어주지 않자 회답문을 접수해 귀환하였다. 이때의 예조의 회답문을 후일 일본 측이 교묘히 이용하여 울릉도를 다케시마죽도, 독도를 마쓰시마송도로 부르는 것에서 독도를 다케시마죽도로 부르게끔 하게 하는 빌미를 제공해준 것이 아닌가 한다.

미온적인 예조의 회답문에 대한 비판과 규탄이 일어났는데, 그 가운데 승지 남구만南九萬은 울릉도에 군대의 진鎭을 설치하여 근심에 대비할 것을 주장하고, 지난번에 일본에 납치당했다 돌아온 어부들을 처벌하겠다고 한 것은 잘못이었다고 비판하였다. 결국 정권이 교체되고 남구만을 영의정으로 한 강경파가 집권하게 되었다.

남구만은 지난번 일본에 보낸 회답서는 특히 모호하니 마땅히 접위관을 파견하여 앞서의 회답서를 되돌려받고 그것을 만든 책임자를 문책해야 하며, 울릉도에 들어오는 일본인은 모두 용납하지 않아야 한다고 하였다. 이에 따라 일본 측에 지난번의 회답서는 무효이니 반환할 것을 통고하고 울릉도가 바로 죽도이며 이것은 조선의 영토이므로 일본 어부들이 침입해서 안될 것임을 명백히 밝혔다.

> 남구만이 아뢰기를, "일찍이 듣건대, 고려 의종 초기에 울릉도를 경영하려고 했는데, 동서가 단지 2만여 보뿐이고 남북도 또한 같았으며, 땅덩이가 좁고 또한 암석이 많아 경작할 수 없으므로 다시 묻지 않았습니다. 그러나 이 섬이 해외에 있고 오랫동안 사람을 시켜 살피게 하지 않았으며, 왜인들의 말이 또한 이러하니, 청컨대 삼척첨사를 가려서 보내되 섬 속에 가서 형편을 살펴보도록 하여, 혹은 민중을 모집하여 거주하게 하고 혹은 진을 설치하여 지키게 한다면, 곁에서 노리는 근심거리를 방비할 수 있을 것입니다."하니, 임금이 윤허하였다. 드디어 장한상張漢相을 삼척첨사로 삼고, 접위관 유집일兪集一이 명을 받고 남쪽으로 내려갔다.(중략) 장한상이 9월 갑신에 배를 타고 갔다가 10월 경자에 삼척으로 돌아왔는데, 아뢰기를, "왜인들이 왔다갔다 한 자취는 정말 있었지만 또한 일찍이 거주하지는 않았습니다. 땅이 좁고 큰 나무가 많았으며 수종水宗(바다 가운데 물이 부딪치는 곳이니, 육지의 고개가 있는 데와 같은 것이다)이 또한 평탄하지 못하여 오고가기가 어려웠습니다. 토품土品을 알려고 메밀씨를 뿌려놓고 돌아왔으니 내년에 다시 가 보면 징험할 수 있을 것입니다."하였다. 남구만이 입시하여 아뢰기를, "백성이 들어가 살게 할 수도 없고, 한두 해 간격을 두고 수

土搜討하게 하는 것이 합당합니다."하니, 임금이 그대로 따랐다.

–「숙종실록」 숙종 20년 8월 기유

남구만은 국왕에게 삼척첨사를 울릉도에 파견하여 그 형세를 조사해서 백성을 모집하여 거주시키거나 진을 설치하여 이를 지키거나 할 것을 건의하여 윤허를 받아 삼척첨사 장한상을 울릉도로 파견하였다. 이 해(1694; 숙종20) 9월 19일 6척의 배에 150여 명을 거느리고 삼척을 출발한 장한상 일행은 9월 20일부터 10월 3일까지 13일 동안 울릉도에 체류하여 조사활동을 펼친 후 10월 6일 삼척으로 돌아왔다. 장한상의 「울릉도사적」에 의하면 울릉도 심찰 결과를 산천·도리道里를 적어 넣은 지도와 함께 정부에 보고하였다. 그 요지는 왜인이 왕래한 흔적은 있으나 살고 있지는 않다는 것, 해로가 순탄하지 않아 일본이 횡점한다 하더라도 막기 어렵다는 것, 보堡를 설치하려 하여도 땅이 좁고 큰 나무들이 많아 인민을 주접시키기 어렵다는 것, 토질을 알아보려고 모맥麰麥을 심고 왔다는 것 등이다. 여기에서 주목을 끄는 사실은 장한상이 독도를 확인하고 있다는 사실이다.

동쪽으로 5리 쯤에 한 작은 섬이 있는데, 고대高大하지 않으며 해장죽海長竹이 한쪽면에 무더기로 자라고 있다. 비 개고 안개 가라앉는 날 산으로 들어가 중봉中峯에 오르면 남북 양봉兩峯이 높다랗게 마주보고 있는데 이를 삼봉三峯이라고 한다. 서쪽을 바라보면 대관령의 구불구불한 모습이 보이고 동쪽을 바라보면 바다 가운데 한 섬이 보이는데 아득히 진방辰方에 위치하며 그 크기는 울도의 3분의 1 미만이고 (거리는) 삼백 여 리에 불과하다.

–장한상, 「울릉도사적」

진방辰方의 방위는 동남동인데 독도는 울릉도의 동남동에 위치하고 있다. 비록 크기는 과장되어 있지만 장한상이 확인한 이 섬은 바로 독도를 가리키는 것이다. 장한상이 독도를 이렇게 정확하게 관찰할 수 있었던 것은 그가 울릉도에 입도한 시점이 현재 울릉도에서 독도를 관찰하기에 가장 적절한 가을 청명한 날에 해당하는 시점이기 때문이다. 조선조 울릉도에 입도한 관인들의 대다수는 입도하기에 가장 좋은 봄 4, 5월에 입도하였다. 그러나 이때 독도를 보기는 쉽지 않다. 그에 반해 장한상이 입도한 가을날은 입도하기에는 태풍 등 때문에 어려움이 있지만 독도를 관찰하기에는 가장 적절한 시기이기 때문에 독도를 관찰할 수 있었다. 독도에 관한 첫 기록인 「세종실록지리지」의 기록, "두 섬(우산·무릉도)이 서로 떨어짐이 멀지 않아 풍일이 청명하면 바라볼 수 있다"는 내용을 공적으로 최초로 문헌상 확인한 자료이다.

장한상의 보고에 의해 백성들을 울릉도에 들여보내 거주케 하는 것은 불가능하다고 판단한 중앙정부는 1, 2년에 한번씩 수토하기로 정하였다. 이후 정기적인 수토정책이 시행되었음을 다음의 자료들은 보여준다.

조정에서는 또 무신 장한상을 울릉도에 보내어 수색케 하였다. 이로부터 월송만호와 삼척영장은 5년마다 한번씩 가는데 교대로 가도록 법으로 정하였다.

–이맹휴, 「춘관지」 울릉도쟁계

당초 갑술년에 무신 장한상을 파견하여 울릉도의 지세를 살펴보게 하고, 왜인으로 하여금 그 곳이 우리 나라의 땅임을 알도록 하였다. 그리고 이내 2년 간격으로 변장邊將을 보내어 수색하여 토벌하기로 했는데, 이에 이르러 유상운이 아뢰기를, "금년이 마땅히 가야 하는 해이기는 하지만, 영동 지방에 흉년이 들어 행장을 차려 보내기 어려운 형편이니, 내년 봄에 가서 살펴보게 하는 것이 좋겠습니다."하니, 임금이 그대로 따랐다.

–「숙종실록」 숙종 24년 4월 갑자

삼척영장三陟營將 이준명李浚明과 왜역倭譯 최재홍崔再弘이 울릉도에서 돌아와 그곳의 도형과 자단향紫檀香·청죽靑竹·석간주石間朱·어피魚皮 등의 물건을 바쳤다. 울릉도는 2년을 걸러 변장邊將을 보내어 번갈아 가며 찾아 구하는 것이 이미 정식定式으로 되어 있었는데, 올해에는 삼척三陟이 그 차례에 해당되기 때문에 이준명이 울진蔚珍 죽변진竹邊津에서 배를 타고 이틀낮밤 만에 돌아왔는데, 제주濟州보다 갑절이나 멀다고 한다.

–「숙종실록」 숙종 28년 5월 기유

강원도 관찰사 심진현沈晉賢이 장계하였다. "울릉도의 수토를 2년에 한 번씩 변장으로 하여금 돌아가며 거행하기로 이미 정식을 삼고 있기 때문에, 수토관 월송만호越松萬戶 한창국韓昌國에게 관문을 띄워 분부하였습니다."

–「정조실록」 정조 18년 6월 무오

이상을 통해서 볼 때 숙종조 이후 울릉도의 수토는 매 2년 마다 월송만호와 삼척영장이 교대로 한번씩 하였음을 알 수 있다. 수토정책은 섬을 텅 비워두는 공도정책이 아니라 일본으로 하여금 울릉도·독도가 우리나라 땅임을 인식시키고자 하는 조처임을 위 자료에서 확인할 수 있다. 2년마다 한번씩 수토하면서 보전과 개발 정책을 점검하고자 하는 정책이기도 하였다.

[11] 조선 왕조 정부가 이규원을 울릉도 검찰사로 파견한 까닭은?

이규원이 울릉도를 검찰한 보고를 토대로 울릉도에 대한 설읍이 이루어지기 전까지 울릉도의 정책을 이른바 '공도정책' 으로 부른다. 그러나 울릉도에 대한 조선왕조의 정책은 공도정책이 아니라 울릉도·독도가 우리나라 땅임을 일본에게 인식시키기 위해 나온 것인 동시에 울릉거민이 존재한다는 것을 전제로 한 쇄환정책, 혹은 수토정책이었다. 이러한 수토정책은 태종·세종조를 전후한 시기에 무릉등처 안무사로 활약한 김인우의 건의에서부터 시작되었다. 특히 숙종조이후 울릉도의 수토는 매 2년마다 월송만호와 삼척영장이 교대로 한번씩 행하였지만 실제 현지 바다사정 등을 빌미로 수토가 지연되기도 하고 형식적으로 행해지기도 하였다. 이로 인해 동해안 및 남해안 변민들의 울릉도·독도와 그 근해로의 출어와 벌목을 근원적으로 막을 수 없었다. 그러면 조선정부의 수토정책에 따른 금압과 왜구의 분탕질 속에서도 울릉도로의 입도가 계속되어 울릉거민이 존재했던 이유가 무엇인가? 다음의 자료를 통해 살펴보기로 한다.

(갑술 2월) 예조에서 (대마태수 평의륜에게) 답서하기를 "울릉은 강원도 울진현의 동쪽 바다 가운데에 위치하는데, 풍파가 위험하고 뱃길이 불편하여서 중년에 거기에 있는 백성을 이주시키고 비워두고 때로 公差를 보내어 내왕하여 수색케 하였습니다.(중략)" 하였다. 당시 묘의廟議는 변민邊民이 울릉도에 마구 들어가는 것을 엄하게 막아야 한다고 생각하고 상에게 아뢰기를, "동해 바닷가는 토질이 모래와 자갈이 많아 경작할 수 없어 바닷가 백성들은 오직 고기잡이, 벌채로 생활해 나가고 있는데, 울릉도에는 큰 대와 전복이 나므로 연해 고기잡이하는 사람들은 금함을 무릅쓰고 이익을 탐하여 무상으로 출입하고 있습니다. 비록 일체 금단하려 하나 그 형세가 어쩔 수 없습니다. 마땅히 보이는대로 징치해야 하며 만일 경률經律로 한다면 일후의 폐를 막을 수 없습니다."하자, 상이 "어민들의 생활방편에 관계되느니만큼 몹시 금지시키기 어려우니, 다만 그 가운데서 우두머리와 따라간 자를 나누어 배 주인이나 뱃사공은 유배하고 나머지는 곤장을 때려 돌려주라."고 명하였다.

–이맹휴, 「춘관지」 울릉도쟁계

농경지가 부족한 동해안민들이 오직 고기잡이와 벌채로 생활해 나가기 때문에 큰 대와 전복이 나오는 울릉도로 금함을 무릅쓰고 이익을 탐하여 무상으로 출입하고 있는 현실이므로 비록 일체 금단하려 하나 그 형세가 어쩔 수 없다고 한 위 사료를 통해 조선시대 수토정책 하에서도 바닷가 백성들이 피역인이라는 범법자의 굴레를 덮어써 가면서까지 울릉도와 독도 해역을 그들의 삶의 터전으로 일구어가고 있었음을 알 수 있다.

울릉도에 대한 우리 정부의 수토가 옳게 행해지지 못하는 상황에서 일본인의 벌목이 성행하였다. 1881년 5월 22일 통리기문아문이 고종에게 올린 보고는 이러한 사정을 전하고 있다. 이 보고는 이후 울릉도에 대한 수토정책의 일대 변화를 가져오는 중요한 계기가 되었기에 그 자료를 우선 살펴보기로 한다.

통리기무아문에서 보고하였다. "지금 강원감사 임한수林翰洙의 장계를 보니, '울릉도수토관의 보고를 하나하나 들면서 말하기를, 순찰할 때에 어떤 사람이 나무를 찍어 해안에 쌓고 있었는데 머리를 깎고 검은 옷을 입은 사람 7명이 그 곁에 앉아있기에 글을 써서 물어보니 일본 사람이 나무를 찍어 원산과 부산으로 보내려고 한다고 대답하였답니다. 일본 선박의 왕래가 근래 대중 없어서 이 섬에 눈독을 들이고 있으니 폐단이 없을 수 없습니다. 청컨대 통리기무아문으로 하여금 품의 처리토록 하기 바랍니다.' 라고 하였습니다. 나라에서 채벌을 금하는 산은 원래 중요한 곳이고 조사하여 지키는 것도 역시 정식이 있습니다. 그런데 저 사람들이 남몰래 나무를 찍어서 가만히 실어가는 것은 변금邊禁에 관계되므로 엄격하게 막지 않을 수 없습니다. 장차 이 사실을 문건으로 작성하여 동래부 왜관에 내려 보내서 일본 외무성에 전달하게 할 것입니다. 생각하건대 이 섬은 망망한 바다 가운데 있는데 그대로 텅 비워두는 것은 대단히 허술한 일입니다. 그 형세가 요충지로 될 만한가 방어를 빈틈없이 하고 있는가를 두루 살펴서 처리하여야 할 것입니다. 부호군副護軍 이규원李奎遠을 울릉도검찰사鬱陵島檢察使로 임명하여 가까운 시일에 빨리 가서 철저히 타산해보고 의견을 갖추어서 보고하여 이로써 문의해서 처리하게 하는 것이 어떻겠습니까."

–「고종실록」 고종 18년 5월 21일

울릉도에서 일본인들이 나무를 찍어내어 원산과 부산으로 보내려 하는 것을 울릉도 수토관이 적발하여, 강원감사 임한수에게 보고하였고 임한수는 일본이 이 섬에 눈독을 들이고 있다고 판단하고 통리기문아문에게 보고하였다. 일본인들이 벌목한 나무를 부산과 원산으로 보낸다는 것으로 보아 일본인의 울릉도 벌목은 1876년 개항에 따른 개항장의 개설과 짝하여 증가하였다고 볼 수 있을 것이다. 이러한 사태에 직면하여 통리기무아문은 국경침범의 사실로 간주하고 동래부의 왜관을 통해 일본 외무성에 항의 문서를 보내고, 망망한 바다 가운데 있는 울릉도를 비워두는 것은 대단히 허술한 일이니 부호군 이규원을 울릉도 검찰사로 임명하여 그 형세가 요충지로 될 만 한가 방어를 빈틈없이 하고 있는가를 살펴 대책을 강구하자고 제안하였고 이를 고종이 승인함으로써 오랜 울릉도 수토정책의 변화의 단서가 되었다.

통리기무아문의 건의에 의해 울릉도 수토관으로 이규원이 임명되었지만 울릉도 출발 준비를 하자면 벌목철이 지나 일본인들이 철수한 다음이 될 것이므로 출발예정을 이듬해로 미루었다. 그래서 이규원이 울릉도 검찰을 위해 서울을 출발한 것은 이듬해인 1882년 4월 10일이었다. 출발에 앞선 4월 7일 이규원이 고종을 알현한 자리의 다음 기록을 살펴보기로 한다.

(갑술 2월) 검찰사 이규원을 소견하였다. 하직인사를 하였기 때문이다. 하교하기를, "울릉도에는 근래에 와서 다른 나라 사람들이 무상으로 왕래하면서 제멋대로 편리를 도모하는 폐단이 있다고 한다. 그리고 송죽도松竹島와 우산도芋山島는 울릉도의 곁에 있는데 서로 떨어져 있는 거리가 얼마나 되는지 또 무슨 물건이 나는지 자세히 알 수 없다. 이번에 네가 가게 된 것은 특별히 골라서 임명한 것이니 각별히 검찰할 것이다. 그리고 앞으로 고을邑을 세울 생각이니 반드시 지도와 함께 별지에다가 자세히 적어 보고할 것이다"하니, 이규원이 아뢰기를, "우산도는 바로 울릉도이며 우산이란 바로 옛날의 나라 수도國都의 이름입니다. 송죽도는 하나의 작은 섬인데 울릉도와 떨어진 거리는 20~30리쯤 됩니다. 여기서 나는 물건은 단향檀香과 담뱃설대라고 합니다"라고 하였다. 하교하기를, "우산도라고도 하고 송죽도라고도 하는데 다 「동국여지승람」에 실려 있다. 그리고 또 혹은 송도·죽도라고도 하는데 우산도와 함께 이 세 섬을 통칭 울릉도라고 하였다. 그 형세에 대하여 함께 알아볼 것이다. 울릉도는 본래 삼척영장과 월송만호가 돌려가면서 수색·검열하던 곳인데 거의 다 소홀히 대함을 면하지 못하였다. 그저 외부만 살펴보고 돌아왔기 때문에 이런 폐단을 가져왔다. 너는 더 구체적으로 살펴볼 것이다." 이규원이 아뢰기를, "삼가 깊이 들어가서 살펴보겠습니다. 어떤 사람들은 송도와 죽도는 울릉도의 동쪽에 있다고 하지만 이것은 송죽도 밖에 따로 송도와 죽도가 있는 것은 아닙니다"라고 하였다. 하교하기를, "혹시 그전에 가서 수색조사한 사람의 말을 들은 것이 있는가?"라고 하니 규원이 아뢰기를, "그전에 가서 수색조

사한 사람은 만나지 못하였습니다. 대체적인 내용을 얻어 들었습니다"라고 하였다.

–「고종실록」고종 19년 4월 초 7일

당시 고종은 울릉도에 대한 지대한 관심을 갖고 설읍의 의지를 천명하고 있다. 고종이 이규원에게 울릉도 검찰에 있어서 특별히 유념할 것을 밝힌 내용을 보면 ①울릉도에 밀입도한 일본인들에 대한 검찰, ②울릉도 곁에 있는 송죽도와 우산도의 거리, ③울릉도와 우산도, 송도 혹은 죽도라고 불리는 송죽도 세 섬을 울릉도라고 통칭한다는 설도 있는데 그 실제의 형편, ④울릉도에 설읍할 뜻을 밝히고 이를 위한 적합한 경식처耕食處, 물산을 지도와 함께 별지에 작성 보고토록 하고 있다.

이 당시 이규원은 우산도는 울릉도이며, 송죽도는 울릉도 20~30리쯤 있으며 별도로 송도와 죽도가 있는 것은 아니라는 인식을 갖고 있다. 고종과 이규원이 송죽도를 두고 서로 다른 견해를 말하는 것은 울릉도를 일본이 '죽도'로 호칭하고 우산도, 즉 독도를 '송도'라고 호칭한데서 나온 혼동이라고 할 수 있다. 이러한 견해 차이에 대해 고종과 이규원이 좀더 정확한 의견 교환을 하였다면 아마 울릉도에 대한 검찰 때 이에 대한 조사가 이루어졌을 것이다. 우산도를 울릉도로 인식하고 있던 이규원의 검찰일기에 울릉도에 대한 검찰 기록은 있지만 우산도, 즉 독도에 대한 조사가 보이지 않은 것은 이때의 이견 노출에 대한 올바른 인식이 없었기 때문에 나타난 현상으로 볼 수 있다.

또 하나 지적해야 할 사항은 이규원이 검찰사로 임명된 지 근 1년

통구미 거북이가 마을을 향해 기어가는 듯한 모양을 보고 거북이가 들어가는 통과 같다 하여 이렇게 부른다.

후에 고종을 알현한 자리에서 그전에 울릉도를 검찰한 사람을 만나지 못하고 다만 대체적인 내용을 얻어들은 것에 불과하다는 것이다. 이러한 안이한 태도로 울릉도 검찰에 임하고 있었기 때문에 이규원은 울릉도가 '사람이 살지 않은 땅'으로 인식하였고, 그 연장선상에서 고종이 '옛날에 설읍한 땅'이라고 한 것에 대해 '설읍한 여부를 알지 못하며 일찍이 백성을 모집한 일이 있지만 백성을 유지 보호할 수 없어서 마침내 철환하였다'고 할 수 밖에 없었던 것이다(「승정원일기」고종 19년 4월 초7일).

모두 102명으로 구성된 검찰사 이규원 일행은 4월 30일 울릉도에 도착해서 5월 1일부터 조사를 시작하여 만 7일간 도보로 섬 안을 조사했으며, 2일간 배편으로 울릉도의 해안을 한 바퀴 돌면서 조사하였다. 이규원의 검찰일기를 통해 다음과 같은 사실을 확인할 수 있다.

고종조 이규원의 「울릉도검찰일기」에 의하면 그간 정기적인 수토정책에도 불구하고 울릉도에 체류하고 있는 사람들이 본국인, 즉 조선인 140명, 일본인은 78명이나 된다는 사실이 우선 주목된다.

검찰사 파견의 동기를 제공해준 벌목을 위해 울릉도에 들어온 일본인 78명에 대한 현지조사의 내용을 보면, 그들은 모두 벌목을 하러 왔고, 이규원이 만나 필담을 나눈 일본인들은 일본정부의 울릉도 출어금지령을 들은 바가 없다고 하였으며, 울릉도를 조선영토인 줄 모르고 일본영토로 알고 있다고 말하는 자도 있었다. 실제 울릉도의 장작지포長斫之浦에서 통구미樋邱尾로 향하는 바닷가 돌길 위에 일본인이

이규원이 남긴 각석 태하동 산신당으로 올라가는 길에 있다.

세운 '일본국 송도규곡 명치2년 2월23일 암기충조 건지日本國 松島槻谷 明治二年二月十三日 岩崎忠照 建之' 라고 쓰여진 푯말을 발견하였다.

140명의 본국인의 경우 출신도별로 보면 전라도가 115명, 강원도 출신이 10명, 경상도 출신이 10명, 경기도 출신이 1명이었다. 이들을 직업별로 보면 조선(채곽採藿 포함)이 129명으로 압도적 다수를 차지하고 있고, 그외 채약採藥이 9명, 예죽刈竹이 2명이었다. 전라도와 강원도에서 온 사람들은 봄에 울릉도에 도항하여 모두 13~24명이 1단을 이루어 결막을 하여 살면서 벌목을 해서 조선을 하는 한편, 틈틈이 채곽·채어를 하여 조선이 끝나면 배에 싣고 귀향한다고 하였다. 경상도 경주에서 온 7명과 함양에서 온 1명全錫奎, 경기도 파주에서 온 1명은 산삼 등 약재를 캐고 있었다. 경상도 연일에서 온 2명은 예죽刈竹을 하고 있었다. 울릉도 체류민 140명 가운데에는 전라도 출신이 82%나 되는 115명이지만 이들은 대개 입도조선자入島造船者들로서 일시적 거류자에 불과하다고 지금까지 이야기되고 있다. 그러나 이들은 거의 영속적으로 울릉도를 찾아 왔고, 검찰일기에 나오는 울릉도의 지명들이 대부분 전라도 말들이었다는 점을 고려할 때 이들은 장기적이고 지속적으로 이곳을 찾아왔다고 볼 수 있으므로 일시적 거류자로 분류할 수 없다. 이들은 울릉도 및 독도 근해를 삶의 터전으로 여기고 이곳을 항례적으로 찾아온 울릉거민으로 볼 수 있을 것이다.

이규원이 5월 2일에 만나 필담을 나누고 산행주람에 동행한 함양인 전생원 서일全生員 瑞日, 즉 전석규全錫奎는 입도한 지가 10년이나 되는 인물이었고, 중봉中峰에 있는 산신당의 경우 성황과 화상이 정결하게 모셔져 있었는데 대구大邱의 박기수朴基秀가 주인으로 있는 것으로 보아 이곳이 지속적인 울릉민들을 위한 공간으로 되어 있었음을 알 수 있다. 또 대황토구미태하 포구에서 결막하여 살고 있던 평해의 파선선주破船船主 최성서崔聖瑞가 인솔한 13명 역시 이곳에 삶의 둥지를 틀면서 살던 사람들이지만 파선으로 인해 머물고 있다고 둘러대었을 가능성도 생각해봄직 하다.

그리고 5월 3일 나리동에 이르렀을 때 중봉에 있었던 산신당 주인인 대구 사람 박기수나 산중턱에 결막을 4, 5처에 하고 채약하던 40여명, 그날 유숙하였던 파주출신 사인士人 정이우鄭二祐 등은 일시적으로 이곳에 머물던 사람들이 결코 아닐 것이다. 이것은 곧 그간의 수토정책이 얼마나 형식적이었는가를 잘 말해준다. 고종이 "울릉도는 본

산신당 산신당 전면 위쪽 현판에 '산왕각'이라 하였고 '광서 10년 갑신 10월' 즉 1884년이라고 기록되어 있다. 그러나 이규원이 본 산신당이 이곳에 있었을 것이다.

산신당 내부

래 삼척영장 월송만호가 돌려가며 수토하는 것인데, 그 거행에 모두 소홀함을 면치 못하고 단지 외면을 검찰해왔다"고 한 것은 수토정책이 형식적 검찰이었음을 지적한 것이다.

이규원의 검찰일기에서 주목되는 것은 전라도와 강원도에서 온 사람들이 봄에 울릉도에 도항하여 모두 13~24명이 1단을 이루어 결막을 하여 살면서 벌목을 해서 조선을 하는 한편, 틈틈이 채곽·채어를 하여 조선이 끝나면 배에 싣고 귀향한다고 한 사실이다. 동해안, 심지어 남해안 바닷가 사람들의 울릉도 진출은 수토정책 하에서 이렇게 이루어졌을 것이다.

남해의 거문도에는 독도에서 꺾어온 나무로 만들었다는 가지방망이며 가지홍두깨가 있었다고 한다. 또한 배를 만들 때 쇠못을 구할 수 없어 독도에서 꺾어온 나무로 나무못을 만들어 박았다고 한다. 그것은 이 바위섬에서 자란 나무가 왜소하지만 몇 백년 몇 천년 풍우에 시달려 목질이 쇠만큼 단단해져 있기 때문이라고 한다(이예균·김성호, 「일본은 죽어도 모르는 독도 이야기 88」 예나루, 2005, 307~308쪽). 이러한 경험은 조선후기 수토정책하에서도 울릉도를 드나들었던 입도조선자들에 의해 축적되어 전수된 것이었을 것이다.

울릉도는 수토정책 하에서도 동해안, 심지어 남해안 어민들의 삶의 터전으로서 영속성을 갖고 있었다. 1787년정조 11 프랑스 라페루즈 탐험대의 「세계탐험기」에서도 우리는 그 사실을 확인할 수 있다.

> (1787년 5월28일) (상략) 우리는 이 작은 만들에서 중국 배와 똑같은 모양으로 건조되고 있는 배들을 보았다. 포의 사정 거리 정도에 있는 우리 함정이 배를 건조하는 일꾼들을 놀라게 한 듯 했다. 그들은 작업장에서 50보 정도 떨어진 숲 속으로 달아났다. 그런데 우리가 본 것은 몇 채의 움막집 뿐이고 촌락과 경작물은 없었다. 다줄레 섬(울릉도-필자 주)에서 불과 110km 밖에 안되는 육지에 사는 조선인 목수들이 식량을 가지고 와서 여름동안 배를 건조한 뒤 육지에 가져다 파는 것으로 보였다. 이 생각은 거의 틀림없는 사실일 것이다. 우리가 섬의 서쪽 첨단부로 돌아 왔을 때, 이 첨단부에 가려서 우리 선박이 오는 것을 보지 못했던 다른 한 작업장의 일꾼들 역시 선박 건조 작업을 하고 있는 중이었다. 나무 등걸 곁에 있던 그들은 우리를 보자 놀란 듯 했다. 그들 중 우리를 조금도 겁내지 않는 것처럼 보이는 두세 명을 제외하고는, 모두 숲으로 도망가는 것을 보았다. 우리가 선량한 사람들이며 그들의 적이 아니라는 사실을 설득할 필요가 있어, 나는 배를 댈만한 장소를 찾았다. 그러나 강한 조류가 우리를 육지에서 밀어냈다.
>
> -이진명, 「독도, 지리상의 재발견」 삼인, 40-41쪽

라페루즈 탐험대의 「세계탐험기」의 경우 울릉도에서 배를 건조하는 사람들을 목수라고 보았으나 이들은 이규원의 「울릉도검찰일기」에 의하면 전라도 및 동해안과 남해안의 어민들로서 울릉도에서의 선박 건조와 채곽 활동 및 울릉도·독도 해역에서 어로활동에 종사하는 자들이었다. 그런데 이들은 이곳을 삶의 터전으로 여기고 지속적으로 이곳으로 도항해 왔다는 사실이 부각되어야겠지만 이규원의 검찰일기에는 이에 대한 인식이 부족하였다. 바로 이들의 활동으로 인해 수토정책은 조선후기에 형해화되고 있었다는 점을 주목하지 않으면 안 된다. 이들의 일부가 수토정책을 행하는 강원도 지역의 바닷가 어민들이라는 점에서 수토가 행해질 때 그 정보가 이들에 의해 울릉도거민들에게 곧바로 연락되기 때문에 울릉거민은 그 수토시기만을 산 속 등에 숨어 피한다면 이곳에의 정주가 얼마든지 가능한 것이었다. 그렇기 때문에 이규원이 울릉도를 검찰하였을 때 만난 전석규의 경우 입도한 지가 10년이나 될 수 있었던 것이다.

이규원의 검찰일기에 의하면 설읍하는 경우 경식처로서는 수천호를 살릴 수 있는 나리동을 제시하고, 이밖에도 100~200호를 수용할 수 있는 곳이 6~7처가 있음을 조사하였다. 또한 포구는 14처가 있으며 물산은 비교적 풍부하고 대표적 토산으로 43종을 열거하였다. 울릉도를 검찰하고 돌아온 이규원은 1882년 6월 5일 국왕에게 복명하는 자리에서 설읍·설진할 경우 나리동이 가장 적합한 곳이고, 100~200호의 마을을 만들 수 있는 곳은 울릉도 전체에 7~8곳이 있으며, 울릉도에 침입한 일본인이 일본 영토라고 쓴 푯말을 세운 것에 대해 일본공사와 일본 외무성에 항의문서를 보내야 한다고 하였다.

고종은 일본측에 항의서계를 보냄은 물론이고 울릉도 개척을 속히

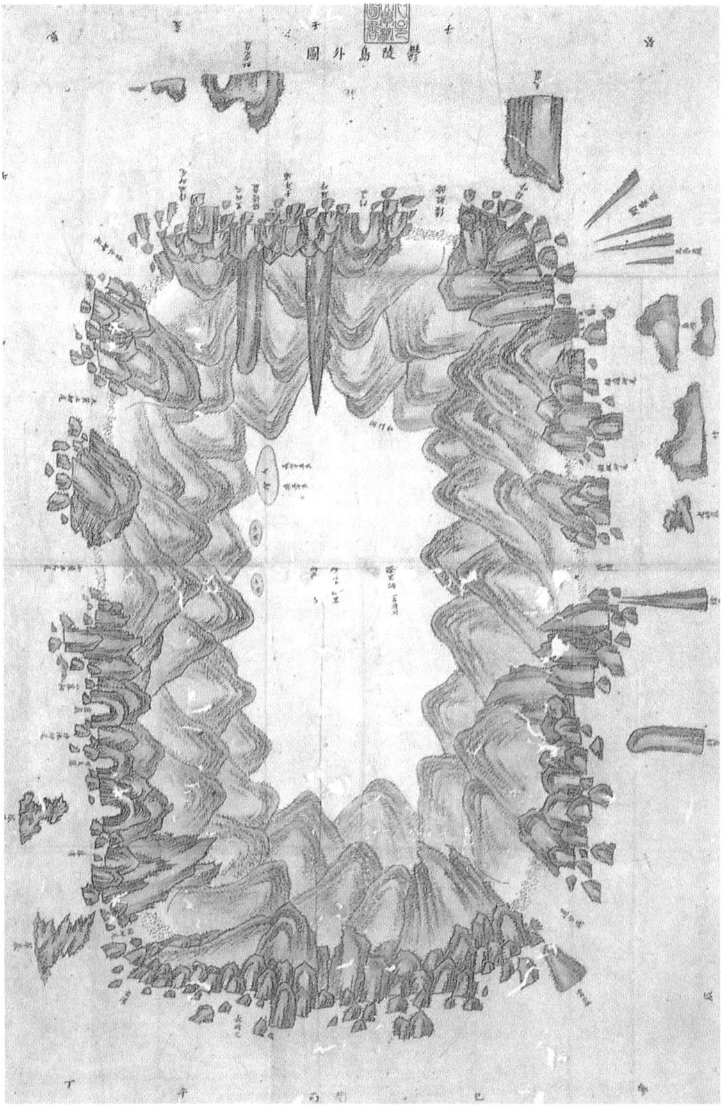

울릉도 외도 이규원이 울릉도를 검찰하고 돌아가 중앙정부에 바친 지도 134×97.5cm

서둘러야 한다고 강조하자 이규원은 '개척에 이르러서는 속히 하고자 하면 얻을 수 없습니다. 먼저 백성들에게 (이주를) 허락하여 모이는 것을 관찰한 연후에 가히 조처할 수 있을 것입니다' 라고 하였다. 국왕과 검찰사, 그리고 일본과의 국제적 문제가 어울러져 설읍의 계획이 처음으로 확립되는 순간이었다.

당초 고종은 울릉도 곁에 있는 송죽도와 우산도의 거리, 울릉도와 우산도, 송도 혹은 죽도라고 불리는 송죽도 세 섬의 실제의 형편 등을 조사 보고하도록 하였다. 그러나 이규원은 울릉도의 해안 둘레만 한 바퀴 돌았을 뿐 울릉도의 49해리약 230리 밖에 있는 우산도, 즉 독도를 검찰하지 못하였을 뿐만 아니라, 그에 관해서 현지에서 만난 사람들과 이야기를 나눈 흔적도 검찰일기에는 보이지 않는다. 이규원의 「검찰일기」에 의하면 "울릉도의 최고봉인 성인봉 꼭대기까지 올라가 사방을 둘러보았는데 섬이 하나도 없습니다"라고 하였을 뿐이다. 울릉도 검찰을 마치고 돌아와 고종을 복명하였을 때 고종의 경우도 이에 관한 질문과 거기에 따른 문책을 행하지 않았다. 고종과 이규원의 이러한 과오를 덮어두고, 이들에 의해 울릉도에 의해 설읍이 이루어지고 이듬해 개척민이 입도하여 공도정책을 버리고 울릉도가 개척될 수 있었다고 의미를 부여하는 것은 문제가 있다.

그러나 고종 19년1882 4월 7일 고종과 이규원이 모두 '울릉도', '우산도', '송죽도(송도, 죽도)'를 언급한 것이나 고종 20년(1883년) 3월 16일 울릉도 재개척에 박차를 가하기 위해 김옥균金玉均을 '동남제도개척사東南諸島開拓使'라 한 사실로 보아 이미 중앙정부에서는 울릉도와 그 부속 도서가 ①울릉도, ②죽도(죽서도, 울릉도 바로 옆의 작은 바위섬) ③우산도의 3도로 구성되었음을 알고 있었음이 분명하다.

울릉도 검찰사 이규원이 설읍 설진할 경우 가장 적합한 곳으로 지목한 나리분지

다음으로 이규원이 설읍·설진할 경우 나리동이 가장 적합한 곳이고, 1·2백호의 마을을 만들 수 있는 곳은 울릉도 전체에 6·7처가 있으며, 개척을 속히 하고자 하면 얻을 수 없고, 먼저 백성들에게 (이주를) 허락하여 모이는 것을 관찰한 연후에 가히 조처할 수 있을 것이라고 하였다. 이것은 그가 울릉도를 검찰할 당시 울릉도에 살고 있었던 사람들의 실상을 고려한 개척방안을 제시한 것이 아니었기 때문에 개척의 추진과정에서 많은 문제점을 야기하였다.

1882년 8월 20일, 영의정 홍순목이 울릉도 개척방안으로서 제시한 것을 살펴보면

순목왈"(상략)우선 백성을 모집하여 개간하고 5년 후부터 세를 정해주

면 스스로 점차 취락을 이루기에 이를 것입니다. 또한 호남과 영남의 조운선이 여기에 와서 재목을 취하고 배를 짓도록 허락하여 명령하면 많은 사람들이 역시 당연히 빈번하게 모일 것입니다. 이것이 지금에 이르러 가히 도모할 수 있는 일일 것입니다. 그러나 만약 관리인이 없으면 잡폐를 방지하기 어려우니 근실하고 일 잘하는 사람을 검찰사에게 문의하여 도장島長으로 임명해서 파견하여 보내고, 규칙과 규모를 만들어 세워서 후일 설진設鎭의 뜻을 미리 가르쳐주어 도신道臣에게 분부하는 것이 일에 합당할 듯 하므로 감히 이를 앙달합니다" 왕께서 가로되, 그렇게 하라 하였다.

–「承政院日記」 고종 19년 8월 20일

검찰사 이규원의 건의에 바탕을 두어 모민 개간을 권장하여 5년간 면세하고, 영·호남의 조운선을 울릉도에서 조선토록 하면 사람이 모여 개척할 수 있을 것이라고 하였다. 그러나 만약 관리인이 없으면 잡폐를 방지하기 어려우니 검찰사에게 문의하여 도장으로 임명해 파견토록 하고 있다. 특히 설읍 다음에는 후일 설진의 뜻을 미리 가르쳐주어 도신, 즉 강원감사에게 분부토록 할 것을 건의하였고 고종이 이를 윤허함으로써 울릉도 재개척이 단행되기에 이르렀다. 이에 의거해 1883년 3월 16일 조선조정은 평소에 울릉도 개척과 임업 및 어업개발을 주장해온 개화파의 영수인 김옥균을 동남제도개척사겸관포경사에 임명하여 울릉도 개척에 나섰다.(「고종실록」 고종 20년 3월 16일)

[12] 울릉도 개척의 실제와 이주민 실태는 어떠했는가?

현재 한국과 일본 사이에 독도영유권 문제를 두고 첨예한 대립이 벌어지고 있다. 우리는 독도문제를 거론할 때 독도는 울릉도의 부속도서로서 한국의 영토임이 분명하다고 주장한다. 이것을 입증하기 위해 1883년 울릉도 개척령 공포 이전의 수토정책 전개과정과 개척령 공포 이후의 개척민 증가 과정 등을 논하면서 울릉도는 역사적으로 우리 영토이고, 독도 또한 그 부속도서로서 존재하였음을 강조하였다. 이러한 시각의 연장선상에서 1883년 개척령 공포 이후의 울릉도 개척이 성공적으로 진행되었음을 입증하고자 하였다. 그러나 개항으로부터 1910년 일본의 식민지로 전락하기까지 우리 역사는 분명 실패의 시기였다. 따라서 왜 이 시기 우리의 역사가 실패의 역사로 귀결될 수밖에 없었던가를 정확히 밝혀낼 필요가 있다. 울릉도 개척의 역사도

울릉도 개척민 후예들의 모습

이러한 시각 하에서 재정리해야 할 것이다. 1876년 개항 이후 한반도는 일본을 비롯한 제국주의 열강들의 각축장이었다. 그 속에서 울릉도·독도를 포함한 동해안 지역은 일본의 한반도 침략의 시험장인 동시에 교두보였다. 개척령 이후 조선왕조의 울릉도 이주정책이 과연 그것을 감안하여 이루어졌던가 하는 문제를 한번 짚어보고자 한다.

1883년 3월 16일 조선조정은 평소에 울릉도 개척과 임업 및 어업개발을 주장해온 개화파의 영수인 김옥균을 동남제도개척사겸관포경사에 임명하고, 백춘배白春培를 종사관으로 임명하여 울릉도 개척사업을 추진하였다. 울릉도 개척을 위해 동남제도개척사겸관포경사-강원도관찰사-평해군수-도장의 라인에 의해 울릉도 개척이 추진되었다.

울릉도의 개척이 결정된 후 4월, 강원관찰사가 개척에 필요한 물자

독도박물관 향토사료관에 전시된 일본식 배(모형) 농업이민을 온 개척민들이 어업을 할 줄 몰라 일본인으로부터 어업을 배워 개척시대 일본식 배를 만들었다고 하여 일본식 배를 전시하고 있다.

〈표 1〉개척민 이주 상황(「강원도 울릉도 신입민호 인구 성명 연세급전토기간 수효정책」 1883년 7월)

번호	개척 장소	개척민 내역					
		세대주	나이	본관	원거주지	솔거인	개간상황
1	대황토포	장덕래	72	인동	경상도 안의	처 김씨(59세/본관 안동) 자 기현(33) 차자 기영(25)/삼자 기량(6)	2석지
2		김연태	65	강릉	강원도 강릉	자 탁향(35)/ 부 이씨(35) 손진섭(14)/차손 재복(2)	1석지
3		이회영	36	평창	〃	처 박씨(36/본관 밀양) 자 인갑(14)/차자 의갑(11)	〃
4		황수만	24	증산	〃	처 이씨(17/본관 평창)	〃
5	곡포	배경민	33	김해	경기	없음	〃
6		윤과열	40	파평	경상도 선산	〃	반석지
7		변길량	36		경상도 연일	〃	1석지
8		송경주	67	려산	경상도 경주	〃	5두지
9		김성언	56	경주	〃	〃	10두지
10	추봉	전재환	33	담양	강원도 울진	처 주씨(34/본관 웅주) 자 시용(5)/차자 월용(3) 족숙 유(58)/족제 유환(31) 솔인 배상삼(32/居 大邱)	3석지
11		주보현	32	능성	경상도 안동	없음	1석지
12	현포동	정직원	70	연일	강원도 울진	자 운표(30) 부녀 합 5구	2석지
13		조종환	39	함양	충청도 충주	없음	5두지
14		寡居李氏母女			충청도 충주	없음	
15		홍경섭	57	남양	강원도 강릉	처 김씨(본관 강릉) 자 재익(34)/ 부 김씨(36/본관 황주) 손 주승(5)/ 손녀(11)	
16		최재흡	82	강릉		자 형곤(50)/ 부 김씨(40) 손 하룡(14)/차손 우룡(7)/ 손녀(22) 차자 계수(44)	

의 준비를 중앙정부에 보고한 기록에 의하면 개척민들을 위해 선박 4척, 사공 40명, 곡식종자로서 벼 20석, 콩 5석, 조 2석. 팥 1석을 준비하였다. 그리고 철물 40근, 가마솥 2좌, 사기그릇 6죽, 수저 30개, 돗자리 3죽, 무명베 5필, 삼베 5필, 삼신발 5죽, 짚신 5죽, 항아리 5좌 등도 준비하였고, 목수 2명, 대장장이 2명을 동승시키고, 가축도 소를 암·수 각 1마리를 실어 종자소로 사용케 하였다. 아울러 이주민을 보호하기 위한 무기로서 총 3자루, 창칼 각 4자루, 탄환 300발, 화약 3근, 화승 50발, 동로구銅爐口 2좌를 탑재하였다(「광서구년사월일울릉도개척시선격량미잡물용입가량성책」 규장각도서, No.17041). 이러한 물자 준비를 통해 볼 때 개척민들의 생업은 농업이민었음을 알 수 있다. 선박 4척과 사공 40명은 개척민을 수송하기 위한 것이지 개척민들의 어업활동을 위해 마련된 것은 아니다.

개척령에 의해 울릉도에 들어와 정착과 개간을 시작한 민호와 인구 상황은 〈표 1〉과 같다.

이 조사 보고 시점이 1883년 7월인 것으로 보아 이들 16호 54명은 울릉도 개척 이주민 모집에 응해서 울릉도로 들어가 정착한 사람들일 것이다. 이들은 대황토포태하·곡포남양·추봉송곳산·현포동 등지를 개간하여 정착하였다. 고종과 이규원이 개척의 최적지로 제시한 나리분지에 정착한 민호는 보이지 않는다. 이때의 이주 민호는 16호, 인구 54명에 불과하다. 이것으로 울릉도를 효과적으로 개척할 수 없다. 이규원이 나리동 외에 100~200호를 이주시킬 곳은 7~8개 처 있다고 한 사실과 견주어 보더라도 첫 이주민이 16호 54명에 불과한 것은 이주정책이 실패하였다고 보아야 할 것이다. 이규원이 울릉도를 검찰할 때 본국인, 즉 조선인 140명, 일본인 78명이 울릉도에 거류하고 있었다는 것을 감안할 때 겨우 54명의 이주민을 갖고 일본인을 구축하고 울릉도 개척을 완수할 수 없을 것이다.

대개 사민의 경우 '부실자富實者'를 대상으로 하고 있다. 그런데 위 16호 54명은 결코 '부실자'라고 볼 수 없다. 16호 가운데 1명에 불과한 호가 7호나 되며, 2명인 경우도 2호나 된다. 흔히 위 자료에 의거해 입거가 시작된 지 약 3개월이 지난 7월에 이르러서는 310두락의 농토를 개간하게 되었다고 하면서 그것은 정부의 지원에 힘입은 것이라고 한다.이것을 입거인들의 노력에 의하여 개척이 빠른 속도로 이루어져 가고 있음을 말해주는 것이라고 평가하고 있지만(송병기, 「울릉도와 독도」단국대출판부, 1999년, 80쪽) 실상은 결코 그런 형편은 아니었다고 볼 수 있다.

이들의 출신지역별 분포를 보면 강원도가 7호, 경상도가 6호, 충청도가 2호, 경기도가 1호의 순위로 되어 있다. 당초 고종에게 이규원이 "뱃군과 약재 상인들에게 시험 삼아 물어보니 들어가 살고 싶어 하는 사람들이 많았습니다"라고 하였지만 막상 이규원이 검찰하러 왔을 때 울릉도에서 가장 많이 만난 전라도 지역의 뱃군들은 이번 이주민 기록에 보이지 않는다. 이것은 아마 이 기록이 '신입민호인구'로서 1883년 개척령에 의해 정부의 주도 하에 모집된 이주민이기 때문일 것이다. 개척령 이전에 울릉도에 있었던 거류민 140명 가운데 얼마 정도인지는 알 수 없지만 울릉도에 눌러 붙은 사람들이 있었을 것이다. 이들은 개척령에 의해 범법자의 굴레에서 벗어나 합법적 울릉도민으로 자리 잡았겠지만 이번 통계에 잡히지 않았을 것이다.

개척이 결정된 후 울릉도 개척의 일을 주관하는 도장에 그간 울릉도에 살았던 전석규가 임명되었지만 그의 이름은 위 자료에 나오지 않

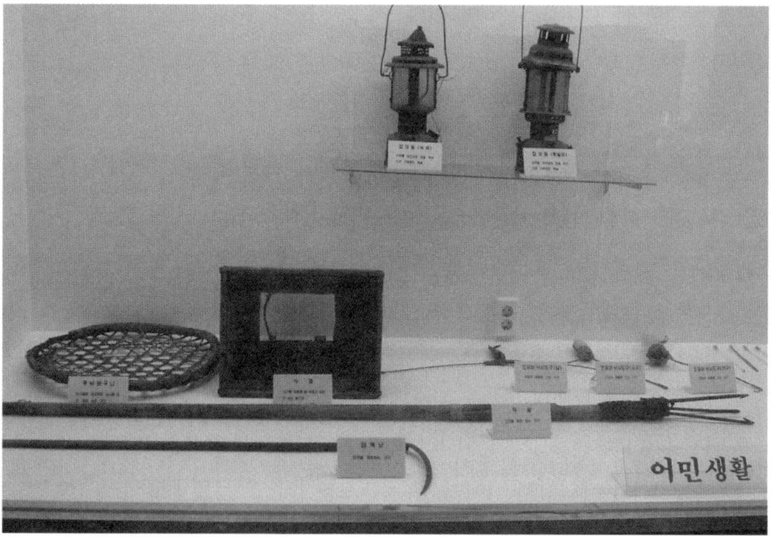

개척민의 농민생활자료(위), 어업용구(아래)

는다. 정부에서 전석규를 도장에 임명한 것은 그가 10년 동안이나 울릉도에 살면서 현지 사정에 밝은 점 때문이기도 하지만 이규원이 울릉도를 검찰할 때 만났던 사람들을 울릉도민으로 정착시키고자 하는 의도에서 나온 것이기도 하다. 따라서 울릉도 개척을 이야기할 때 흔히 개척령 이후 신입인구 16호 54명에 초점을 두고 논하는 것은 잘못된 시각이라고 할 수 있다.

정부는 개척민의 이주와 도장의 임명을 통해 울릉도 개척을 추진함과 동시에 외교경로를 통해 일본에 삼림 벌채를 강력 항의하였다. 1881년부터 울릉도에서의 범작犯斫이 한일간의 외교문제로 비화되면서 조선정부는 여러 차례 공함을 보내어 일본인들의 철수를 요청하였지만 일본정부의 철수 약속에도 불구하고 그 이행이 이루어지지 않았다. 그러다가 1883년 9월에 이르러 일본인이 완전 철수함으로써 조일 양국 정부 사이의 외교현안이었던 울릉도 범작문제는 일단 해결이 되었다. 검찰사 이규원이 조사할 때의 일본인은 겨우 78명에 불과하였다. 그러나 이 무렵 어류나 밀채하던 일본인은 약 4.3배에 해당하는 330여명으로 늘어나 있었다(「일본외교문서」16 사항 문서번호 132?133: 「선린시말」 부록 죽도시말). 상대적으로 개척령 이후 일본인의 숫자가 이렇게 급격히 증가한데 반해 조선정부의 개척에 응해 울릉도에 신입한 인구는 겨우 16호 54명에 불과하였다. 이것은 개척의 방향이 잘못되었기 때문이다. 이때의 울릉도 개척은 농업이민이었다. 개척 방향이 만일 울릉도의 특성을 감안해 어민들의 이주, 그리고 삼림벌채를 위한 이민으로 이루어졌다면 울릉도의 개척은 실효를 거두었을 것이고, 울릉도에 대한 일본인들의 삼림벌채, 그리고 출어행위를 단속하여 울릉도를 지켜낼 수 있었을 것이다. 나아가 독도해역으로의 울릉도민의 활발한 어

개척민의 생활용구

로활동이 이루어졌다면 1905년 일본이 독도를 무주지無主地라고 하여 일본의 영토로 불법 편입하지 못하였을 것이다.

울릉도 개척을 주관하기 위한 도장은 강원도 관찰사의 발령이었고 이정里正이나 보갑保甲과 같은 것이어서 관수官守의 권한을 갖고 있지 못하였다(「구한국외교문서」일안 1, 문서번호 204). 도장에 임명된 전석규에게는 도장이란 감투는 씌어졌지만 직책을 수행할 수 있는 수하인은 물론 경비조차 배정되지 않았다. 그 때문에 그는 개척을 독려하고 울릉도에 들어온 일본인을 구축하기 보다는 도장이란 직책을 이용하여 부정을 저질렀다. 1884년고종 21 1월, 도장 전석규는 정부의 허락도 없이 미곡을 받고 일본 천수환天壽丸 선장에게 삼림 벌채를 허가해주는 증표를 써줌으로써 파면되고 처벌을 받았다(「고종실록」고종 21년 1월 11일). 전석규가 도장

울릉도 삼광호 선원일동

에서 쫓겨남에 따라 삼척영장이 울릉첨사를 겸하였고, 얼마 후 평해군수가 울릉도 첨사를 겸하였다,

그 후 1888년고종 25 2월에 첨사제를 도장제로 바꾸어 평해군 월송진에 수군만호를 두어, 그로 하여금 울릉도 도장을 겸임케 하였다. 비록 겸직이지만 종래의 도장제와는 달리 종4품의 정부관원으로 임명하였고, 첫 도장에 서경수徐敬秀를 임명하였다.

울릉도 도장을 월송만호가 겸하게 됨에 따라 도장은 대개 3월에 들어와 7·8월에 나가는 것이 상례였다. 그것은 전라선全羅船이 3월에 들어와 하기 영업을 마치고 7·8월에 나가기 때문이다. 도장이 나갈 때는 감지인監之人을 추천하여 도수島守라 하고, 다음 해 3월까지 임기를 대신하도록 하였다(손순섭,「도지」 - 울릉도사 - (초고본) : 필사 이종렬). 현지인 도장제 대신에 종4품의 정부관원 도장을 임명한 조처는 울릉도 개척에 대한 중앙정부의 적극적 의지의 표현이라고도 볼 수 있다.

도장은 매년 울릉도를 수토하면서 도형과 토산물을 바침은 물론 신

울릉도 도동항의 옛 모습(위), 현재 모습(아래)

구호수·남녀 인구·개간면적을 조사 보고하였다. 그 뿐만 아니라 조선 정부는 중앙 혹은 지방의 관원을 울릉도로 파견하여 개척사업을 점검하기도 하였다. 1892년에 선전관 윤시병을 울릉도검찰관으로 임명 파견하였고, 이듬해에는 평해군수 조종성을 수토관에 임명 파견하였으며, 1894년에는 조종성을 검사관에 임명 파견하였다. 정부에서는 또 조류와 쥐에 의한 재난이 심한 울릉도민에게 양곡을 지원하기도 하였고, 개척 이후 5년간 제한되었던 부세나 요역의 면제를 5년이 지난 후에도 지속하면서, 단지 호남인으로부터 곽세와 조선세를 거두었을 뿐이었다. 이런 부세나 요역의 면제조처도 울릉도를 개척하는데 크게 기여하였을 것으로 평가되고 있다.

그러나 현지의 울릉도민의 기록에 의하면 도장이 울릉도에 들어오면 민간납세가 매호에 감곽甘藿 1속과 해태 5장씩 부과하였고, 도장과 진휼을 위해 울릉도에 들어온 관리들이 가렴하여 개척민들의 삶의 뿌리를 갉아먹기가 태반이었다고 진술하고 있다. 1884년경부터 울릉도에는 평해군으로부터 이교吏校들이 배치되었다. 이 교리들은 도민으로부터 주재비조로 콩이나 보리를 거두었는데, 뒤에 가서는 그것이 커다란 민폐가 되었다. 이에 정부에서는 1894년 초에 평해군과 울릉도에 관문을 보내어 불법 이교배와 잠상배潛商輩를 체포 압송할 것과 이교배 배치의 폐지를 지령하기도 하였다.

보다 더 근본적인 문제는 도장제로 일본인의 울릉도 침어를 막아낼 수 없다는데 있다. 1883년 일본인들이 울릉도에서 철수하였지만 천수환사건1883.12, 만리환사건1885 등에서 보다시피 일본인들의 울릉도 목재 밀반출은 여전히 계속되었다. 1883년 조일통상장정이 체결되었는데 장정 41조에는 일본인의 전라·경상·강원·함경 4도 바닷가에서

울릉도 도동 청년단 연극 기념

개척시대 울릉도 도동 약수터((공사전)

의 어업을 허가하고 있다. 따라서 강원도에 소속된 울릉도 해빈에서의 어업도 허가한 셈이다.

1888년부터 전복을 채취하는 일본어민들의 울릉도 연안 출몰이 시작되었고, 특히 1889년 여름에는 전복을 채취하는 대규모의 일본어선단이 들어와 크게 소요를 일으킨 사건이 발생하였다. 어부 186명·어선 24척으로 구성된 이 어선단은 도방동도동에 사기그릇 등의 상품을 쌓아놓고 이를 곡물과 교환하기도 하였고, 장흥동 등지에서는 도민들이 가꾸어 놓은 조 약 16석 분을 절취해 갔으며, 관고와 민가를 때려 부수는 등의 행패도 부렸다. 이 사건은 마침 울릉도를 수토 중이던 월송만호겸울릉도장 서경수에게 적발되어 정부에 보고되었고, 정부는 일본 어민의 처벌과 배상을 요구하였다.

이에 대해 일본공사관은 「일본인어채범죄조규」제2조 '어채 중 조선과의 법금을 어긴 일본인은 부근 일본 영사관에 인도하며, 일본영사관이 이를 처벌할 것'을 규정하고 있음을 근거로 하여 당해 지방관이 죄범을 체포하여 부근 일본영사관에게 인도하지 않았음을 지적하고, 다만 부산·원산영사에게 조사 처리하도록 지시하였음을 통보하였을 뿐이다. 이 사건에서 보다시피 수하에 무장병력을 전혀 갖고 있지 못한 도장 서경수가 할 수 있는 일이란 기껏 행정계통을 밟아 정부에 보고할 뿐이고, 정부는 이를 일본공사관에 항의할 뿐이었다. 이 사건은 일본인들의 울릉도 침어의 기폭제로 도리어 작용하게 되었을 뿐이다. 더욱이 이 사건이 일어난 지 얼마 안 되는 10월에 조일통상장정 제41조에 근거한 조일통어장정이 체결됨으로써 일본인들의 울릉도 침어는 본격적으로 이루어지게 되었다. 이 장정 제2조는 일본영사가 발행하는 어업준단漁業准單을 소지한 일본 선박들은 전라·경상·강원·함경 4

방치된 방앗간 흔적 태하 산신당 가는 길목에 있었던 방앗간. 지금은 완전히 무너져 흔적만 남아 있다.

도 해빈 3해리 이내에서도 어업을 할 수 있도록 규정하고 있었다. 그로 인해 1889년 말 이후 일본 선박들의 울릉도 연안 출입이 잦아졌고, 1891년부터 일본인들의 울릉도 잠입 체류가 시작하여 1896년 이후에는 계속 200 명 내외가 잠입하여 주로 벌목에 종사하였다.

이 시기 울릉도의 조선인을 살펴보면 1893년고종 29에는 울릉도의 호수가 200여호가 되었다. 1896년 9월, 울릉도 도감 배계주裵季周의 보고에 의하면 도내 동리수는 11동저포동, 도동, 사동, 장흥동, 남양동, 현포동, 태하동, 신촌동, 광암동, 천부동, 나리동, 호구수는 277호 1,134명남 662·여 472, 개간농지는 4,774.9두락이었다. 이에 근거하여 1883년부터 울릉도 개척이 시작되었고 1888년 이후 더욱 개척에 힘쓴 결과 갑오경장을 전후하여서는 제법 많은 민호들이 입거하게 되었다고 평하는 것은 실상과 거리가 먼 것이다. 조선인들의 울릉도 이주는 개척정책이 성공하였기 때문이 아니라 이 시기 본토에서의 갑오 동학농민전쟁 등을 피하여 울릉도에 들어온 사람들이 많았기 때문이다.

울릉도 개척세대의 후손들의 증언들에 의하면 1894년 갑오농민전쟁, 즉 동학난 당시 본토의 정세가 문란할 때 「정감록」을 보니 "울릉도에 가면 난리 세 번을 피할 수 있다"고 해서 울릉도로 들어왔다는 사람들이 많다. 그리고 그 때만 해도 '나선羅船'이라는 전라도 배가 있었는데, 그 배를 타고 울릉도로 오고 가고 했다고 한다. 그리고 입도 후에 태하동 보다는 나리동, 추산, 현포에 많이 살았었는데, 그 이유는 농사를 지을 수 있었기 때문이었다고 한다.

이렇게 볼 때 울릉도의 민호가 늘어난 것은 국가의 개척정책의 성과라기 보다는 본토의 갑오농민전쟁 여파에 의한 것이라고 볼 수 있다. 그러나 개척 당시의 신입호구가 본토에 가족을 남겨두고 일부가 들어온 경우가 많았던 것과는 달리 1894년 갑오농민전쟁을 전후해 울릉도에 들어온 이주민들의 경우 전 가족을 이끌고 울릉도에 들어옴으로써 울릉도 개척에 박차를 가할 수 있게 되었다는 점은 그나마 다행이라고 할 수 있다.

울릉도 남서일몰전망대

[13] 대한제국 칙령 제 41호의 독도영토주권은 무엇인가?

1894년을 전후하여 정부는 종래 실시하여 오던 수토제도를 공식으로 폐지하는 대신 전임도장제를 실시하는 것으로 정책을 바꾸었다. 1894년 갑오개혁이 단행된 직후 개화파정부는 12월 울릉도 수토제도가 폐지됨에 따라 경상좌수영에서 동해안 각 고을에다 월송만호의 울릉도 수토를 위한 배군과 집물을 바치도록 배정하는 것을 폐지하였다. 이듬해인 1895년 정월 월송만호겸울릉도첨사의 겸직제도를 폐지하고 전임 도장을 두어 조정 또는 강원도에서 해마다 두 차례씩 배를 보내어 도민의 질고를 물을 것을 결정하였다. 그러나 첫 전임도장에 누가 임명되었는가는 기록이 없다. 그 후 8월에 접어들어 내부대신 박정양의 주장에 의해 도장島長의 명칭을 도감島監으로 고치고, 판임관判任官의 직급으로 해서 배계주裵季周를 초대 도감으로 임명하였다(「고종실록」고종 31년 8월 16일). 인천 영종도 출신인 초대 도감 배계주는 개척 초에 입거한 사람으로서 울릉도인이다.

수토제도 폐지와 전임도감제 실시는 조선정부의 울릉도 경영의 획기적 전환을 뜻하지만 도감은 지방관제에 편입된 것이 아니었다. 도감은 울릉도인으로 임명되었으며 비록 판임관 대우라고 하지만 정부에서 지급하는 월봉도 없었고, 그 수하에는 단 한사람의 수하도 없었다. 그런 점에서 판임관 대우라는 것 외에 개척 초기의 도장 전석규의 위치와 별반 다를 바 없는 것이었다. 1898년 5월에 칙령 제12호로 지방관제를 개정하여 울릉도에 도감을 두고 판임관으로 대우하여 지방관제에 편입하였지만 그 자치적 성격에는 변함이 없었다. 울릉도 도감 배계주는 1896년 9월에 발령을 받고 부산항에 도착했으나 배편이 없어 기다리다가 1897년 5월에 울릉도에 도착 부임하였다.

그동안 도민 중에 배정준이란 자가 수두首頭라고 자칭하고 섬 백성들로부터 임의로 수렴하며, 상업하는 배에 잡세를 탐봉하였다. 또 이사해오는 백성들로부터 금전을 거두며, 본토로 돌아가는 백성들을 늑탈하였다. 심지어 새로 섬에 들어오는 사람들로부터 돈을 거두다 부족하면 종으로 삼기까지 하였다. 또 벌목을 금하는 규목槻木과 향목香木을 불법으로 베어 외국인에게 몰래 팔아먹는 비리를 자행하였다. 이에 도민들이 집회를 열어 배정준의 죄를 징습하려고 하자 배정준이 도리어 칼을 들고 백성을 해치려고 하였고, 백성들이 돌로 그를 쳐죽인 사건이 발생하였다.

이 사건이 일어날 수 있었던 것은 그간 개척 이후 도장 및 도감들이 울릉도에 상주하는 것이 아니라 대개 3월에 들어와 7·8월에 나가는 것이 상례였기 때문이다. 도장이 없을 때 도수가 대임하는 관행이 있었기 때문에 이러한 일이 발생할 수 있었을 것이다. 그런 점에서 단신으로 아무런 수하도 없는 도장 내지 도감이 도민의 통치 및 일본인들의 침어를 막을 수 없었다. 배계주가 울릉도민으로서 전임도감이 되었기 때문에 이후 도수나 배정준과 같은 수두의 행패는 막을 수 있었을지 모르지만 아무런 수하와 무장력도 갖지 못한 채 1,134명에 달하는 울릉도민을 단속하고 200~300여명이나 되는 일본인의 침어를 막아낼 수는 없었다.

청일전쟁에서 일본이 승리하자 1895년 이후 일본인들이 불법으로 울릉도에 들어와 벌목과 어로활동에 종사하였다. 1899년 9월 15일자의 기록에 의하면 "울릉도는 개척된 지 몇 해 되지 않아서 인구가 희소한데 일본인 무뢰자들이 떼를 지어 이거해서 거민을 능욕 침학하며 삼림을 베어가고 (중략) 곡식과 물화를 밀무역하며 조금이라도 말리는 바가 있으면 칼을 빼어들고 휘둘러대면서 멋대로 폭동하여 꺼리는 바가 조금도 없으므로 거민들이 모두 놀라고 두려워하여 안도하지 못하는 실정"(「내부거래안」3, 조회 제13호, 광무 3년 9월 15일)이라고 한데서 보다시피 무장력이 갖추어지지 않은 도감의 파견은 울릉도의 개척에 전혀 실효성이 없는 대응이었을 뿐이다.

일본인들의 울릉도 침어와 삼림채벌이 계속되자 이에 대한 항의는 조선정부로부터 제기된 것이 아니라 전혀 다른 곳, 러시아로부터 제기되었다. 그것은 1896년 2월의 아관파천을 계기로 조선정부가 러시아에 몇 가지 이권을 넘겨주었는데 그 가운데 하나가 압록강·두만강 유역 및 울릉도 삼림벌채권을 블라디보스토크 상인 부린너Brynner.Y.I에게 특허를 주었기 때문이다. 울릉도에 대한 일본인의 범작犯斫과 투운偷運에 대해 러시아는 그 이권에 대한 침해로 간주하고 1899년 8월에 일본에 항의하고 한국정부에도 8월 3일·15일, 10월 11일 등 세 차례에 걸쳐 일본인의 벌목을 강력히 항의해왔다. 러시아의 항의를 받은 일본 측은 즉시 한국정부에 벌채권을 양여한 사실이 있는지를 문의하였고, 그것을 확인하자 한국정부에 대해 러시아의 기득권은 존중하되 울릉도에 대한 일본의 권리를 유보할 것임을 성명하였다(1899년 8월). 울릉도는 이제 일본과 러시아의 각축장이 되었다. 일본은 러시아의 벌목금지 요청을 받아들이기로 결정하고(8월) 원산영사관 외무서기생 고웅겸삼(高雄謙三)을 울릉도로 파견하여(9월) 현지 일본인들에게 11월말까지 철수할 것을 지시하였다. 이 사건을 계기로 한국정부는 일본 측에 울릉도 재류 일본인들의 철수를 요구하였다.

이에 일본 측은 1)한국영토 내에서 일본인의 조약 위반한 범죄에 대한 처리의 일은 한·일 조약에 명백히 기재된 바이므로, 울릉도에서 일본인의 행위가 과연 조약을 위반했다면 가장 가까운 일본영사에게 교부해서 조처를 구함은 한국정부의 권능이요, 2)일본공사가 한국정부에게 호의상 편의의 조치를 행하려고 일찍이 원산에 정박한 경비정에 영사관원을 탑승시켜 정황을 조사하여 일본인을 설득해서 데려오려고 울릉도에 파견했더니 기후가 흉악하여 풍랑 때문에 하륙하지 못하고 돌아왔으며, 3)개항장이 아닌 항구에 외국인이 토지와 가옥을 사고 상업을 함은 조약에서 금지하는 바이다. 그러한 위반자가 있으면 부근의 그 나라 영사에게 체포 이관해서 징벌함이 바로 지방관의 직권이다. 한국 정부에서 한국 지방관에게 훈칙하여 일본관원의 조사를 기다리지 말고 먼저 일본인을 단속해서 일제히 돌려보낼 뜻으로 기한을 정해주어 문자로 고시하는 것이 타당하다는 회답공문을 보내 왔다.

한국정부는 일본공사로부터 울릉도 재류 일본인의 철수를 약속받자

차제에 내륙에 있는 일본인들도 철수시킬 것을 요구하였다10월 4일. 한국정부의 이러한 요구는 일본 측의 태도를 경화시켰다. 일본 공사 임권조林權助는 울릉도의 일본인을 철수시키는 것은 벌목을 금지하기 위해서일 뿐, 주거권의 유무와는 아무런 관계가 없는 것이라 하고, 한국 내지에는 다른 외국인도 많이 있으므로 일본인만이 퇴거할 이유가 없음을 들어 한국 측 요구를 거절하였다. 일본은 이처럼 울릉도 일본인의 쇄환이 주거권과 관계가 없음을 지적하면서 오히려 울릉도에서의 일본인의 주거권을 주장하고 나섰다.

한국정부는 일본인의 철수를 요구하는 한편 이 해 9월에 내부 시찰관을 울릉도조사위원으로 임명 파견하여 그 정형을 살피도록 할 것을 결정하고 12월 15일 우용정禹用鼎을 이에 임명하였다. 그 사이에 1900년 초에 도감 배계주로부터 일본인의 작폐에 대한 보고가 있었다. 그 요지는 1)현지 일본인들은 퇴거할 뜻이 없을 뿐 아니라 전 도감 오성일이 발급한 문서를 빙자하여 1899년 8·9월 사이에 1천여 판을 베었고, 도감이 서울로 올라가 고소하려 하자 일본인들이 나루를 지키어 갈 수 없었다. 2)도감이 일본에 건너가 재판한 것은 수년 전의 일인데 일본인들이 당시의 비용을 강요하여 도민들이 변상하였다. 3)규목의 작벌을 금하자 일본인들은 사검査檢과 벌목 계약을 맺었다 하고 계약금의 반환을 요청하여 도민들이 3,000여 량을 갚아주었다는 보고였다. 당시 도감이나 울릉도민이 개척을 주도하고 울릉도를 경영해가는 것이 아니라 울릉도에 들어온 일본인에게 휘둘리고 있음을 단적으로 보여주는 것이다.

이에 대해 한국정부는 일본공사관에 조회하여 이를 항의하고 일본인들의 조속한 철수와 전화錢貨의 상환을 요청하였다. 일본공사는 회

울릉도에 남아 있는 일제시대 일본가옥

답조회에서 양측에서 공동 조사할 것을 요구하면서 울릉도 일본인들이 도감에게 상당한 대가를 지불, 그 허가를 받아 벌목에 종사하였다는 진정이 있었다 하고, 일본인들은 도감과의 묵계 하에 부지불식간에 왕래 거류하는 것이 관례가 되었다고 주장하였다.

양국의 공동조사에 관한 논의가 전개되는 동안 일본공사는 부산영사 능세진오랑能勢辰五郎에게 공동조사에 대비하는 각서 4개항을 훈령하였다. 그 가운데에는 비밀리에 러시아인과 벌목권 양수를 교섭하기 시작하였으며, 이 교섭은 상당히 진전되고 있음을 밝히고 있다. 이 훈령에 이어 '울릉도 재류일본인조사요령鬱陵島 在留日本人調査要領'을 시달하면서 일본정부는 일본인들이 울릉도에 잔류하도록 승인받는 것이 필요하므로 조사에 임하여서는 도감이 일본인들의 재류를 승인하였거나, 벌목을 승인 혹은 묵인한 상황에 대하여 주안을 두라고 강조하였다. 일본 측이 공동조사를 제의한 의도가 일본인들의 재류에 있었으므로 공동조사는 결국 양 측의 입장 차이를 좁힐 수 없었다. 공동 조사가 끝난 후 정부는 현지 일본인들의 철수를 여러 차례에 걸쳐 요청하였지만 일본 측은 조약 규정 외의 일임을 인정하면서도 일본인들의 주거권을 주장하고, 그것이 관습화된 책임이 우리정부에 있음을 내세워 철수를 거부하였다.

도감의 수하에 단 한 사람의 서기나 사환이 없이 일본인들은 물론, 도민들의 비행 불법을 지휘 행령할 길이 없음을 깨닫게 된 시찰위원 우용정은 상경하자 울릉도의 관제개편을 건의하게 되었다. 우용정은 울릉도 관제를 개편하되 이에 따라 늘어나는 관원·서기·사환의 월봉은 도내 400여 호로부터 걷는 콩·보리 80석으로 충당할 수 있으며, 도의 경비는 전라남도 민으로부터 징수하는 곽세藿稅를 100분의 5에서 10으로 올리면 그 액수가 연간 1,000여원이 됨으로 적지 않은 도움이 될 것이라고 하였다.

우용정의 보고에 따라 내부內部에서 1900년 10월 22일자로 의정부에 설군청의서設郡請議書를 제출하였다. 설군 이유로서는 울릉도가 내륙 산군에 비해 호수·토지·농산 등에서 큰 차이가 없으며, 외국인들이 왕래하고 있어 도감이란 호칭으로는 행정을 하는데 장애가 된다는 것이다. 이에 따라 대한제국 칙령 제41호가 발표되었다.

칙령 제41호에 의해 울릉도는 울도군鬱島郡으로 승격되어 울릉도는 울진군수때로는 평해군의 행정관할에서 벗어나 강원도 독립군현 27개중의 하나로 자리잡게 되었다. 이에 11월에 울릉도의 초대 군수는 도감으로 있던 배계주가 주임관 6등으로 임명되었고, 뒤이어 사무관으로 최성린崔聖麟이 임명 파송되었다.

칙령 제41호 제2조에는 "군청의 위치는 태하동台霞洞으로 정하고 구역은 울릉전도鬱陵全島와 죽도竹島, 석도石島를 관할할 사"라고 하였다. 여기서의 죽도는 이규원의 검찰일기에 나오는 울릉도 바로 옆의 죽서도竹嶼島이고 현재 죽도로 불린다. 그리고 석도는 독도를 가리키는 것이다. 이에 대해 일본은 '석도'가 독도라는 증거는 없다고 비판하면서 관음도를 석도라고 하기까지 한다. 그러나 19세기말 당시 관음도는 도정島頂이라는 이름을 갖고 있었다. 당시 울릉도 주민과 이곳에 출어한 어민들은 전라도 사람들이 많았는데, 전라도 방언에는 '돌'을 '독'이라 하고 '돌섬'을 '독섬'이라고 하였다. 대한제국 정부는 '독섬'을 의역하여 '석도'라고 한 것이다. 전라도에서 울릉도로 들어온 어민들은 우산도가 두 개의 큰 돌바위로 구성된 암서岩嶼임을 주목하여 그들의 관습대로 '독섬돌섬'이라고 부른 것이고, 유식자들이 이를

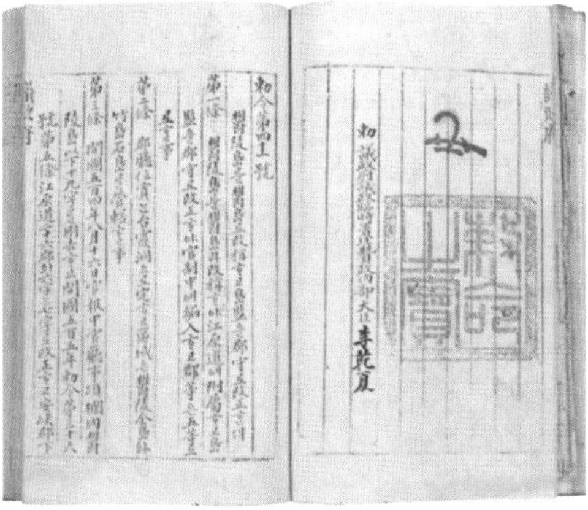

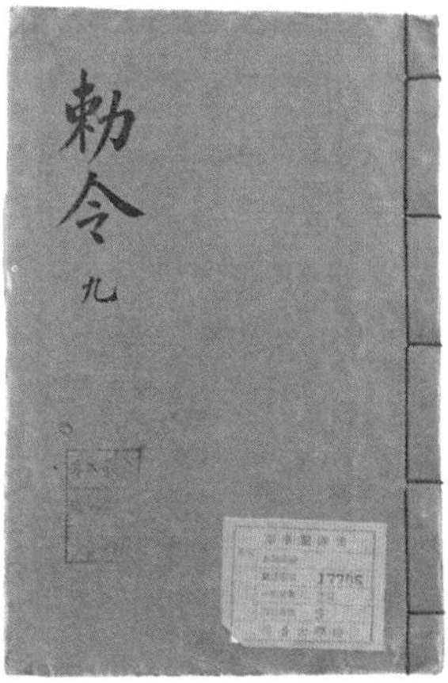

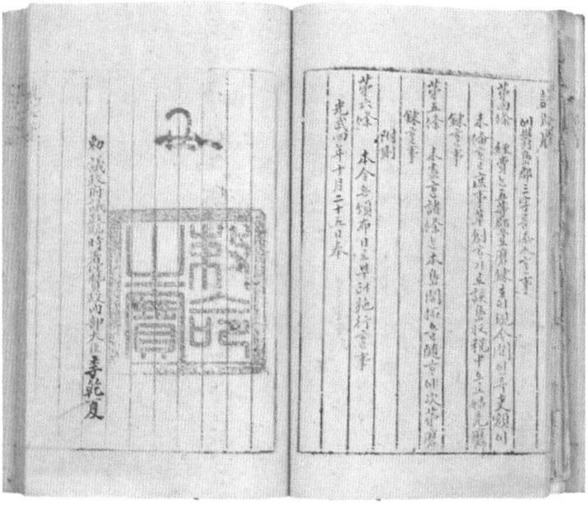

勅令

勅令第四十號
外國語學校와醫學校와中學校卒業人을該學校에敍用하는官制
第一條 外國語學校와醫學校와小學校에卒業한人은該校教官을敍任在缺하야가該校教官이有闕하야塡補할時에는卒業生教官敍任할人으로特別試驗을經하야塡任할이라
第二條 本令은頒布日로봇터施行할이라
光武四年十月二十五日
御押 御璽 奉
勅 議政府議政臨時署理贊政內部大臣 李乾夏

勅令第四十一號
鬱陵島를鬱島로改稱하고島監을郡守로改正한件
第一條 鬱陵島를鬱島라改稱하야江原道에附屬하고島監을郡守로改正하야官制中에編入하고郡等은五等으로할事
第二條 郡廳位置는台霞洞으로定하고區域은鬱陵全島와竹島石島를管轄할事
第三條 開國五百四年八月十六日官報中官廳事項欄內鬱陵島以下十九字를刪去하고開國五百五年 勅令第三十六號第五條江原道二十六郡의六字는七字로改正하고安峽郡下

대한제국 칙령 제 41호 1900년 10월 25일 의정부의 의결을 거쳐 반포된 울릉도 지방관제 실시법령으로, 울릉동에 군수를 파견하며, 그 관할 구역을 울릉전도와 죽도, 석도(石島-독도)로 한다고 규정하고 있다.

한자로 표기할 때 뜻을 취하면 '석도石島', 음을 취하면 '독도獨島' 라고 표기하였던 것이다.

울릉도 어부들의 이러한 명명방식은 '리앙꾸르도' 라고 독도에 이름을 붙인 프랑스 탐험선 리앙꾸르Liancourt호의 명명방식과 일치한다. 이 탐험선은 우산도=독도를 자기 배의 이름을 따되 Liancourt 'Islands' 라고 하지 않고 Liancourt 'Rocks' 岩嶼라 하여 '바윗돌섬'이라고 명명하였는데, 이것을 울릉도 어민의 방식으로 보면 역시 리앙꾸르석도= '돌섬·독도·석도' 인 것이다.

현재 민간인들이 '독섬' 을 부르는 것을 한자로 '석도石島' 라고 표기하는 사례가 많이 보인다. 전라남도 완도군 노화면 고막리에 있는 한 섬미나리 서쪽에 있는 섬은 민간인들이 돌이 많아 '독섬' 이라고 불러오고 있는데 표기는 '석도石島' 라고 하고 있으며, 충도리에 있는 한 섬육도 남쪽에 있는 섬, 돌로 이루어짐은 주민들이 지금도 '독섬' 이라고 호칭하는데, 행정관청에서 표기할 때는 '석도石島' 로 하고 있다. 또 해남군 화원면 산호리에 있는 섬의 경우 주민들은 '독섬' 이라고 호칭하고 있지만 공식적으로는 '석호도石湖島' 라고 표기하고 있다.

또 민간인들이 '돌' 이라는 뜻으로 '독섬' 이라고 호칭하고 있는 것을 음을 취하여 '독도獨島' 라고 표기한 경우도 있다. 전남 고흥군 남양면 옥천리에 있는 한 섬모녀도 동남쪽에 있는 바위섬은 돌로 된 섬이라고 하여 주민들이 '독섬' 이라고 부르는데, 옛날부터 한자로는 '독도獨島' 로 표기되고 있다. 또 신안군 비금면 수치리원수치리 앞바다에는 두 개의 섬이 있는데, 북쪽에 있는 돌섬을 위쪽에 있는 돌섬이란 뜻으로 '웃독섬', 남쪽에 있는 돌섬을 아래쪽에 있는 돌섬이라고 하여 '아릿독섬' 이라고 불렀다. 그런데 한자로는 '상독도上獨島', '하독도下獨島' 로 표기해오고 있다. 보통 '독도獨島'라는 명칭은 일제가 1905년 '독도'를 침탈한 사실을 알게 된 제2대 울도군수 심흥택이 1906년 3월 중앙정부에 보고서를 낼 때 "본군소속 독도가 본부 외양 백여리허에 이옵드니…"라는 서두의 보고서에서 처음 사용된 것으로 알려져 있으나 이전부터 울릉도 주민들은 독도라고 표기하고 있었다. 그 증거로는 일본 해군이 '독도'리앙꾸르석도 침탈에 욕심을 내기 시작해 군함 신고호新高號를 울릉도에 파견해서 처음으로 독도에 대한 탐문조사를 했을 때인 1904년 9월 25일 보고에 "리앙코르도암岩을 한인은 독도獨島라고 쓰고 본방일본 어부들은 리앙꼬르도島라고 칭한다"고 한 것에서 알 수 있다.

이상에서 보다시피 칙령 제41호 제2조에 실린 '석도石島'는 '독도獨島' 임이 분명하다. 따라서 대한제국 칙령 제41호는 일본의 시마네현이 1905년에 독도를 불법으로 일본에 편입시키기 5년 전에 이미 독도를 조선영토로 행정구획에 편입하고 있음을 대내외에 천명한 문서라고 볼 수 있다.

[14] 일본은 왜 다케시마의 날을 2월 22일로 정했던가?

일본은 왜 다케시마의 날을 2월 22일로 제정하였는가? 그것은 1905년 2월 22일 무주지였던 독도를 일본에 강제로 편입한 날을 기념하기 위한 것이다.

일본정부는 1905년 1월 28일 내각회의에서 독도를 일본영토에 편입하는 각의결정을 내리고 2월 22일, 시마네현 제40호의 고시로 독도를 일본 영토에 편입하였다. 그리고 이 편입이 현재 일본이 독도를 자국 영토라 주장하는 직접적인 근거가 되고 있다. 바로 이 날로부터 100년이 지난 시점인 2005년 일본은 '2월 22일' 을 '다케시마의 날' 로 정한 것이다.

1905년 2월 22일, 시마네현 고시로 독도를 일본의 영토로 편입시키게 된 단서는 1904년 2월 러·일전쟁 개전에 따른 해군의 군사적 목적

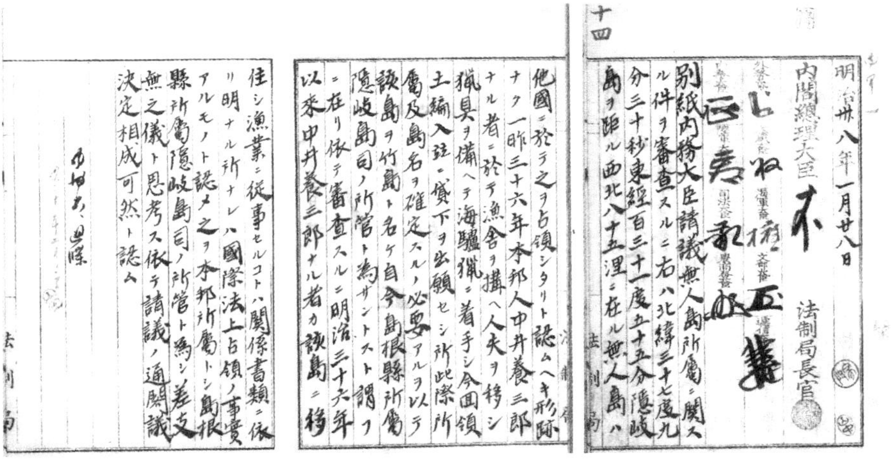
明治卅八年一月廿八日

内閣總理大臣　法制局長官

別紙内務大臣請議無人島所屬ニ關スル件ヲ審査スルニ右ハ北緯三十七度九分三十秒東經百三十一度五十五分隱岐島ヲ距ル西北八十五浬ニ在ル無人島ハ他國ニ於テ之ヲ占領シタリト認ムヘキ形跡ナク一昨三十六年本邦人中井養三郎ナル者ニ於テ漁舍ヲ構ヘ人夫ヲ移シ猟具ヲ備ヘテ海驢猟ニ着手シ今回領土編入並ニ貸下ヲ出願セシ所此際所屬及島名ヲ確定スルノ必要アルヲ以テ該島ヲ竹島ト名ケ自今島根縣所屬隱岐島司ノ所管ト為サントスト謂フニ在リ依テ審査スルニ明治三十六年以來中井養三郎ナル者カ該島ニ移住シ漁業ニ從事セルコトハ關係書類ニ依リ明ナル所ナレハ國際法上占領ノ事實アルモノト認メ之ヲ本邦所屬トシ島根縣所屬隱岐島司ノ所管ト為シ差支無之儀ト思考ス依テ請議ノ通閣議決定相成可然ト認ム

죽도(독도) 영토편입에 관한 일본내각결정문(일본내각문고 소장)

에서 비롯되었다. 1876년 병자수호조규를 통해 조선을 개항시킨 일본은 1894년의 청일전쟁에서 승리하여 조선에서 청나라를 배제시켰지만 삼국 간섭으로 인해 러시아가 새로운 방해세력으로 대두되었다. 일본은 대한제국을 지배하는데 방해가 되는 러시아 세력을 제거하기 위해 1904년 2월 러·일 전쟁을 도발하였다. 이때 일본 해군은 서해에서는 기선을 잡았으나 동해에서는 러시아의 블라디보스토크 함대 때문에 어려움에 직면하였다. 일본 해군은 러시아 함대의 남하를 감시하기 위해 6월 21일 울진군 죽변항에 망루를 설치한 후 남해안의 홍도와 절영도, 그리고 울릉도에 2개의 망루를 설치하고 죽변과 울릉도 사이에 해저전선을 부설하여 연결하였다. 그후 독도에도 망루를 설치하기 위한 조사를 실시하였다.

일본 해군성이 독도 망루 설치 계획을 추진하는 도중에 일본 정부는 독도에서의 어업독점출원을 한국 정부에 교섭해줄 것을 요구하는 나카이 이에사브로中井養三郎의 신청을 접하게 되었다. 이를 기회로 독도를 아예 일본 영토로 편입, 망루를 설치하려는 일본 제국주의자들의 공작이 해군성과 외무성을 중심으로 전개되었다. 나카이는 1890년부터 외국 영해에 나가 잠수기 어업에 종사한 기업적인 어업가였다. 1903년 독도에서 강치잡이를 해서 엄청난 이익을 챙긴 나카이는 독도어업권을 독점하기 위해 일본정부의 알선을 통해 대한제국 정부로부터 독도어업권을 청원하고자 하였다.

이때 일본 해군성 수로국장 간부가 "독도는 주인없는 땅이다. 어업독점권을 얻으려면 한국정부에 대하원貸下願을 신청할 것이 아니라 일본정부에 독도 영토 편입 및 대하원을 제출하라"고 독려하였다. 나카이는 이에 독도를 일본 영토에 편입하고, 자기에게 대부해 달라는 '리앙꼬도영토편입병대하원'을 1904년 일본 정부의 내무성·외무성·농상무성의 세 대신에게 제출하였다. 당시 일본 내무성은 러·일 전쟁이 시작된 이 시국에 한국영토로 의심이 되는 불모의 암초를 갖는다는 것이 일본의 동태에 주목하고 있는 여러 외국들에게 일본이 한국병탄의 야심이 있지 않은가 하는 의심을 크게 하여 이익은 매우 적은 반면 (한국의 항의로) 일의 성사는 결코 용이하지 않으리라면서 반대하였다. 그러나 외무성이 이를 적극 지지하여 일본 정부는 나카이가 제출한 청원서를 승인하는 형식을 취하여1905년 1월 28일 내각회의에서 독도리앙꼬르도를 일본영토로 편입한다는 각의결정을 내렸다. 이때 내각회의에서 독도는 '무인도로서 타국이 이를 점유했다고 인정할 형적이 없다'고 하여 '무주지無主地를 선점'하는 것으로 설명하였다. 이러한 각의결정은 내무성을 거쳐 시마네현島根縣에 관내 고시하도록 통고되었으며, 시마네현은 1905년 2월 22일 현고시 제40호로 리앙꼬르도를 '다케시마竹島'로 명명하여 은기도사隱岐島司의 소관으로 한다는 것을 관내 고시해 독도를 침략하였다.

그러나 1905년 2월 22일, 독도가 국내법상, 그리고 국제법성 합법적으로 일본의 영토가 되었다는 주장은 그 근거가 없다. 일본은 1905년의 시마네현의 고시를 통해 국제법상 선점이론을 내세우지만 일면 독도는 역사적으로 일본의 고유영토라는 주장을 하는 모순적인 태도를 보이고 있다.

설령 독도가 '무주지'였다 할지라도 그 무주지를 영토에 편입할 때 그곳에 면한 나라들에 사전 조회하거나 국제적 고시를 하는 것이 국제법상 관례이다. 실제 일본정부는 1876년 태평양 쪽의 우가사하라섬小笠原島을 영토편입할 때 이 섬과 간접적으로 관계가 있다고 본 영국

·미국 등과 몇 차례 절충을 하고 구미 12개 국가들에 대하여 일본의 관리통치를 통고했었다. 그러한 일본정부가 독도에 대해서는 이를 대외적으로 표시한 바가 없다. 선점시 관계 당사국에 고지해야 하나 일본은 한국에 어떠한 정식적 외교문서도 보내지 않았고 자국의 지방관청에 해당하는 시마네현을 통해 고시하였다. 지방자치단체는 국제법의 주체가 되지 않는다. 따라서 지방관청 시마네현이 행한 고시는 국내적 조치에 불과할 뿐이며 국제법적 효력이 발생될 수 없다.

이 사항에 관해 일본 측은 통고는 국제법상 의무사항이 아니며 독도에 관한한, 타국과의 쟁의 관계도 없었으므로 통고 의무가 없다는 주장을 펼치며, 편입조치 이후 독도 실제조사 및 어로 면허 발급 등 국제법상 실효적 지배를 행사했고 이에 대한 한국의 항의도 없었다고 주장한다.

그러나 일본정부가 한국 측에 알린 시기는 을사조약의 체결을 통해 대한제국 정부의 외교권을 박탈하고, 자신들의 완전한 지배체제를 만든 후이다. 1906년 3월 28일 시마네현 은기도의 지방관리 일행이 독도를 시찰한 다음 울릉도에 들러 울도군수 심흥택에게 독도를 일본영토라고 운운하였을 뿐이다. 경악한 심흥택이 강원도관찰사를 통해 중앙정부에 보고하였다. 이에 대해 내부대신과 의정부 참정대신은 독도가 한국영토임을 명확히 했으며, 독도가 일본영토로 되었다는 주장은 '전혀 근거가 없고', '이치에 닿지 않는 것'이라고 반박하는 지령문을 내렸다.

또한 대한제국의 신문들과 지식인들도 울도군수의 보고를 보도하면서 일본측의 주장에 항론을 펼쳤다. 그러나 그 당시에 해당하는 1905년 3월말~5월초는 이미 을사늑약이 통과되고1905년 11월 17일, 대한제국

島根縣告示第四十號
北緯三十七度九分三十秒東經百三十一度五十五分隠岐島ヲ距ル西北八十五浬ニ在ル島嶼ヲ竹島ト稱シ自今本縣所屬隠岐島司ノ所管ト定メラル
明治三十八年二月二十二日
島根縣知事松永武吉

시마네현 고시

외부外部가 폐지되고1906년 1월 17일, 일제 통감부가 설치되어1906년 2월 1일 활동을 개시한 시기였다. 대한제국이 일제에게 외교권과 내정까지 간섭을 받게 된 상황에서 일제의 독도침탈에 대해 국제적으로 항의할 통로와 기관마저 빼앗겨버린 상황으로서 실질적으로 항의가 불가능했다. 이를 두고 대한제국 정부가 다시 조사하도록 지령을 내렸을 뿐 일본 정부에 항의가 없었다는 일본 주장은 잘못된 것이다.

더욱이 시마네현 고시 제40호는 1905년 2월 22일 당시 시마네현에서 발간되었던 '시마네현령島根縣令'이나 '시마네훈령島根縣訓令' 어디에도 수록되어 있지 않다. 전 독도박물관 이종학 관장이 찾아낸 고시의 원본에는 '회람回覽'이라는 도장이 찍혀 있다. 일반에게 널리 고시되지 않은 채 관계자 몇몇이 돌려본 회람은 극비리에 불법적으로 독도의 영토 편입이 이루어졌음을 말해준다. 1905년 2월 22일자의 「도근현현보島根縣縣報」와 지방신문인 「산음신문山陰新聞」제 5912호에 게재하였다고 하지만 당시 일본에 발간되는 104개 신문에는 「산음신문」이 확인되지 않고, 그 어디에서 그와 관련한 기사는 보이지 않는다.

[15] 일본의 강제 편입 이후 독도는 과연 시마네현에서 관할하였던가?

1905년 2월 22일 일본이 독도를 합법적으로 편입하였고, 역사적으로 일본의 땅이었다면 1905년 이후 일본 지도에 독도가 일본 영토로 그려져 있어야 할 것이다. 그러나 실제는 그렇지 못하다. 1917년 2월에 발행된 '시마네현전도'에 지도 왼쪽 위의 칸 속에 오직 오키섬이 그려져 있을 뿐이고 독도는 보이지 않는다. 지도 뒷면에 있는 시마네현에 관한 설명글 속에서도 독도에 관한 언급이 없다.

또 1935년 4월에 발행되어 1940년 1월 15일에 재발행된 시마네현의 지도에도 독도가 그려져 있지 않고 관할지구 속에 들어 있지도 않다. 지도 뒷면의 시마네현 관할 지구에 다음과 같은 설명이 있다.

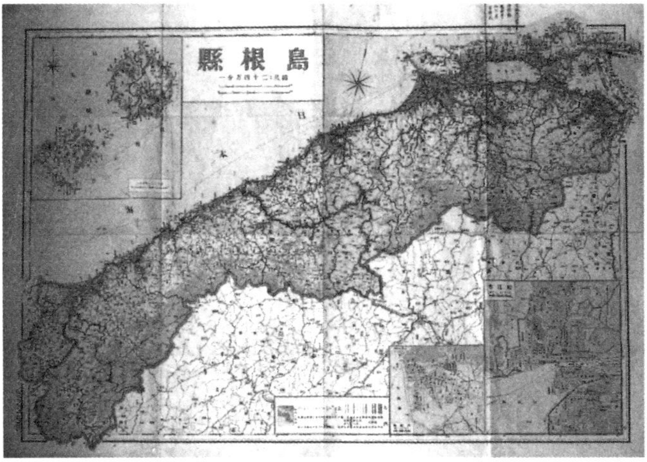

1917년(위), 1934(아래) 시마네현 지도

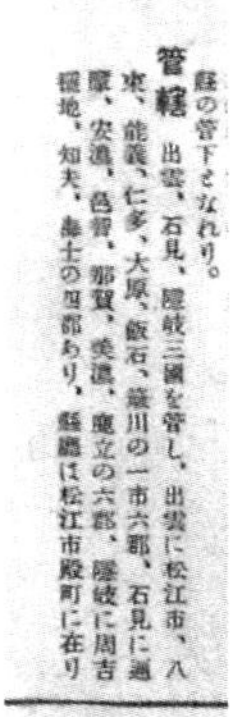

縣の管下となれり。

管轄 出雲、石見、隠岐三國を管し、出雲に松江市、八束、能義、仁多、大原、飯石、簸川の一市六郡、石見に邇摩、安濃、邑智、那賀、美濃、鹿足の六郡、隠岐に周吉、穏地、知夫、海士の四郡あり、縣廳は松江市殿町に在り

1935년 시마네현 지도 뒷면 시마네현 관할 지구 설명문

관할 ; 이즈모出雲, 이와미石見, 오키隱岐 삼국을 관할한다. 이즈모에는 (중략) 시 하나와 여섯 개군이 있고, 이와미에는(중략) 여섯 개 군, 오키에는 수키周吉, 오치穩地, 아마海士 등 세 개 군이 있다. 현청은 마츠에松江시 도노쵸殿町에 있다.

이 기록 어디에도 독도는 보이지 않는다. 시마네현 '오키군 고카五箇촌' 소속으로 독도에 주소를 부여한 것은 1953년 6월의 일이다. 이 시점은 이승만대통령이 독도를 한국의 영토로 규정한 평화라인을 그은 1952년 2월보다 훨씬 뒤의 일이다. 이러한 사실은 시마네현이 독도를 실효적으로 지배를 하지 못했다는 것을 의미한다.

[16] SCAPIN 제 677호와 샌프란시스코 조약은 독도를 어떻게 해석하고 있는가?

1945년 8월 15일의 해방은 우리의 손에 의해 쟁취된 것이 아니라 일본의 항복으로 인해 우리에게 어느 날 갑작스럽게 주어진 것이다. 우리의 운명은 일본에 대한 승전국으로 우리의 영토를 되찾을 수 있는 위치에 있었던 것이 아니라 패전국의 한 영토로 간주되어 그 처리가 논의되었다. 해방과 동시에 북에는 소련군이, 남에는 미군이 들어옴으로써 남북분단의 비극을 맞이하게 되었고, 강대국의 이해관계에 따라 독도 등에서 영토주권의 침해를 받게 되었다.

제2차 세계대전이 끝난 후 연합국 최고사령부가 내린 지령을 'SCAPIN' 이라고 한다. 1946년 1월 29일의 '연합국 최고사령부 지령SCAPIN 제677호' 를 발표하였는데 그 내용은 패전국의 일정한 지역들을 정치, 행정상 일본으로부터 분리한다는 것이다. SCAPIN 677호

3항에는 "일본 영토는 홋카이도北海道, 혼슈本州, 큐슈九州, 시코쿠四國 등 4개주 섬들과 약 1천개의 주변 작은 섬들로 제한한다"며 "웃즈로Utsuryo.울릉도, 리앙쿠르 록스Liancourt Rocks.독도, 쿠엘파트Qualpart.제주도를 일본 영토에서 제외한다"고 명시했다. 이 지령에 의해 독도는 일본 영토에서 제외되었지만 일본은 이 지령의 6조 "이 지령 가운데 어떠한 것도 포츠담 선언 제8조에 언급된 제소도諸小島의 최종적 결정에 관한 연합국의 정책을 표시한 것은 아니다"라는 조항을 내세워 이 지령이 행정권의 정지에 불과한 것이고 이것이 영토의 처분은 아니라고 주장한다.

그러나 SCAPIN 제677호는 독도를 일본의 영토로부터 제외시켰으며, 만일 이를 수정할 때에는 "별도의 특정한 지령을 발해야 하며 그렇지 않다면 이 지령은 미래까지 유효하다"고 선언하고 있음에 유의하여야 한다.

이후 연합국 최고사령부는 1946년 6월 22일 SCAPIN 제1033호에서 일본의 영역을 더욱 분명하게 규정하고 있다. 제3항에서 일본의 어업 및 포경업의 허가가구역을 설정하였는데, "일본인의 선박 및 승무원은 금후 북위 37도 15분, 동경 131도 53분에 있는 리앙쿠르(독도)의 12해리 이내에 접근하지 못하며 또한 동도에 어떠한 접근도 하지 못한다"라고 하여 일본인의 독도접근을 금지시켰다.

일본은 샌프란시스코평화조약을 갖고 독도를 자국의 영토라고 주장한다. 샌프란시스코 조약은 과연 무엇이며 도대체 거기에서 무슨 일이 다뤄졌기에 이를 빌미로 일본은 독도를 자국영토가 되어야 한다고 집착하는가?

1951년 2차세계대전 전승국 집합체인 연합국들이 일본과 전후처리

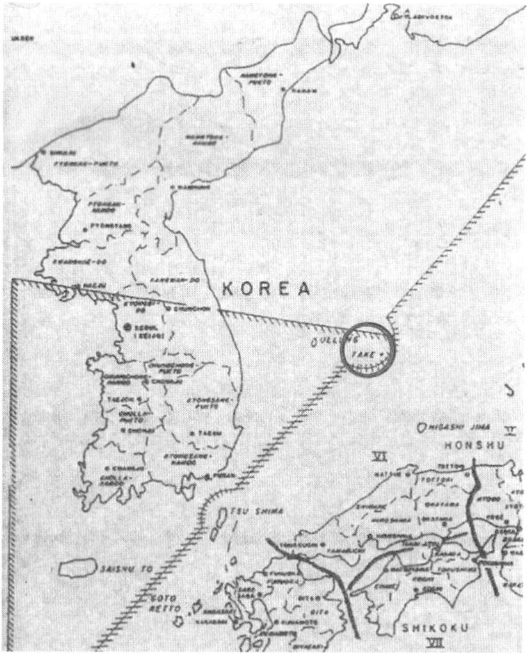

SCAPIN 제 677호의 부속지도 독도를 'TAKE'로 표시하면서 한국 영토로 부속시켜 표시하고 있다.

방안에 대해 합의하고 이를 통해 항구적 평화를 달성하기 위해 샌프란시스코평화조약Treaty of Peace with Japan을 체결하였다. 여기에서 규정된 국제질서가 바로 현재의 동아시아 국제질서의 근간을 이룩하고 있다는 점에서 대단히 중요하다. 현재의 국가간 동아시아 경계, 즉, 영토의 범위도 이 샌프란시스코평화조약을 통해 획정된 선에서 크게 변함이 없다. 그런 점에서 이 조약이 갖는 의미는 SCAPIN 제667조와 질적으로 다르다.

1951년 9월 4일에 시작해 그 달 8일에 끝난 이 평화조약은 협상 주체가 명목상 52개 연합국과 패전국 일본의 양측으로 돼 있으나, 실제는 미국과 영국이 주도했다. 9월 8일 조인되고 이듬해인 1952년 4월 28일에 발효된 이 평화조약에 체코슬로바키아와 소련, 폴란드의 3개국을 제외한 49개국이 서명했고 일본에서는 요시다 시게루 수상이 서명했다.

샌프란시스코 평화조약의 제2조(a)에는 다음과 같은 내용이 있다.

> 일본은 한국의 독립을 승인하고 제주도, 거문도, 울릉도를 포함한 한국에 대한 모든 권리, 그리고 청구권을 포기한다.

바로 이 조문에는 일본이 포기해야할 영토로서 독도의 이름이 빠졌다. 일본은 이것을 근거로 독도는 일본 땅으로 남았다고 줄곧 주장하고 있는 반면 한국은 이러한 일본의 입장에 반대하고 있다.

일본 정부는 샌프란시스코 평화협정의 초안을 작성하는 과정에서 교환된 미국의 비밀문서를 근거로 독도는 일본영토로 남았다고 주장한다. 그 비밀문서는 다음과 같다.

(1)1949년 11월 14일 도쿄의 시볼트 주일 정치고문이 미 국무장관 앞으로 보낸 비밀문서 속에 "리앙쿨 열암에 대해 재고할 것을 권고한다. 이 섬에 대한 일본의 영토주장은 오래된 것이고 정당하다고 사료된다"는 일문이 포함되어 있다.

(2)1950년 미국정부 북동아시아과 로버트 A 히알리의 날짜가 없는 비밀각서에는 "(독도 등이 열거되어 있다) 모두 오래전부터 일본영토로 인정되어온 것들이고, 이것들은 일본이 영유할 것이라고 생각된다"는 일문이 있다.

(3)1951년 7월 19일, 미국정부의 한국담당관 에몬즈에 의한 회담각서에는 "통상 무인도인 이 암초는 한국의 일부로서 취급된 적이 결코 없으며 1905년쯤부터 일본의 시마네현 오키 지청의 관할 하에 있습니다. 이 섬은 옛날부터 한국영토라고 주장된 적이 있다고는 보이지 않습니다." 라는 일문이 포함되어 있다.

이상과 같은 문서를 근거로 일본 측은 대일강화조약을 작성하는 과정에서 독도는 오히려 일본영토로 규정되었다고 주장한다. 그러나 이러한 비밀문서는 결코 일본의 독도영유권을 인정하는 근거가 되지 않는다. 왜냐하면 정치고문이나 조선담당관들의 말은 참고의견이지 결정적 언질은 아니기 때문이다. 더욱이 1951년 샌프란시스코평화협정이 체결되기 직전 독도를 한국영토에 포함시켜야 하는지를 두고 미국 국무부에서 격렬한 논쟁이 벌어졌으며 이 과정에서 국무부 지리담당자는 독도를 한국령에 포함시켜야 한다고 강하게 요청했던 것을 전하는 문서가 보인다.

미 국무부 십진분류문서철에서 찾아낸 '대일평화조약 초안에서 남사군도와 서사군도' Spratly Island and the Paracels, in Draft Japanese Peace Treaty 라는 제목으로 작성된 2건의 자료는 샌프란시스코회담에 대한 대일평화조약 최종 초안 확정1951년 8월 13일과 동 조약 조인같은 해 9월 8일을 코앞에 둔 1951년 7월 13일과 7월 16일에 각각 작성된 것이다. 두 문건은 미 국무부 동북아시아처에서 샌프란시스코회담을 준비하던 피어리Fearey가 샌프란시스코조약 이후 영토 분쟁이 일어날 수 있는 지역에 대한 정보를 요구한데 대해 국무부 정보조사국OIR, Office of Intelligence and Research에 근무하는 지리전문가 보그스S. W. Boggs가 답변한 내용을 담고 있다.

이에 의하면 피어리는 분쟁 예상 지역으로 남중국해의 스프래틀리군도Spratly Islands, 남사군도南沙群島와 파라셀군도Paracel, 서사군도西沙群島 외에 독도를 꼽았다. 독도 문제와 관련해 국무부에서 오랫동안 지리 문제 전문가로 활약한 보그스는 독도는 한국령이며, 그러므로 독도는 한국령이라는 문구를 첨가해야 한다고 주장했음을 분명히 보여주고 있다. 예컨대 7월13일자 답변서에서 보그스는 "따라서 조약 초안 중 다음(2조)에 일정한 형식으로 이를 특정해서 언급해주는 것이 바람직할 것이다. (a)일본은 한국의 독립을 승인하며, 제주도와 거문도, 울릉도 및 독도(추가 부분)를 포함해 한국에 대한 모든 권리right와 권원title과 청구claim를 포기한다"고 요구했다.

그러다가 3일 뒤인 7월16일자 답변서에서 보그스는 "다줄렛Dagelet, 울릉도은 한국이름이 있으나, 리앙코르암(독도)은 한국이름이 없으며, 한국에서 제작된 지도에서 나타나지 않는다는 점에 주목해야 한다"면서 "이 섬을 한국에 주도록 결정한다면, (조약) 제2조 (a)항 말미에 '독도' 라고 추가하기만 하면 될 것이다"는 의견을 제시하고 있다.

이 문건에 의하면 국무부 지리담당자인 보그스가 1차 답변서에서는 독도가 한국영토에 포함돼야 한다고 의견을 강하게 피력했으나, 2차 답변서에서는 일본 측 의견을 보강하고 있음을 엿볼 수 있다.

또 미국은 또 1951년 6월 20일 주한미군 존 B. 콜터 중장이 장면 국무총리에게 보낸 서신에서도 독도를 한국땅으로 인식했다. 당시 콜터 중장이 "미 공군이 리앙쿠르 록스(독도)를 훈련용으로 사용할 수 있게 해달라"고 요청하자 우리 정부는 이를 승인했다. 또 1951년 7월 7일 주한 미8군 육군부사령관실이 주한 미사령관에게 보낸 보고서에서 "7월 1일 장면 총리실과 국방장관실은 물론이고 독도는 한국 내무부 관할이어서 내무부 장관도 이를 승인했다"고 언급, 독도가 한국땅임을 거듭 인정했다.

이러한 문건들에 비추어볼 때 당시 미국은 샌프란시스코조약의 초안과정에서 이중적인 입장을 갖고 임하면서 점차 일본측 주장을 반영해나가는 방향으로 나아가고 있었다고 볼 수 있다. 제5차까지 일본영토에서 제외된다고 명시된 독도는 미국에서 작성한 제6차 초안에서 반대로 일본영토로 기재되기에 이르렀다. 그러나 최종적으로 합의된 대일강화조약에서 독도는 일본의 영토로서 기재되지 않았다. 그것은 다른 연합국이 반대를 했기 때문이다. 1951년 봄에 영국이 독자적 초안을 제출했는데, 이 초안에는 독도가 일본이 포기해야하는 영토 속에 명기되어 있었다. 호주가 제출한 초안에도 독도를 일본영토에서 제외시키고 있다. 미국과 영국 등은 논의의 최종 과정에서 결국 독도에 관한 언급을 아예 빼버린 것이다.

1950년 6월 25일에 발발한 한국전쟁의 영향으로 미국은 일본의 재무장의 일부를 허용하였고 일본은 자위대를 만들었다. 미국은 일본에 대해 공산권에 대한 아시아의 교두보 역할을 기대하였다. 이러한 동아시아의 국제정세의 변화가 독도영유권 문제에도 영향을 주었을 것이다.

샌프란시코 평화조약의 작성 과정에서 한국의 입장이 공식적으로, 그리고 대외적으로 표명된 바가 있다. 즉 당시 주미 한국대사가 미국 국무장관에게 보낸 1951년 7월 19일자 서한에서 일본이 한국의 독립을 승인함에 따라 모든 권리, 권원, 그리고 청구권을 포기해야 하는 도서들 가운데 제주도, 거문도, 울릉도뿐만 아니라 독도도 포함시킬 수 있도록 평화조약의 조문 제2조(a)를 개정할 것을 요구함으로써 독도에 대한 한국의 공식적 입장을 전달하였다.

이에 대해 당시 미국 국무성의 딘 러스크Dean Rusk 차관은 1951년 8월 10일자 답신을 통해 그가 가지고 있는 정보에 의하면, 독도는 한국의 영토로 인정된 사실이 없으며, 1905년 이후로는 일본의 시마네현 오키섬 지부의 관할권 내에 위치하고 있고, 이전에 한국이 독도에 대해 영유권을 주장한 사실에 대해서는 입증이 되지 않고 있기 때문에 미국은 한국의 제안에 동의할 수 없다고 밝혔다. 그 결과 샌프란시스코 평화조약에는 독도에 관한 언급이 없었다. 그러나 한국의 입장은 당시 외무장관에 의해서도 반복적으로 제기되었다.

독도를 평화조약의 조문 제2조(a)에 포함시켜야 한다는 한국의 제안에 대해 당시 미국의 덜레스 국무장관은 만약에 일본이 독도를 일본의 영토로 편입하기 전 독도가 한국의 영토였다는 것이 확실하다면, 한국의 영토에 대한 일본의 영토적 권리의 포기를 규정하는 평화조약의 관련 조문에 독도를 포함시키는 것은 특별한 문제가 될 수 없다는 답변을 개진하였다. 그러나 당시 미국 주재 한국대사관을 포함, 일본이 독도를 일본의 영토로 편입하기 전 독도가 한국의 영토였다는 사실을 증명하지 않았다. 결과적으로 미국 덜레스 국무장관의 한국의 독도영유권 문제에 대한 전향적인 재검토 의사 표시는 당시 미국 주재 한국 대사관 담당자의 무성의한 답변을 포함한 한국 측 관계 인사들의 독도문제에 대한 인식의 결여로 인해 한국의 독도에 대한 주권을 인정하는 문안이 첨부될 수 있는 기회를 한국 스스로 포기한 결과를 야기하였다고 볼 수 있다.

이러한 역사적 사실을 염두에 두고 대일본 독도문제 대응논리의 개발을 위해 식민주의에 대한 문제제기, 국문 및 영문 변론서 작성의 필요성, 일본의 영토 분쟁과 평화조약에서의 쿠릴섬과 센카쿠섬의 지위 강조, 한일 양국 간의 역사적 관계와 독도 분쟁과의 상관관계에 대한 정확한 인식을 가져야 한다. 특히 1905년 일본이 독도를 시마네현에 편입하였을 당시에 독도는 한국의 영토였다는 것을 반드시 증명해야 하는 입장에 있다는 것을 염두에 두어야 한다. 이를 인식하고 한일 양국 간의 역사적인 관계, 일본이 강조하는 1905년 독도의 일본 영토에의 편입은 그 이전인 1904년부터 시작된 일본이 한국을 식민지화하는 과정에서 이루어진 조치로서 이해되어야 한다는 점을 강조하여야 한다. 나아가 국제공법 소송의 중요성 인식 및 인적 자원의 개발이 이루어져야만 할 것이다(이석우, 제2차 세계대전, 평화조약, 그리고 독도의 국제법적 지위(2) 「내일을 여는 역사」 21, 서해문집, 2005. 가을호).

서도에 난 길과 해식대

[17] 한일회담 때 독도에 관한 어떤 밀담이 오고 갔는가?

5·16 군사혁명으로 집권한 박정희 정권은 한일국교 정상화를 위한 양국 간의 외교교섭을 서두르게 된다. 군사정권은 미국의 경제원조가 대폭 삭감된 상황에서 경제개발계획에 따른 대규모 투자재원을 확보하기 위해 일본자본을 끌어들이기로 결정하였다. 이를 위해 정부는 김종필 중앙정보부장을 일본에 파견하여 일본 오하라大平正芳 외상과 비밀회담을 갖도록 하였고, 마침내 1965년 2월 20일 한일기본조약이 가조인되었다. 한일국교정상화를 위한 한일회담 때 우리 측의 협상당사자였던 김종필당시 중앙정부부장이 1962년 11월13일 오히라 마사요시大平正芳 일본 외상과의 회담을 마치고 귀국길에 오르면서 기자들에게 "농담으로는 독도에서 금이 나오는 것도 아니고 갈매기 똥도 없으니 폭파해버리자고 말한 일이 있다"고 스스로 밝힌 바 있다. 최근 공개된

한일회담의 문서에 따르면 독도 폭파 망언의 진원지가 당초 알려진 것과는 달리 일본 측 대표단의 일원인 이세키 유지로 외무성 아세아 국장이 회담 중에 제기한 것으로 밝혀졌다.

이세키 국장이 1962년 9월3일 제6차 한일회담 제2차 정치회담 예비절충 4차 회의에서 "독도는 무가치한 섬이다. 크기는 히비야 공원 정도인데 폭발이라도 해서 없애버리면 문제가 없을 것이다"라고 말하면서 독도 폭파론이 불거졌다. 언론에서 이를 대서특필하지만 김종필도 사적에서 독도폭파론을 말하였을 것이니 그게 누가 먼저 끄집어내었는가 하는 것이 무슨 문제가 될까?

언론에선 관심없이 지난 것이지만 이번 한일회담의 문서 공개에서 무엇보다 주목되는 것은 1962년 2월 22일 김종필 중앙정보부장과 고사카 외상간의 회담 때 독도에 관한 언급이 일본에 의해 제기되었다는 사실이다. 이날 고사카는 "독도문제를 국제사법재판소에 제소하고 한국 측이 이에 응소할 것을 바란다"고 하였다. 이에 대해 김종필은 "하찮은 섬 문제를 일본이 심하게 생각할 필요가 없다. 일본의 희망을 박 의장에게 전달하겠다."고 한 것으로 알려졌다. 독도문제를 일본이 국제사법재판소로 가져가자는 제안이 제기된 시점이 1905년 2월 22일, 시마네현 고시에 의해 독도를 일본이 자국의 영토로 편입시킨 날이라는 점이다. 이것은 당시 일본이 작심하고 한일회담 때 이 날을 기해 독도문제를 끄집어 내려고 계획하였다는 점이다.

당시 김종필이나 회담에 임하는 우리나라 대표들이 이 날이 어떤 날이었는가를 기억한 사람이 있었을까? 기억하지 못했기 때문에 김종필은 '하찮은 섬 문제'로 치부하고 넘어가버렸을 것이다. 한일회담의 문서가 공개되면서 독도와 관련한 내용들을 언론들이 다루고 있지만

2월 22일이 일본이 독도를 불법적으로 자국의 영토로 확정한 날이고, '다케시마의 날'로 제정된 날짜임을 간과하고 있는 듯하다. 그만큼 우리는 일본에 뒤지고 있다. 이후 회담에서 독도 문제에 관해서는 다음과 같은 논의가 있었다는 것이 밝혀졌다.

■일본 중의원 외교위원회(62.3~7)

- (독도문제 해결을 정상화 조건으로 할 것인가의 질문에)

일본 외상은 독도문제가 해결되지 않는 한 국교정상화는 있을 수 없다고 답변

■최덕신 - 고사카 외상회담(제6차 한일회담 제1차 정치회담)

△ 외상회담 제1차 회의 회의록(62.3.12)

고사카 = 독도문제를 이 자리에서 토의해도 해결되지 않으리라 생각되므로 우선 여기서는 동 문제를 국제사법재판소와 같은 공정한 제3자에게 조정을 의뢰하는 것이 좋으리라고 생각한다.

최덕신 = 독도는 역사적으로나 국제법상으로나 아국의 영토기 때문에 여기서 논의될 성질의 것이 아니다.

고사카 = 양국이 제3자인 국제사법재판소에 이 문제를 쌍방 제소하든지 또는 일본이 제소하면 귀국이 응소한다는 형식으로 이 문제를 처리하자는 것이다. 현안이 해결되더라도 영토문제가 해결되지 않으면 국교정상화는 무의미한 것이다. 이 문제는 언젠가는 해결되어야 하며 이것 없이는 국교정상화도 진정한 것이 되지 못하므로 그것을 미연에 방지하자는 의미에서 재판소에 제소하자는 것이다.

최 = 고사카 외상은 이 문제가 해결되기 전에는 국교정상화를 해

도 무의미하다는 놀라운 말을 했는데 피차가 대국민적 긍지를 갖고 이 작은 섬에 대해 불필요하게 큰 관심을 갖지 않는 것이 좋다고 생각한다. 일본이 남의 수중에 있는 영토에 대해 왈가왈부하는 것은 납득하기 곤란하다. 정부가 응소한다면 국민에 대한 책임을 면치 못하고 중대한 과오를 지적당할 것이다.

■요시타 전 수상과의 면담내용 보고(62.8.2)

– 배의환 주일대사

– 요시타 = 한일 국교정상화를 위한 회담을 함에 있어서 법리론을 기준으로 하는 것은 불합리한 일인 줄 생각하며 전번 외상회담시에 고사카 외상이 독도문제를 제출한 것은 몰상식한 일이라고 생각한다. 국교를 정상화하기 위한 회담이라면 목표를 멀리 두고 대담하게 해결해야 한다.

■2차 정치회담 예비절충 제4차회의(62.9.3)

– 이세키 유지로 아세아국장 =사실상에 있어서 독도는 무가치한 섬이다. 크기는 히비야 공원 정도인데 폭발이라도 해서 없애버리면 문제가 없을 것이다.

최영택 참사관 = 회담도중에 이 문제를 내놓겠다는 말인가.

이세키 = 그렇다. 국제사법재판소에 제소하기로 하는 것을 정해야 하겠다.

최영택 = 국교정상화 후에 이 문제를 논의하는 것이 좋지 않은가. 일본의 곤란한 사정이 있듯이 한국도 사정이 있는 것인데 이 문제는 내놓지 않는 것이 좋겠다.

■김종필 부장 - 오히라 외상 회담 내용 보고(62.10.21)

△ 김 부장이 박 의장에게 보고한 사본 첨부

오히라 외상은 독도문제는 사회당의 정부 공격 자료로서 물고 늘어지는 난難 문제의 하나이기 때문에 일본이 제기한 국제사법재판소에 응소해주기 바란다고 한데 대해, 저는 그 것은 할 수 없다. 왜냐하면 독도문제는 회담초부터 한일회담과 관계 없었던 것을 일본 측에서 공연히 끄집어낸 문제이기 때문에 별 문제라고 본다. 그러므로 독도문제는 양국의 국교가 정상화된 후에 서서히 시간을 가지고 해결해 나가는 것이 현명한 줄로 안다. 그 것으로서 이야기는 끝났습니다. 그러나 제가 받은 인상으로서는 미국의 거중조정이 강력한 것으로서 일본으로서도 타결을 어느 정도 서두르고 있는 것이 감지됐습니다.

■ 김 부장 이케다 수상 회담(62.10.22)

△ 주일 특파원 기자회견

- 문 = 일지日紙에 의하면 부장이 독도문제의 국제사법재판소 제소 응소 고려 운운하는 보도가 있는데.

- 김종필 = 이 문제는 한일회담과는 관련이 없는 문제이며 국교정상화 후에 시간을 갖고 해결하자고 했다. 응소 고려 운운은 전혀 근거없다.

■김종필 부장 방일 중 내신 기자회견(62.11.10)

- 독도문제는 도중에 쓸데없이 끄집어내서 의구심만 커지게 한다. 국교정상화 후에 해도 방법이 있을 것이므로 뒤에 하는 것이 좋다.

국제재판소 응소를 말한 일이 없다. 오히라 외상이 희망한다고 말하였으나 나는 말한 바 없다. 도중에서 끌고 나와서 한국 국민에게 다시 들어온다는 기분을 주어 오해를 사게된다. 도대체 문제시할 점이 아니니 회담에서 토의할 것이 아니며 정상화 후에 하는 것이 좋다.

■김 부장 - 오히라 외상 제2차 회담록(62.11.13)

- 오히라 외상은 국제사법재판소에 일본이 제소하겠으니 한국측이 이에 응소할 것이라는 것을 국교정상화시에 약속하여 달라고 강력히 주장하였으며, 김 부장은 한일회담의 현안이 아니며 한국민의 감정을 경화시킬 뿐이라 하여 반대했음.

이에 오히라 외상은 본 문제의 해결이 중요함을 설명하고 다른 해결방안이 없겠는가라고 하였는 바, 김 부장이 제3국의 조정에 맡김이 어떻겠는가라고 시사함에, 오히라 외상은 생각해볼 만한 안이라고 하면서 제3국으로는 미국을 지적하고 연구해보겠다고 했음.(김부장의 의도는 국제사법재판소 제소를 위한 일측의 강력한 요구에 대하여 몸을 피하고 사실상 독도 문제를 미해결 상태로 유지하기 위한 작전상의 대안으로 시사한 것이라고 생각됨)

■김부장 활동보고(62.11.13)

= 기자회견(하네다공항 귀빈실)

- (독도문제 합의가 있었나) 합의하지 못했다. 일본은 국제사법재판소에 제소하겠다고 하는데 이 문제는 도중에 튀어나온 것으로서 회담과는 직접 관련이 없는 문제다. 이 문제를 국제사법재판소에 제소한다는 것은 공연히 국민감정을 자극하는 것으로 국교정상화 후에 시간을 두고 해결하면 된다.

(오늘 아침 신문에 독도문제는 제3국 조정에 맡긴다고 보도됐는데 사실인가) 아까 말한 바와 같다. 농담으로는 독도에서 금이 나오는 것도 아니고 갈매기똥도 없으니 폭파해버리자고 말한 일이 있다.

■본회의 개최를 위한 예비교섭최규하 본부대사 방일접촉 보고 및 본회의(63.6~64.3)

시마 외무차관, 독도문제 국제사법재판소 제소 문의에 대해 한국측은 독도는 한국 영토임에 틀림 없고 대공산계열과의 관계 등으로 보아 국제사법재판소에 응소하는게 불가능하다고 답변하였다.

일본 측은 독도 영유권에 대해 장차 결말을 지을 수 있는 방법만이라도 한국 측과 합의하자고 함. 아비트레이션 또는 조인트 유시지 usage 제안.

한국 측은 이에 당초 한일회담 의제에 없는 것을 일본이 다시 끄집어내는 것은 문제를 복잡화하는 것이라고 반박.

■독도문제 처리에 대한 일본측 공식제안 문서제목 없음(65.1.19)

- 주일대사 → 장관
- 분쟁해결에 대한 교환공문형식
- 교환공문 내용 = 한일간의 제 분쟁은 별도의 규정이 있는 경우를 제외하고는 외교교섭에 의해 해결하도록 한다. 외교교섭에 의해 해결하지 못한 분쟁은 양국이 합의하는 중재절차에 따라 해결하도록 한다.

독도문제에 관한 한 일본은 이후 줄곧 '국제사법재판소' 행을 주장하고 있다. 한국이 국제사법재판소 행을 동의한다는 것은 바로 한국이 독도영유권 주장을 부정한 것과 마찬가지로 보고, 바로 그 시점부터 일본은 재판에서 이겼다고 생각할 것이다. 설혹 패한다 하더라도 한국이 현실적으로 지금 독도를 실효지배를 하고 있는 상황에서 잃을 것은 아무 것도 없다. 국제사법재판소로 독도문제가 회부되면 독도는 분쟁지역으로 바뀌어 독도에 대한 한국의 실효지배가 재판소의 명령으로 불가능한 상황이 된다. 국제사법재판소행을 한국이 동의한다는 그것 자체가 현재 한국이 독도를 실효지배하고 있는 상황을 바꿔버리겠다는 의도가 깔려 있다는 것을 우리들은 얼마만큼 알고 있는지 의문이다. 한일회담 때 우리 측 대표가 제3국 조정안을 낸 것 그 자체도 마찬가지이다.

이것에 대해 국제사법재판소 제소를 위한 일측의 강력한 요구에 대하여 몸을 피하고 사실상 독도 문제를 미해결 상태로 유지하기 위한 작전상의 대안으로 시사한 것이라고 생각된다는 평가가 있지만 그것이 우리의 독도영유권을 훼손시키기는 마찬가지가 아닌가? 더욱이 한일회담 때 미국이 우리 측에 독도를 공동소유로 할 것을 제안하였다는 것을 생각할 때 우리는 무엇을 믿고 제3국 조정안을 내밀었는지 이해못할 노릇이다.

일본은 한국이 국제사법재판소행을 가지 않을 수 없게끔 만들기 위해 끊임없이 독도문제에 대한 도발을 감행할 것이다. 양국의 긴장이 고조되면 최악의 경우 본격적인 교전 상태로 돌입하지 않으리란 보장은 없다. 2003년 6월에 일본 국회가 통과시킨 유사법제는 상대국이 선제공격을 해오거나 상대국에 선제공격의 의도가 충분히 인정될 때 일본자위대는 무력공격을 할 수 있다는 내용이 담겨져 있다. 그들과

전쟁을 불사할 것인가? 국제분쟁을 피하면서 독도를 지키는 방법으로 우리가 택할 수 있는 방법은 무엇일까? 그것을 생각하면 세계를 상대로 지금부터 홍보활동에 나서지 않으면 안된다. 그 선봉에 서 있는 '반크' 등의 활동에 우리는 적극 지원하는 방법부터 모색해야 할 것이다.

[18] 독도의용수비대는 어떻게 조직되고 활약했던가?

1. 머리말

이 글은 1950년대 한국전쟁을 전후하여 우리의 영토인 독도를 수호하기 위하여 울릉도 주민이 주축이 되어 구성한 독도의용수비대의 활동과 독도의용수비대원의 현황에 관한 것이다.

독도의용수비대는 독도 수호를 위한 국가적인 대비가 제대로 이루어지지 않았던 해방에서부터 한국전쟁에 이르는 혼란한 시기에 주민들이 자발적으로 결성하였다. 독도의용수비대의 결성과 활동은 일본의 잦은 침탈로부터 독도를 지킴으로써 영토 수호, 민족적 자존심 함양, 울릉도 주민의 생활공간 수호라는 의미를 지니고 있다.

독도를 수호하는 것은 일제로부터 해방된 직후 우리의 주권을 완전

대한민국 땅임을 증명하는 영토표석

하게 되찾는 상징적 의미를 지니고 있었다. 그런데 미군정과 한국전쟁으로 혼란한 틈새에서 일본은 지속적으로 독도를 점유하려는 의지를 드러내고 있었다. 이런 상황에서 독도의용수비대의 결성은 일본의 의지를 불사시킴과 동시에 일제에게 빼앗겼던 우리의 모든 영토를 되찾음으로써 민족적 자존심을 함양하는 계기로 작용하였다. 또한 독도와 인근 해역은 오래전부터 그물어업과 채취어업이 성행해 온 어로활동에 매우 중요한 해역으로 울릉도 주민을 비롯한 동해안 어민들의 주요 생활공간이었다. 이처럼 소중한 의미를 지닌 독도에 대하여 체계적이고 국가적인 지원이 이루어지지 않는 어려운 상황에서도 민간의 의지로 독도를 수호한 독도의용수비대의 활동에 대한 역사적 의의를 되새기기 위함이 본고의 목적이다.

본고는 독도의용수비대의 활동과 현황을 중심으로 독도의용수비대에 관한 일반적인 사정을 살펴보고 있다. 독도의용수비대의 결성 당시 상황은 일본의 잦은 독도 침탈과 이에 대한 대응을 중심으로 살펴보고 있다. 이와 더불어 한국전쟁을 전후한 시기의 전투에서 부상한 상이용사들로 구성된 독도의용수비대의 2년 8개월여에 걸친 활동을 소개하고 있다.

독도의용수비대원과의 면담에 기초한 자료에서 독도의용수비대에

독도의용수비대

관한 기존의 보고와 다소 차이가 나는 점을 발견할 수 있었다. 이러한 차이점은 독도의용수비대를 결성한 시기와 일본의 순시선 등을 격퇴한 횟수 및 내용에서 찾아볼 수 있었다. 면담이 이루어진 두 전투지대장들은 독도의용수비대를 결성한 시기는 기존 문헌에 비하여 1년가량 늦은 1954년 4월이었고, 일본의 순시선을 격퇴하기 위하여 총격을 가하고 박격포를 발사한 것은 한번에 그쳤다고 제보하였다. 독도의용수비대의 결성시기와 일부 활동내용에서 기존 보고와 차이가 난다고 해서 독도의용수비대의 활동에 대한 역사적 의의가 손상되지는 않을 것이다.

2. 독도의용수비대의 결성과 활동

독도의용수비대는 해방과 한국전쟁을 거치면서 혼란했던 당시의 상황에서 우리의 영토를 수호하겠다는 울릉도 주민들의 의지에 의해서 결성되었다. 물론 우리 영토로서 독도를 수호한다는 의지는 울릉도 주민에 국한되었던 것이 아니라, 우리나라 국민 모두의 의지이기도 하였다. 일부 문헌에 나타난 자료를 중심으로 독도의용수비대의 결성 배경과 그 활동내용을 살펴보면 다음과 같다.

해방이후 미군정과 한국전쟁을 거치는 동안 독도는 우리 정부의 영향력이 크게 미치지 못하였다. 이런 상황에서 일본은 순시선, 정찰기, 어선 등을 통하여 독도를 정찰하고 상륙하는 등 독도 점유 의사를 표출하였다. 심지어 한국의 해녀들이 작업하고 있던 독도에 나타난 일본 순시선은 독도에 일본영토임을 알리는 팻말을 세우기도 하였다.

일본의 독도에 대한 점유 야욕은 외교적인 수단을 통해서도 표출되었다. 한국전쟁이 진행 중이었던 1952년 1월 18일에 이승만 대통령은 '대한민국 인접해양의 주권에 관한 대통령 선언' 을 발표함으로써 독도를 우리의 영토임을 분명히 하였다. 그러나 열흘 뒤에 일본정부는 대한민국 해양 주권내에 독도가 포함된 것을 거세게 항의하였다. 이에 대한민국 정부는 1952년 10월 24일 포획 심판령을 공포하여 대한민국 해양 주권 내에서 조업하는 일본어선에 대한 단속을 강화하였다. 그럼에도 불구하고 1953년 5월 28일 일본 시마네현 수산시험선에 동승한 일본인 6명이 독도에 불법 상륙 후 퇴거하는 등 독도를 둘러싼 한·일 양국간의 마찰이 이어졌다.

이러한 일본의 독도 점유를 위한 침탈 행위는 1953년 6월 이후에 집중적으로 전개되었다. 1953년 6월 27일 일본은 도근현청, 국립경찰 도근현 본부, 법무성 입국관리국 송강사무소 계원 등 30여명의 임검대를 조직하여 독도에 불법 상륙하였다. 이들은 독도에 일본령 표식 등 4개의 시설물을 설치하였다. 1953년 7월 12일에는 일본 순시선이 독도 근해에 접근하였는데, 이를 울릉도 주둔 경찰 선박이 총격으로 퇴거시킨 일도 발생하였다. 1953년 9월 17일에는 일본 수산시험장에 승선한 일본인이 독도에 불법 상륙하였다. 1953년 10월 23일에는 2척의 일본 해상보안청 순시선에 승선한 일본인이 독도에 불법 상륙하여, 독도의 산정상과 중턱 그리고 암초 등에 설치되어 있는 한국영토표식을 철거하고 일본영토 표식을 설치하였다.

이러한 일본의 독도 침탈행위에 대하여 대한민국 국회에서는 임시국회를 개최하여 '독도침해사건에 관한 대정부건의' 를 채택하고, 한국산악회를 현지조사차 독도에 파견하기로 결정하였다. 또한 국군을 독도에 주둔시키고자 하는 계획을 수립하였다. 그러나 당시 국군에 대한 작전 지휘권을 가진 UN군 사령관이 국군을 독도에 주둔하지 못하게 함으로써 성사되지 못하였다. 이 과정에서 울릉도 주민들은 독도와 인근해역에서 어로활동에 심각한 지장을 받는 등 생존권이 위협받는 상황에 이르렀다. 이에 울릉도 주민들의 생존권을 위한 대책 수립이 절실하였고, 이러한 의지는 독도의용수비대의 결성으로 이어졌다.

마침내 1954년 4월 25일 우리 영토인 독도를 수호하고 울릉도 주민의 생존권을 확보하기 위한 노력이 구체화되었다. 육군 특무상사 출신인 홍순칠씨가 주축이 되어 한국전쟁을 전후하여 군대에서 부상당한 상이용사들로 구성된 독도의용수비대가 결성되었다. 홍순칠 대장의 수기와 일부 대원들과의 면담을 통해서 이들이 독도의용수비대를 결성한 것은 개인적인 이익을 위해서가 아니라 나라를 지키겠다는 애국심과 의협심의 발로였다는 것을 알 수 있다. 실제로 이들이 독도의용수비대를 결성하여 활동할 당시 대원 대부분은 경제적으로 많은 어려움을 겪었다는 사실이 이를 뒷받침하고 있다.

독도의용수비대는 1954년 4월부터 1956년 12월까지 활동하였다. 이 기간 동안의 개괄적인 활동사항은 〈표 1〉과 같다.

3. 독도의용수비대원 현황

독도의용수비대를 결성할 때에는 20명 미만의 대원으로 구성되어 있었다. 그러나 해산할 당시에는 33명으로 증가하였으며, 당시 33명

〈표 1〉 독도의용수비대의 주요 활동

일자	주요내용
1954. 4.25	울릉도 주민 도민 결의대회, 독도자위대 결성하기로 함.
1954. 5.18	해양경찰대 독도 상륙. 태극기와 바위에 한국령 새김.
1954. 5.23	일본 해상보안청 순시선 'Tsugaru'호 독도 영해 침범. 인근 해상에서 바위에 새겨진 한국령 글씨와 태극기 게양 확인
1954. 5.24	일본국적 비행기, 암석에 새겨진 한국령 표시에 기관총 사격.
1954. 5.28 ~ 29	일본 수산고 실습선 선박에 승선하여 항의 후 퇴거조치
1954. 6.16	일본 해상보안청 순시선 'Tsugaur'호 독도영해침범. 이 선박에 일본 참의원 외무위원회 조사단 승선하여 독도조사 계획하였지만, 한국의 경비로 무위로 돌아감.
1954. 7.25	국회 해양주권 시찰단 동도에 시찰기념비 설치.
1954. 7.28	일본 순시선 2척 (나가라, 쿠주루호) 독도영해 침범. 서도의 북서쪽 동굴 앞에서 천막 설치중인 6명의 한국인 발견.
1954. 8.10	독도 등대 점등
1954. 8.23	일본 해상보안청 순시선 '오키호', 독도영해 침범. 서도의 해안동굴로부터 총격을 받고 퇴각.
1954. 8.27	독도와 울릉도간 무선 통신 개통
1954. 8.28	독도 동도에 독도경비초사 및 표시 제막
1954. 9.15	대한민국 우정국, 독도 우표 발행.
1954. 9.25	일본정부, 독도문제를 ICJ에 제소할 것을 제의함.
1954. 9. ~ 10	해군수로국 신응수 외 19명 독도 입도 후 기준점 및 수준 측량에 협조
1954. 10.2	일본 해상보안청 순시선, '오끼', '나라' 호 독도영해 침범. 목대포를 발견하고 위협을 느껴 돌아감.
1954. 11.10	김종원 경상북도 경찰국장 독도 위문 방문. 허학도 대원 강풍으로 추락 사망.
1954. 11.21	일본 해상보안청 순시선, '오끼', '헤쿠라' 호 독도영해침범. 5발의 포탄이 독도의용수비대에 의해 발사됨'
1955. 5.	독도 등대 개수.(7월 8일자로 개수 공사 완료)
1955. 7.19	일본 해상보안청 순시선 '헤쿠라' 호 독도영해침범.
1955. 8.16	일본 해상보안청 순시선 '헤쿠라' 호 독도영해 침범.
1955. 11.21	일본 해상보안청 순시선 3척 및 항공기 1대, 독도 영해 영공침범.
1956. 4.8	울릉경찰서, 독도의용수비대와 공동 경비업무 수행 시작.
1956. 5.29	해무청 시설국정 민한식, 독도등대 시찰위해 독도입도
1956. 12.30	독도의용수비대, 독도방위 업무 경찰에 완전 인수 인계.
1966. 4.12	홍순칠 대장 등 11명 대한민국 정부로부터 훈장 수여 받음.
1983. 7.25	독도의용수비대 창설 30주년 기념식. 생존대원 22명 참석.
1996. 9.6	홍순칠 대장 등 33명 대한민국 정부로부터 훈장수여 받음.

의 대원을 살펴보면 〈표 2〉와 같다.

초창기 독도의용수비대원은 한국전쟁을 전후하여 국군으로서 전투에 참여하였다가 부상당한 상이용사들로 구성되었다. 따라서 독도의용수비대원은 상당수가 상이군경회 울릉분회의 회원과 중복되어 있다. 초창기 울릉도 상이군경회의 회장을 역임한 하자진씨, 정원도씨, 김병열씨 등은 모두 독도의용수비대원으로 활동하였다. 상이군경회 울릉분회의 회원들은 대부분 1948년 대한민국 국군이 창설되기 이전 국방경비대 소속의 삼척에 주둔한 8연대에서 모병할 때 입대한 사람들이다. 당시 17명이 입대하여 한국전쟁을 겪으면서 4명이 전사하고 생존한 13명 가운데 김병렬씨, 정원도씨, 양봉준씨, 이상국씨, 정재덕씨, 한상용씨, 서기종씨 등 7명은 독도의용수비대에 가입하였다.

독도의용수비대원 가운데 독도에 머물렀던 전투대원을 싣고 울릉도와 독도를 왕복하는 것은 평소 친분이 있거나 독도의용수비대의 취지에 적극적으로 찬성하는 주민들이 담당하였다. 이처럼 전투지대에 소속되어 있지 않았더라도 물자보급, 수송 등 다양한 방식으로 독도의용수비대에 협조한 주민들도 나중에 독도의용수비대원에 포함되었다. 독도의용수비대의 편성은 대장, 부관, 2개의 전투지대, 후방지원대, 교육대, 보급대로 이루어졌다. 각종 문헌에 의하면 독도의용수비대는 예비대나 수송대가 교육대를 대신하여 편성된 것으로 나타나 있다.

독도의용수비대원 33명 가운데 2005년 8월말 현재까지 생존한 대원은 〈표 3〉에서와 같이 모두 12명이다. 생존한 대원 중에서 4명의 대원이 울릉도에 거주하고 있는데, 이들은 제 2전투지대장을 맡았던 정원도씨(77세), 제 2전투지대 대원이었던 이규현씨(80세), 교육대장

〈표 2〉 독도의용수비대의 구성

구분	성명	직책	생년	대원/유가족 주소
1	홍순칠	대장	1929년	경기도 구리시 교문동
2	황영문	부관	1933년	부산시 북구 화명동
3	서기종	1지대장	1929년	울산시 중구 남외동
4	김재두	대원	1931년	경북 울릉군 울릉읍 도동
5	최부업	대원	1931년	경북 포항시 남구 상도동
6	조상달	대원	1931년	경북 울릉군 울릉읍 도동
7	하자진	대원	1926년	경북 포항시 남구 송도동
8	김용근	대원	1929년	대전시 중구 용두동
9	김현수	대원		행방불명
10	이형우	대원	1931년	강원도 동해시 가문동
11	김장호	대원	1921년	경기도 성남시 중원구 성남동
12	양봉준	대원	1931년	경북 울릉군 울릉읍 도동
13	정원도	2지대장	1929년	경북 울릉군 울릉읍 도동
14	김영복	대원	1926년	경북 포항시 장성동
15	김수봉	대원	1930년	경북 포항시 남구 해도동
16	이상국	대원	1926년	경북 울릉군 울릉읍 도동
17	이규현	대원	1925년	경북 울릉군 울릉읍 도동
18	김경호	대원	1928년	경북 경주시 산내면 내칠리
19	허신도	대원	1931년	대구시 달서구 본리동
20	김영호	대원	1932년	경북 울릉군 울릉읍 도동
21	김병렬	후방지원대장	1930년	경북 울릉군 울릉읍 도동
22	정재덕	대원	1932년	경북 울릉군 서면 남양리
23	한상용	대원	1927년	경북 울릉군 울릉읍 도동
24	박영희	대원	1934년	경기도 구리시 교문동
25	유원식	교육대장	1930년	경북 울릉군 울릉읍 도동
26	오일환	대원	1930년	부산시 영도구 연선동
27	고성달	대원	1931년	서울시 동작구 흑석동
28	김인갑	보급대 주임	1924년	대구시 수성구 황금동
29	구용복	보좌	1921년	대구시 수성구 지산동
30	정이관	보급선장	1887년	경북 울릉군 울릉읍 도동
31	안학률	기관장	1914년	부산시 금정구 장전동
32	정현권	갑판장	1925년	경북 울릉군 울릉읍 저동
33	이필영	갑판원	1924년	경북 울릉군 울릉읍 도동

〈표 3〉 독도의용수비대원 현황

생존자	서기종, 최부업, 하자진, 이형우, 정원도, 김영복, 이규현, 김경호, 박영희, 유원식, 오일환, 이필영	12명
사망자	홍순칠, 황영문, 김재두, 조상달, 김용근, 김장호, 김수봉, 이상국, 허신도, 김영호, 정재덕, 한상용, 고성달, 김인갑, 구용복, 정이관, 안학률, 정현권, 양봉준, 김병렬	20명
미상	김현수	1명

이었던 유원식씨(76세) 그리고 보급대에서 갑판원을 맡았던 이필영씨(82세)이다. 제 1전투지대장을 맡았던 서기종씨는 울산광역시에 거주하고 있다. 울릉도 다음으로 많은 대원이 거주하는 곳은 울릉도에서 가장 가까운 곳에 위치한 경상북도 포항이다. 포항에는 전투지대원이었던 하자진씨(80세), 김영복씨(77세), 최부업씨(75세)가 거주하고 있다. 전투지대원이었던 김경호씨(78세)는 경상북도 경주시, 이형우씨(78세)는 강원도에 거주하고 있으며, 교육대원이었던 오일환씨(76세)는 부산광역시에 거주하고 있다. 홍대장의 부인인 박영희씨는 경기도에 거주하고 있다.

[19] 독도의용수비대원 서기종씨는 어떻게 살아왔는가?

본고 작성에 필요한 자료는 독도의용수비대원과의 면담과 기존의 문헌을 통해서 수집하였다. 문헌연구는 독도의용수비대의 대장이었던 홍순칠씨의 수기를 비롯하여 그동안 학계에서 독도의용수비대와 관련하여 발표된 자료를 활용하였다. 특히 독도의용수비대에 관한 자료는 창설50주년을 맞이하여 '독도수호대'가 주최한 기념식의 자료집에 의존하였다. 면담은 전투지대장을 역임한 서기종, 정원도 두 대원과 이루어졌다. 본고에서는 두 대원 가운데 현재 독도의용수비대동지회의 회장을 맡고 있는 서기종씨의 구술 내용을 중심으로 서술하였다. 면담은 2005년 7월에 서기종씨가 거주하고 있는 울산광역시와 정원도씨가 거주하고 있는 울릉도 저동에서 각각 이루어졌다.

1. 어린 시절

서기종徐基宗씨의 선친은 대구가 고향이며, 본관은 달성이고 달성 서씨를 구성하는 9개파 가운데 감찰공파에 속해 있다. 서기종씨의 조부가 일찍 돌아가셨기 때문에 막내였던 아버지는 생활에 어려움을 겪었다. 혼인을 하기 이전에 울릉도로 이주한 서기종씨의 부친은 울릉도 북면 본천부마을에 정착하여 농사일을 하면서 생활하였다. 서기종씨의 외가는 창원 노씨 집안인데, 외조부 때에 울릉도로 이주하였다. 울릉도에서 외가는 북면 석포에 정착하였으며, 서기종씨의 어머니는 울릉도에서 태어났다. 중매로 혼인하여 본천부마을에서 생활하던 서기종씨의 부모는 당시 농사로 가족의 생계를 이었다.

서기종씨는 1929년 4월 24일 울릉군 북면 본천부마을에서 태어났다. 본천부마을은 북면 소재지인 천부와 나리분지에 있는 나리마을 사이의 가파른 경사면에 위치하고 있다. 원래 울릉군 북면 지역에서 이주민들의 정착은 나리분지와 본천부마을 부근에서 먼저 이루어졌다. 울릉도로 이주하기 이전 육지에서 농사를 지으며 살았던 이주민들은 농사짓기에 유리한 곳을 찾아 정착하였다. 가파른 경사지가 발달한 울릉도에서 나리분지는 유일한 평지였기에 울릉도 개척 초기에는 수백 가구가 거주하였다.

울릉도 개척 초기에 농사는 감자, 보리, 옥수수재배에 집중하였다. 바위투성이인 경사면을 경작지로 이용하기 위하여 경지정리작업을 한 후에 감자→보리→옥수수→휴경→감자→보리→옥수수→휴경의 순으로 밭작물을 재배하였다. 즉, 봄에 감자를 심어 가을에 수확한 밭에 보리를 재배한다. 이듬해 봄에 보리를 수확하고 난 뒤에는 이어서 옥수수를 재배하여 가을에 수확한다. 옥수수를 수확한 밭은 이듬해 봄에 감자를 심을 때까지 농작물을 재배하지 않고 겨울을 넘겨 지질을 회복시키는 방식으로 농사를 하였다.

대부분의 농가에서는 소유한 밭을 둘로 구분하여 한쪽 밭에는 감자를 다른 쪽 밭에는 보리를 재배하는 방식으로 밭농사를 하였다. 따라서 농가마다 감자→보리→옥수수→휴경→감자→보리→옥수수→휴경의 순으로 농사를 짓는 밭과 보리→옥수수→휴경→감자→보리→옥수수→휴경→감자의 순으로 농사를 짓는 밭이 있었다. 이런 방식으로 밭농사를 지으면서 작물재배를 고르게 할 수 있었다. 서기종씨의 부모도 이런 방식으로 농사를 지었는데 감자, 옥수수, 보리와 같은 주요 작물 외에도 밀도 재배하였고 봄철에는 누에도 쳤다. 그러나 작황이 고르지 않아 어려움을 겪기도 하였다. 일기가 고르지 못하여 흉년이 들면 당시 대부분의 주민들처럼 명이나물에 옥수수를 조금 섞은 죽을 쑤어 온 가족이 연명하였다.

서기종씨는 4남 1녀 가운데 막내로 태어났다. 제일 위의 누나와 큰형은 이미 작고하였으며, 현재 86세인 둘째 형이 울릉도 북면 소재지인 천부에 거주하고 있다. 셋째 형은 청년시절에 만주로 돈벌러 간 이후에 소식이 끊어졌다. 서기종씨의 부친은 울릉도에 정착하여 낳은 자녀들의 장수와 평안을 기원하는 공을 자주 들였다. 서기종씨는 어렸을 적에 아버지가 본천부마을보다 꽤 높은 곳에 위치한 나리분지 부근에서 촛불을 켜고 공을 들이는 것을 자주 볼 수 있었다.

서기종씨가 어렸을 적에 천부에서 멀지 않은 석포에는 일본군이 주둔한 기지가 두 군데 있었다. 각각 일본의 해군과 육군이 이용하는 기지였는데, 서기종씨가 어릴 적 보았던 일본군은 두 가지 측면에서 영향을 주었다. 하나는 어릴 적 친구들과 일본군을 흉내 낸 병정놀이에 몰입하게 된 점이다. 다른 하나는 남의 나라 군대가 왜 울릉도에 거주하고 있는가에 대한 의문을 가지게 된 점이다. 이는 서기종씨로 하여금 나라의 독립에 대한 열정과 국가의 주권 수호에 대한 열의를 가지게 하였다.

천부국민학교에 입학하여 1년을 마치기도 전에 서기종씨 가족은 도동으로 이주하였다. 이주한 배경에는 셋째 형의 만주행과 관련되었다. 셋째 형은 18세 되던 해에 만주로 일자리를 구해 떠났다. 얼마 되지 않아 가족의 만주 이주를 권하면서 울릉도에서 만주로 향하는 여정에 관한 상세한 내용의 편지를 부쳐왔다. 이에 아버지는 가산을 정리하고 만주로 이주할 것을 결심하였다. 그런데 처음 형의 편지를 받은 그해 가을에 형으로부터 두 번째 편지가 왔다. 편지의 내용은 이전과는 정반대였으며, 혹독한 만주의 겨울생활을 버티기 어려울 것 같으니 가족의 만주 이주를 포기하라는 내용이었다. 그러나 얼마 되지 않는 밭과 집 등 가산을 이미 정리한 아버지는 가족을 데리고 도동으로 이주할 수밖에 없었다.

이렇게 도동으로 이주한 서기종씨 가족은 현재 독도박물관 부근에 정착하였다. 이곳에서 아버지는 막노동을 하여 가족의 생계를 이었다. 이후로 만주로 간 형의 소식은 지금까지 두절되었다. 도동에서 서기종씨는 도동국민학교로 전학하여 학업을 이었으며 도동에서 많은 일본인들을 볼 수 있었다. 당시 울릉도에 거주하던 일본인들은 나막신(게다)공장, 통조림공장, 금융기관 등을 운영하였던 것을 기억하고 있다. 해방을 전후하여 국민학교를 마친 서기종씨는 친구의 형인 김봉열씨가 운영하던 양복점에서 재단 일을 2년 동안 배웠다.

2. 군대시절

서기종씨는 1948년에 자원하여 입대하였다. 당시 10연대의 모병관이 울릉도에 와서 경비대에서 근무할 지원병을 모집하였다. 울릉도에서는 평생 군에서 복무하겠다는 각오와 신념을 가진 울릉도 거주 청년들이 지원하였다. 서기종씨도 제대나 그 이후의 생활에 대하여는 생각지도 않고 입대를 결정하였다. 어렸을 적부터 국토 수호에 대한 의지가 강하였던 서기종씨는 지원병 모집을 자신의 뜻을 펼칠 수 있는 좋은 기회라 생각하고 망설이지 않고 지원하였다.

육군 제 8여단은 동해안의 경비를 담당하고 있었으며, 강릉에서 훈련을 받은 서기종씨를 비롯한 울릉도에서 자원한 일행은 곧바로 예하부대로 배속되었다. 서기종씨는 당시 최전방이었던 3·8선 부근인 현 강원도 양양군 현남면 인구리에 있었던 부대에서 근무하였다. 약간 후방에 있었던 CP와 최전방인 OP에서의 근무를 반복하던 서기종씨는 6·25전쟁이 발발하기 전에는 먼발치에서 인민군과 농담을 주고받았던 것을 기억하고 있다.

인민군들은 최전방에서 근무하였던 한국의 경찰과 군인을 보고 '깜두 강생이' 와 '노랑 강생이' 라고 놀렸다. 당시 최전방에는 한국의 경찰관과 군인이 번갈이 근무를 하였는데, 경찰의 제복은 검정색이고 군인의 제복은 다소 밝은색을 띠고 있었던 것을 빗대어 각각 '까만 강아지' 와 '노랑 강아지' 로 불렀던 것이다. 서기종씨가 입대할 때에는 미군정하에서 창설된 조선국방경비대가 조직되어 있었다. 조선국방경비대는 1945년 8월15일에 정식으로 창설된 대한민국 육군에 소속되었다. 당시에는 군과 경찰의 역할이 뚜렷이 구분되지 않았다. 따라서 최전방에 경찰이 근무하기도 하였다. 곡식을 추수할 때가 되면 최전방에서 대치하던 남과 북의 군경은 서로간의 양해하에 농민들이 자유롭게 통행할 수 있게 하였다.

6·25전쟁이 발발하기 이전에 3·8선에서는 월남하는 사람들보다는 월북하는 사람이 많았다. 이는 당시 한국군 내부에 좌익 성향의 군인들이 많이 있었던 것과 무관하지 않았다. 해방 이후 잇따른 좌우익의 충돌과 좌익의 폭동으로 좌익계에 대한 검거가 진행됨에 따라 좌익 성향의 젊은이들이 군에 입대하여 검거를 피하고 있었다. 서기종씨는 당시 국방경비대의 한 군기병중대에서 중대원의 절반 이상이 좌익계였다는 이야기를 듣기도 하였다. 최전방에서 저녁 무렵 3·8선 부근을 깨끗이 비질해 놓았다가 새벽 무렵에 살펴보면 월북한 발자국을 자주 볼 수 있었다는 서기종씨의 증언이 당시의 사정을 잘 반영해 주고 있다.

6·25전쟁이 발발하던 때에는 팔로군 출신의 중대장이 서기종씨가 소속된 중대를 지휘하고 있었다. 1950년 6월 24일 자정 무렵부터 멀리서 대포소리가 들려왔으나 당시로서는 가끔 발생하는 일이라서 예사롭게 생각하였다. 그러나 새벽 다섯 시 경에 최전방 초소가 인민군에게 점령당했다는 보고가 들어 왔고, 이어 한 시간 후에는 인민군이 무수히 공격해 온다는 보고가 있었다. 실전 경험이 풍부한 중대장이었지만, 제대로 교전 한번 치루지 못하고 후방 부대가 위치한 주문진까지 후퇴하였다. 주문진에서 겨우 부대를 정비한 이후에 최초로 인민군과 교전을 벌였으나, 중과부적과 화력의 열세로 6월 26일에는 대관령으로 후퇴하였다. 6 · 25전쟁 발발 당시에 한 개 연대에 105㎜ 직사포 한 문 정도만 비치하고 있었던 국군에 비하여 인민군은 탱크 등 막강한 화력을 앞세워 물밀 듯이 밀려 왔다. 더욱이 전쟁 발발 하루

전날인 6월 24일에는 대부분의 장병이 휴가를 나간 상태라 전황은 악화되었다.

대관령에서 충청북도 제천과 경상북도 풍기를 거쳐 대구 근방까지 후퇴한 부대는 이후 팔공산과 포항전투에 참전하게 된다. 전황이 불리했던 당시에는 낙동강전선이 무너지면 대만으로 철수하는 것 외에는 별다른 방도가 없다는 소문이 나돌았다. 그 무렵 유엔군의 참전으로 전황은 반전되었다. 6·25전쟁의 반전은 맥아더장군에 의한 인천상륙작전으로 널리 알려져 있지만, 서기종씨는 이와 더불어 낙동강전투에서 그 계기를 찾고 있다. 팔공산전투가 한참이던 당시 서기종씨가 소속된 부대원 중 척후병들이 인민군 소좌를 생포한 적이 있다. 생포한 인민군 소좌를 통해 인민군 수 개 군단이 매복한 지점에 관한 정보를 확보하였고, 이어 B-29에 의한 대대적인 폭격이 이루어졌다. 이 폭격으로 인민군은 큰 타격을 받았다는 것을 폭격 이후 수색작업을 통해서 알 수 있었다. 약 2시간에 걸친 폭격이 끝나고 난 뒤에 폭격 지점을 순찰한 부대원들은 마치 원자폭탄을 투하한 것과 같은 참혹함을 느꼈다고 한다.

이후 부대는 영천으로 침투한 인민군 잔류 병력과 치열한 전투를 벌였고, 퇴각하는 인민군을 쫓아 북진하였다. 1950년 10월 1일 충청북도 제천 부근까지 올라가서 교전하던 중에 서기종씨는 흉부를 관통당하는 총상을 입었다. 다른 부상병들과 함께 제천에서 안동의 야전병원으로 후송되었는데 부상의 정도가 심각했던 서기종씨는 헬기로 후송되었다. 병원에서는 치료를 포기하고 서기종씨를 시체실로 옮겨놓았으나, 서기종씨와 같은 부대에 소속되었다가 부상을 당해 후송된 부상병들이 서기종씨의 진료를 강력히 요구하여 수술을 받게 되었다.

수술을 성공적으로 마치고 이틀을 혼수상태에 있던 서기종씨는 마침내 의식을 회복하여 생명을 건질 수 있었다.

야전병원에서 후방의 육군병원으로 후송된 서기종씨는 그곳에서 건강을 회복하여 부산에 있는 부대로 전속되었다. 그곳은 전쟁 중 부상당한 군인들이 퇴원하여 전역을 기다리며 머무는 곳이었다. 그곳에서 제대를 앞 둔 다른 군인들과는 달리 서기종씨는 원대 복귀를 희망하였고, 1951년 8월에 경상북도 풍기에 있던 2사단으로 전속되었다. 서기종씨는 이후 참전한 여러 전투 가운데 철원의 백마고지 전투를 가장 잘 기억하고 있다.

백마고지 전투는 6·25전쟁 중에서 가장 치열하게 교전을 벌였던 전투로서 수많은 사상자가 속출하였다. 한번은 울릉도에 있는 친구의 형이 입대하여 서기종씨 부대에 신병으로 배속된 일이 있었다. 친구의 형은 당시 상사로서 소대장을 맡고 있었던 서기종씨를 알아보고 후방부대로 전속해 줄 것을 요청하였다. 이에 서기종씨는 전투부대에 배속된 친구의 형이 기계를 다룬 경험이 있다는 것을 알고 후방에 있는 수송부대로 전속하는데 필요한 조치를 취해 주었다. 다음날 아침이면 후방으로 전속될 친구의 형은 그날 저녁에 전투 명령에 의하여 참전하였다가 큰 부상을 입었다. 현재 80세인 친구의 형은 울릉도 저동에 거주하고 있다. 요즘도 연락이 닿으면 긴박했던 당시의 상황을 회상하며 이야기를 나누고 있다.

마침내 휴전이 되고 이듬해인 1954년 8월 1일에 31연대 주임상사로 군대 생활을 마감하였다. 서기종씨는 여러 전투에서 위험한 고비를 넘기고 군대 생활을 마치게 된 것을 조상의 덕으로 간주하고 있다. 어렸을 적에 아버지가 나리분지 부근에서 촛불을 켜놓고 자녀들의 장수와 행복을 기원하며 공을 들인 덕분에 죽지 않고 귀향할 수 있었다고 여기고 있다. 제대하여 귀향할 당시 울릉도 주민들은 전쟁의 직접적인 피해는 받지 않았으나, 전쟁 기간 동안 육지와의 물자교역이 어려워 힘든 생활을 하고 있었다. 특히 식량부족이 심각하여 위험을 무릅쓰고 어선을 타고 동해안의 울진, 묵호 등지로 고기를 싣고 나가 곡식과 물물교환하며 부족한 식량을 보충하였다. 당시 울릉도에서 생산한 농산물은 울릉도에서 필요한 수요의 1/3 정도만 충당할 수 있었기에 식량을 비롯한 물자부족은 심각한 상황이었다. 이런 가운데 서기종씨는 제대 후 보름동안 대구의 큰 집을 방문하고 나서 8월 중순경에 울릉도에 도착하였다. 당시에는 입대 전에 배운 재단 일을 계속할 생각이었다.

3. 독도의용수비대시절

제대 이후 귀향한 서기종씨는 고향에서 할 일을 찾기도 전에 독도수비대 결성을 주도한 홍순칠씨를 만나게 되었다. 홍순칠 대장은 이보다 앞서 1954년 4월 20일에 독도를 일본의 영토라고 주장하며 독도 근해에서 어업권을 행사하던 일본에 대항하고 독도를 수호하기 위하여 독도의용수비대를 결성하였다. 당시 독도의용수비대원들은 서기종씨처럼 6·25전쟁에 참전했다가 전상을 입은 상이용사들이었다. 서기종씨는 흔쾌히 독도의용수비대에 가입하여 부대장 겸 제 1전대장을 맡았다.

서기종씨가 가입할 당시 독도의용수비대는 두 개의 전대에 모두 17

명의 대원으로 구성되어 있었다. 수비대 대장은 홍순칠, 부대장은 서기종, 제 1전대장은 서기종, 제 2전대장은 정원도가 맡았다. 각 전대는 전대장을 포함하여 8명의 대원으로 구성되었고, 번갈아 20일씩 독도에 머물렀다. 이들은 일본 경비정, 어선, 순시선의 독도 접근을 저지하는 데 우선적인 목적을 두었다. 처음에는 주로 깃발이나 수신호를 통해 이들의 접근을 저지하였다. 독도가 한국의 영토임을 표시하기 위하여 바위에 한국령韓國領을 새겨두었다. 그러나 중무장한 일본의 경비정을 상대하기 위해서는 독도의용수비대원의 무장이 급선무였다. 서기종씨를 비롯한 대원들은 무장할 필요성을 크게 느꼈고, 이에 홍대장이 평소 친분이 있었던 대구병무청의 직원을 찾아 지원을 요청하였다. 이렇게 하여 독도의용수비대는 가늠자 없는 81㎜ 박격포 1문과 20발의 박격포탄, 기관총 1정, M1 소총 10정, 칼빈소총 4정, 권총 2정, 수류탄 40발을 갖추게 되었다.

독도의용수비대 제 1전대를 맡은 서기종씨는 귀향하여 채 며칠도 지나지 않은 1954년 8월 20일에 전대원을 이끌고 독도로 향하였다. 당시에는 정식 대원이 아니였지만 나중에 독도의용수비대원에 포함된 이필영씨의 어선을 이용하여 8명의 대원이 열 서너 시간의 항해를 거쳐 독도를 구성하는 두 개의 큰 섬 가운데 하나인 서도에 상륙하였다. 이렇게 독도에 들어간 수비대원은 서도의 물골에 있는 동굴에서 교대근무할 때까지 20일간 생활하였다. 수비대원에게 필요한 식량은 홍순칠대장이 울릉군청에 요구하여 충당하였다. 홍대장의 6촌 형이며 당시 울릉군수였던 홍성국씨가 홍대장의 요청을 수용하여 군청에서 보관하고 있었던 구휼미를 수비대에 지원하였다. 1954년 8월에는 동도에 30여명이 생활할 수 있는 목조건물을 지었다. 건물을 건조하는

경비대 앞의 암각된 한국령

데 필요한 목재는 울릉군 서면에 있었던 홍대장의 큰집 소유의 임야에서 조달하였다. 벌목한 목재는 저동에 있는 제재소에서 건축용 목재로 가공하여 독도로 운반하였다.

수비대의 1개 전대가 독도에 갈 때마다 8명의 대원이 20일간 생활하는데 필요한 미곡 8말, 고추장과 된장 등의 양념류, 무와 파 등의 야채류와 담요를 가져갔다. 부식류는 별도로 가져가지 않고 독도에서 현지 조달할 수 있었던 어패류와 해조류를 이용하였다. 당시에는 어자원이 풍부하여 한번 주낙으로 낚으면 큰 양동이에 가득 잡을 수 있었다. 주로 팔뚝만한 우럭, 꺽저구, 노래기가 많이 잡혔으며, 수비대원 중에 이상국씨는 잠수에 능하여 작살로 고기를 잡기도 하였다. 미역과 다시마 등의 해조류와 울릉도에서 생부라고 하는 전복, 소라, 해삼 등의 패류도 풍부하여 부식 걱정은 하지 않았다.

그러나 일기가 고르지 못하면 선박의 왕래가 불가능하기 때문에 예정한 20일의 기일을 초과하여 독도에 머물렀다. 서기종씨의 기억에 의하면 일기가 고르지 못하여 45일간 독도에 머문 적도 있었다. 이렇게 예정일을 초과하여 독도에 머물게 되면 대원들뿐만 아니라 가족의 걱정이 크기 마련이었다. 대원들의 연령은 22세부터 29세까지 였으며, 당시 기혼자는 현재 80세로 경북 포항시에 거주하고 있는 하자진씨와 77세로 울릉도 저동에 거주하고 있는 정원도씨가 있었다. 서기종씨는 독도의용수비대에 종사하던 1955년 10월에 혼인하였다.

독도의용수비대원들이 독도에 거주하기 시작한 1954년에는 일본의 어선은 물론 정찰기, 경비정 등이 자주 출현하였다. 특히 일본 정찰기는 수시로 독도 상공에 나타나서 독도의 사정을 살폈다. 정찰기가 왔다 간 뒤에 일본측에서는 독도에 해적이 상륙해 있다고 여론화시키는 한편으로 한국 정부에 항의하였다. 이처럼 하루에도 여러 차례 나타나 저공비행하는 정찰기의 접근을 저지하기 위하여 수비대원들은 묘안을 짜내었다. 고사포부대 출신의 대원이 목재를 이용하여 모형 대포를 제작하여 설치하였다. 그럴듯하게 제작하여 위장해둠으로써 공중에서 내려다보면 마치 대공포를 배치해 둔 것으로 착각하기에 충분하였다. 어쨌든 이후로는 정찰기는 나타나지 않았다.

1954년 11월 21일은 독도의용수비대가 발포한 유일한 날이었다. 이날 천 톤급의 일본 함정 두 척이 독도의 남쪽과 북쪽에서 접근하였다. 평소와는 달리 규모가 큰 선박이 두 척이나 접근하자 수비대원들은 매우 당황하였다. 더욱이 수비대원들이 수신호와 깃발로 접근하지 말라는 신호를 계속해서 보냈지만, 일본 선박은 아무런 반응을 보이지 않고 독도를 향해 접근하였다. 두 척의 일본 선박 중에서 북쪽에 있었던 선박은 계속해서 섬을 향해 접근하고 있었다. 선박의 규모로 보아 중무장한 수많은 군인이 상륙할 것을 염려한 서기종씨는 대원들에게 전투준비 명령을 내렸다. 이에 모든 대원들은 기관총과 소총 등 각자의 무기를 가지고 지정된 위치에서 접근하는 선박을 향해 조준하며 전투태세를 갖추었다. 서기종씨는 가늠자가 없는 박격포를 접근하는 선박을 향해 겨누었다.

독도의용수비대원의 전투태세를 충분히 감지하였음에도 불구하고 일본 선박은 섬으로 접근하는 것을 멈추지 않았다. 일본 선박의 이러한 반응을 섬에 상륙하여 교전을 벌이려는 의도로 해석한 서기종씨는 섬에 상륙하기 이전에 선공을 통해서 적의 기세를 제압하는 하는 것이 최선이라고 판단하였다. 곧이어 발포 명령을 내렸고, 대원들은 접근하는 선박을 향하여 일제히 사격하였다. 처음에는 선박을 향하여 정조준 사격을 하지 않고, 선박 주변으로 위협사격을 하였다. 그러나 일본 선박은 수비대원들의 기관총과 소총의 발포에도 아무런 반응을 보이지 않고 계속해서 섬으로 접근하였다. 일본 선박이 독도의 400야드 정도까지 접근하자 서기종씨는 부대원들에게 정조준사격을 지시하고 자신은 박격포를 발사하였다. 가늠자가 없기 때문에 조준이 제대로 되지 않아서 박격포탄은 접근하는 선박으로부터 수십 미터씩 벗어났다. 한발 한발 포격을 가할 때마다 선박에 가까운 곳에 떨어지던 포탄은 급기야 다섯 발 째에 선박의 1m 후미에 떨어졌다. 그제 서야 접근하던 일본 선박은 뱃머리를 돌렸다.

서기종씨나 현재 생존한 대원들에 의하면 당시 일본 선박은 응사하지 않았다. 일방적으로 총격과 포격을 가했으나, 독도의용수비대원에게는 매우 긴박한 순간이었다. 보잘것없는 무기로 무장한 열 명도 되지 않는 병력에게 천 톤급의 일본 선박은 매우 벅찬 상대였기 때문이었다. 당시 일본 선박에서 응사하였거나 병력이 상륙하여 교전이 벌어졌다면, 독도의용수비대원은 전멸을 피할 수 없을 상황이었다. 나중에 일본측의 주장을 통해서 당시 일본 선박에 타고 있던 선원 수 명이 부상당하였음을 알게 되었다. 이 일로 일본측의 강력한 항의를 받은 한국 정부는 홍대장을 경무대로 불러들였다. 독도의용수비대원들은 이 일로 수비대를 해산하라는 명령을 받을 것을 염려하였으나, 경무대로 불려 간 홍대장은 오히려 격려를 받았다. 당시는 이승만 정권이 '이승만라인' 을 설정하고 독도 수호 의지를 강력히 천명하였기 때문이었다.

당시 전투에 참가했던 독도의용수비대원은 서기종, 정원도, 김영복. 김영호. 조상달, 최부업, 황영문, 김경호, 김수봉 등 9명이었다. 원래

독도수비대가 세운 푯말 한자로 '대한민국 경상북도 울릉군 독도'라고 새긴 팻말로 동도 선착장 부근에 있다.

는 8명이 한 전대를 구성하여 두 개의 전대가 교대로 독도에 머물렀으나, 형편에 따라 일정하게 교대가 이루어지지 못하는 경우도 있었기 때문이다. 개인적 사정으로 제 때 독도에 오지 못한 대원도 있고 반대로 독도에 예정보다 오래 머문 대원도 있었다. 이 일이 있은 이후로 독도에 접근하는 일본 선박은 크게 줄어들었다.

서기종씨는 독도의용수비대원으로 종사하던 1955년 음력 10월에 혼인을 하였다. 혼례 직전까지 독도에 머물렀던 서기종씨는 일기가 고르지 않아 배가 늦게 울릉도에 도착하는 바람에 초행길이 늦어졌다. 군에 입대하기 전에 돌아가신 아버지를 대신하여 중형을 상객으로 한 신랑측 일행은 신부가 있는 울릉군 서면 굴암(굴바우)으로 향하였다. 이날 풍랑이 심해 늦게 도착하였기 때문에 대례는 한 밤중에 시작되었다. 서기종씨의 처가는 고창 오씨 집안으로 중매를 통해 혼인하였다. 혼례를 치룰 때 처가가 있는 굴암마을에는 전기가 들어오기 이전이어서 사진을 찍지 못한 것을 아쉬워하고 있다. 혼례를 마치고 신랑매달기에 해당하는 '신랑우리기'를 한 뒤 삼 일후에 신부를 데리고 신행길에 올랐다. 시간이 흐를수록 서기종씨처럼 혼인하는 대원들이 늘어났으나, 대원들의 생활형편은 개선되지 못하였다. 남편들이 독도를 지키는데 전념하였기 때문에 별다른 수입이 없었기 때문이었다. 어려운 형편에 처한 독도의용수비대원들의 부인들은 생활비마련을 위하여 함께 일을 하게 되었으며, 가장 흔한 일거리는 오징어의 할복작업과 건조작업이었다. 이처럼 수비대원의 부인들은 힘을 합하여 오징어 작업과 땔감을 구해 파는 것으로 어렵게 살림살이를 이어갔다.

독도의용수비대는 1956년 12월 말경에 활동을 중지하고 독도 경비업무를 경찰에 인계하였다. 원래는 당해 12월 초순에 인계하려 하였으나, 독도의 경비를 담당할 경찰 인력의 수급이 원만하게 이루어지지 않아 늦어졌다. 당시에는 육지에 근무하던 경찰관이 울릉도에 발령이 나거나 독도에 근무하는 것을 반기지 않았다. 울릉도에 전속 명령을 받는 경찰관들 중에는 아예 사직서를 제출하는 사례가 빈번하였다. 이에 따라 경찰관의 독도 배치가 당초 예정보다 늦어졌으며, 급기야 기존 독도의용수비대원 중에서 일부를 경찰관으로 특채하여 독도에 근무하게 하였다. 이때 순사로 특채된 독도의용수비대원은 서기종, 정원도, 김영복, 김영호, 양봉준, 이규현, 이상국, 하자진, 황영문 등 9명의 대원이 있다. 새롭게 독도의 경비를 맡게 된 경찰은 육지에서 온 경사 2명을 조장으로 하여 6명의 경찰관과 기존 수비대원에서 순사로 특채된 9명이 조원으로 구성되었다. 이들은 2개조로 구분하여 교대로 독도에서 근무하였다.

경찰이 되어 울릉도와 독도에서 번갈아 근무하던 독도의용수비대원들은 업무와 관련하여 자주 난감한 상황에 처하게 되었다. 이들이 울릉도에서 근무를 할 때에는 일반 경찰과 마찬가지로 지역의 치안업무를 담당하였다. 그러다보니 주민들의 불법적 벌목, 도박, 폭행 등의 사건을 담당하게 되었고, 이 과정에서 평소 잘 알고 지내던 주민들을 검거하고 취조하는 일이 자주 발생하였다. 울릉도 주민들은 최근에 정착한 일부 사람들을 제외하면 대부분 1883년 개척령 이후에 육지에서 건너온 사람들의 후손들이다. 이들은 여러 세대동안 섬지역에 거주하면서 혈연관계, 인척관계는 물론 학교를 통한 교우관계, 직업을 통한 동료관계 등의 사회적 관계에 따른 복잡한 연망을 구성해 왔다. 따라서 울릉도 주민들은 한, 두사람 건너면 모르는 사람이 없을 정도로 서로의 사정에 밝은 편이다.

이처럼 잘 알고 있거나 잘 알만한 사람들을 검거하고 취조하는 것은 경찰로 특채된 의용수비대원들에게는 쉬운 일이 아니었다. 경찰로 특채된 의용수비대원 중에서 육지에 연고를 두었던 하자진, 황영문 두 대원과 치안업무와는 상관없이 경찰선을 타고 근무하였던 대원들은 이후에도 계속해서 경찰관으로 근무하였다. 그러나 독도 경비와 치안 업무를 번갈아 담당했던 서기종대원과 정원도대원은 경찰관이 된지 1년도 되지 않아 사직하였다.

4. 육지에서의 생활

독도의용수비대가 독도경비를 경찰에 인계한 이후 순사로 특채되어 1년가량 근무하였던 서기종씨는 이후 20년가량 울릉도에서 생활하였다. 육지로 나오기 전까지 노조일, 독도 미역 채취업 및 오징어 판매업 등을 하였다. 서기종씨는 도동에서 부두노조와 하역노조에서 간부로서 총무일을 담당하였다. 6, 7년간 노조일을 맡은 이후에는 수협에서 실시하는 독도에서의 미역채취를 낙찰하여 미역채취업에 종사하였다. 독도에는 미역 등의 해조류가 풍부하여 미역채취권을 따내면 1년간 해녀 수십명을 데리고 작업을 할 수 있었다.

당시 해녀들은 대부분 제주도에서 계절적 노동을 위하여 온 사람들이었다. 이들이 독도에서 미역을 채취할 동안에는 독도에 있는 서도의 자연동굴에서 기거하였다. 서도에 있는 자연동굴은 과거 독도의용수비대원이 동도에 막사로 사용할 목조건축물을 건조하기 이전에 숙소로 사용하였던 곳이었다. 독도미역채취업은 해녀 수십명의 수당,

숙식비용 및 제주도 왕복 교통비 등 많은 비용을 투자해야 하는 일이었다. 그러나 미역 채취에 따른 수입도 많았기 때문에 입찰의 경쟁률이 높은 편이었다.

미역채취는 한 해만 종사하였지만 당시로서는 큰 돈을 쥐게 된 서기종씨는 이후 오징어 판매업에 본격적으로 참여하게 되었다. 오징어 판매업은 주민들이 '시꼬미'라고 부르는 방식으로 이루어졌다. 이는 전주錢主가 오징어잡이 선장에게 오징어잡이에 필요한 기름, 식량 등 제반 비용을 선금으로 지급하는 대신에 잡아들인 오징어에 대한 판매권을 가지는 방식이다. 전주는 오징어를 육지에서 수산물을 취급하는 도매상에게 팔아 남긴 이익의 대부분을 소유하지만 그 중 일부는 오징어잡이에 종사한 어민들에게 수당으로 지급하였다. 선장은 자신의 자본을 들이지 않고 오징어잡이를 할 수 있기 때문에 조황이 좋지 못함에 따른 불안정한 상황에 대비할 수 있었다. 뿐만 아니라 자신들이 잡은 오징어가 많을수록 수입이 많아지기 때문에 비용을 지불하는 전주와 어민 모두에게 이익이 되는 방식이다.

그러나 이 사업은 전주들에게 사업실패의 위험을 수반하기도 하였다. 결국 서기종씨도 이 사업에 종사한 지 3년 만에 실패하여 울릉도를 떠나 육지로 갈 것을 결심하게 되었다. 사업에 실패한 원인은 오징어잡이 선장이 비용을 지불한 전주를 속이고 불성실하게 의무를 수행하였기 때문이다. 당시에는 선장이 어획한 오징어의 전량을 전주에게 주지 않고, 일부 어획량을 육지에 있는 판매상과 거래하는 일이 자주 발생하였다. 이럴 경우 오징어잡이에 나선 선장과 선원들의 수입은 더욱 많아지기 때문에 합의하여 직접 어로에 나서지 않는 전주를 속였던 것이다. 이들은 일기가 좋은 날에는 육지까지 항해하여 판매상과 직접거래를 하다가 일기가 좋지 않은 날에는 울릉도의 전주에게 조업한 오징어를 넘겼다. 이로 인하여 오징어 판매업에 종사하던 전주들은 사업에 실패하기 쉬웠다.

오징어 판매 사업에 실패한 서기종씨는 울릉도에서의 생활을 정리하고 1970년대 후반부터 경상북도 경주에서 새로운 생활을 시작하였다. 당시 서기종씨의 세 아들 가운데 장남과 차남은 이미 육지에서 직장에 다니거나 취직을 준비하고 있었으며, 막내아들만 울릉도에서 고등학교를 다니고 있었다. 당시 처가가 경주에 있었기 때문에 경주에 정착하였다. 처음 1년 동안 서기종씨는 철도공사현장에서 막노동을 하였다. 처가는 현재 불국사역에 인접한 경주온천관광호텔 뒤편에 위치하고 있었다. 막노동을 그만 둔 서기종씨는 처가가 있는 마을에서 젖소를 키우기 시작하였다. 주로 호주산과 캐나다산 젖소를 수입하여 키웠는데, 이후 8년가량 소 키우는 일에 전념하였다.

그러나 경주가 관광지였고, 더욱이 우사의 인근에 호텔이 위치하고 있었기 때문에 소를 키우는데 많은 어려움이 따랐다. 호텔과 이웃 주민들이 우사에서 나오는 오염원과 냄새로 자주 불만을 표시하였고, 행정당국에서도 관광환경조성에 악영향을 미친다고 우사의 철거를 권하였다. 이에 따라 서기종씨는 불국사 입구에 있었던 우사를 철거하고 경주시의 보다 외곽지에 위치한 입실에 우사를 건립하였다. 그런데 너무 많은 소를 수입한 정부의 정책으로 소파동이 야기되는 바람에 4년 만에 농장을 정리하고 울산에서 생활하던 둘째 아들 집으로 옮겼다. 당시 서기종씨의 둘째 아들은 울산에서 우유 대리점을 운영하고 있었다. 이후로는 아들내외가 하는 우유 대리점일을 도우면서 줄곧 울산시 동구 대송동에서 생활해 왔다. 최근에는 몸이 불편한 부인과 함께 따로 방을 얻어 울산시 중구 남외동에 거주하고 있다.

5. 독도의용수비대 동지회

독도의용수비대원들은 수비대를 창설할 당시에는 해방직후 좌익무장세력 토벌작전 수행과 한국전쟁 중에 부상을 입은 상이군인들로 구성되었다. 앞서 살펴본 것과 마찬가지로 처음에 이들 상이군인 17명으로 구성된 독도의용수비대는 이후 민간인을 비롯한 독도의용수비대의 활동에 협력한 사람들을 포함하여 33명이 되었다. 현재까지 살아있는 12명의 대원은 70대 후반부터 80대 초반에 이르는 고령자들이다. 10년 전까지만 해도 절반 이상의 대원이 생존해 있었다. 1996년에 발간된 문헌에는 절반이 넘는 18명이, 그리고 1998년에 발간된 문헌에 의하면 16명이 생존해 있었다.

처음에는 국가로부터 별다른 지원을 받지 않은 채 활동을 전개한 독도의용수비대는 2년 8개월 만에 활동을 중지하였다. 독도의용수비대가 하던 일을 국가에서 인계한 것이다. 국가에서도 독도의용수비대의 활동을 높이 평가하여 그동안 두 차례 포장하였다. 독도의용수비대원들은 1966년에 방위포장을 받았으며, 1993년에는 국가유공자로 인정되었다. 1996년에는 생존자를 중심으로 독도의용수비대동지회를 결성하였다.

동지회는 생존대원인 정회원과 동지회의 발전과 활동에 공이 있는 명예회원으로 구성되어 있다. 독도의용수비대동지회는 그동안 세 차례의 정관 개정을 거치면서 2004년 9월의 제 3차 개정안을 회칙으로

독도의용수비대원 서기종씨

정하였다. 이들은 독도의용수비대의 활동과 의의를 계승하고, 독도를 홍보하는 동시에 회원간의 친목도모와 복리증진을 위하여 동지회를 결성하였다. 이들은 또한 독도의용수비대를 선양하는 사업 외에도 다양한 사업을 실시할 계획을 세웠다. 영토수호, 조국통일, 국가발전을 위한 사업을 비롯하여 회원의 복리 증진과 친목 도모를 위한 사업과 독도 홍보를 위한 사업을 동지회의 사업으로 정하였다.

동지회의 총회는 매년 5월에 개최되는 정기총회와 필요시 회장이 소집할 수 있는 임시총회로 구성되어 있다. 그런데 요즘에는 매년 9월에 정기총회를 개최하고 있다. 총회는 울릉도에 거주하는 회원과 육지에 거주하는 회원이 비교적 쉽게 모일 수 있는 포항에서 개최하고 있다. 동지회원들이 고령인 점을 고려하여 동지회에서 구상하는 사업들은 독도수호대와 관계하여 진행하고 있다.

동지회에서 구상하는 사업 중에서 가장 우선적으로 여기는 것은 국가로부터 아무런 혜택을 받지 못하는 수비대원의 유가족을 위한 사업이다. 황영문, 허신도, 이상국, 김재두, 김수봉 대원은 모두 상이군인으로 국가유공자에 해당되면서도 이들에 대한 연금 등 각종 혜택이 법으로 결정되기 이전에 사망하였기 때문에 제외된 것이다. 서기종씨는 같은 뜻을 위해 함께 고생한 대원들 중에서 혜택을 받지 못하는 대원의 유가족을 대할 때마다 안타까운 마음이 앞선다고 밝혔으며, 이런 심정은 모든 생존대원이 함께 느끼고 있다.

독도등대

■자료

독도의용수비대동지회 정관

1996. 5. 29 제정
1998. 4. 15 1차개정
2001. 5. 10 2차개정
2004. 9. 5 3차개정(총 17조, 부칙 1조로 구성)

독도의용수비대동지회 정관 및 회칙

제 1 조 (명칭)
이 모임의 명칭은 독도의용수비대동지회라 하고, 이하 본 회라 칭한다.
제 2 조 (목적)
본회는 일본의 침략으로부터 독도를 지켜낸 독도의용수비대의 역사적 의의와 활동을 계승하여 독도를 지키고 알리는 활동을 하고, 회원 상호간의 친목과 복리증진을 위한 활동을 한다.
제 3 조 (사업)
1. 영토수호, 조국통일, 국가발전을 위한 사업을 한다.
2. 독도와 독도사랑정신을 널리 알리는 사업을 한다.
3. 독도의용수비대의 업적을 기리고 선양하는 사업을 한다.
4. 회원의 복리후생 증진과 회원 친목을 위한 사업을 한다.
제 4 조 (회원의 구성)
1. 회원은 독도의용수비대 생존대원으로 하며 총회의 의결을 거친다.
2. 명예회원은 본 회의 발전과 활동에 공이 있는 자로 한다.
제 5 조 (권리와 의무)
1. 회원은 선거권, 피선거권, 의결권이 있다.
2. 회원은 본회에서 실시하는 각종행사에 참여하는 권리가 있다.
3. 회원은 회칙이 정하는 목적에 찬동하며, 결정된 사항은 충실히 수행해야 한다.
제 6 조 (사무소)
본 회의 효율적인 운영을 위해 사무소를 경상북도 울릉군 또는 타 지역에 둘 수 있다.
제 7 조 (임원의 구성 및 선출)
1. 본 회의 임원은 회장 1명, 부회장 2명, 총무 1명으로 구성한다.
2. 회장과 부회장은 무기명투표와 최다득표자 당선을 원칙으로 한다.
3. 총무는 회장과 부회장이 협의 지명하고, 총회의 의결을 거친다.
4. 임원은 '임원회' 의 주체가 된다.

제 9 조 (임원의 임기)
1. 본 회 임원의 임기는 2년으로 하며 연임할 수 있다.
2. 결원으로 보선된 임원은 전임자의 잔여 임기까지로 한다.
제 10 조 (총회)
1. 총회는 정기총회와 임시총회로 한다.
2. 정기총회는 매년 5월중에 개최한다.
3. 임시총회는 임원회의에서 필요하다고 인정할 때 회장이 소집한다.
4. 임원회의는 임시총회를 대신할 수 있다.
제 11 조 (총회의 기능 및 의결)
1. 정기총회는 임원선출, 예·결산 관련사항, 회칙변경 등 본 회의 업무전반을 의결한다.
2. 회원 과반수이상 출석과 출석회원 과반수이상 찬성으로 의결한다.
제 12 조 (회비)
본회의 목적에 맞는 사업을 추진하거나 상호부조를 위하여 회비를 징수 할 수 있다.
제 13 조 (상호부조)
회원 및 배우자의 흉사시 금 ○ 돈 상당의 현금을 지급한다.
제 14 조 (자금관리)
1. 본 회의 일반적경비의 운용은 임원회의 지출결의에 따른다.
2. 자금은 총무가 관리하며 회장의 승인을 거친다.
제 15 조 (상벌)
1. 본 회의 목적사업 수행과 본회 발전을 위하여 공헌한 회원에게 포상할 수 있다.
2. 포상은 임원회의 의결을 거친다.
3. 본회의 명예 및 품위를 훼손 또는 실추시켰을 경우 제명할 수 있으며 총회에서 의결한다.
제 16 조 (해산)
1. 본 회를 해산할 경우 총회의 의결을 거친다.
2. 해산절차는 해산위원회를 구성하여 처리한다.
3. 해산위원회는 해산절차등을 규정한 해산안을 총회에 제출하고, 총회의 결정에 따라 집행한다.
제 17 조 (기타)
회칙에 정하지 아니한 사항은 총회의 결의와 일반적인 민주적 절차에 따른다.

동도 초소 가는 길

[20] 독도는 한국 어민의 생활사에 왜 중요한가?

이 글은 한국 어민이 독도를 어떻게 사회·문화적, 경제적 공간으로 인지하고 이곳을 근간으로 생활하여왔는지를 살펴보는데 그 목적이 있다. 지금까지 독도에 한국어민의 생활문화가 어떻게 형성, 적층되어왔는지에 대한 논급은 거의 없는 듯하다. 아마도 이러한 경향은 독도를 무인도로 간주하여 삶의 흔적이 없는 물리적 공간으로 파악하는 잘못된 인식태도에서 비롯되었다고 여겨진다.

주지하다시피 100년 동안 일본의 일부 정치인들은 독도에 대한 허구적 역사를 구성하고 이를 통해 잘못된 역사를 정당한 역사로 전환시키고자 하였다. 필자는 이러한 입장과 전략에 대해 한국정부가 일본의 독도정책에 대처해온 과정을 나타내주는 외교관계사를 나열하기보다 한국어민이 독도에 대해 어떻게 주체적 공간으로 인식하고 문화적 실천을 해왔는지를 검토하려고 한다. 왜냐하면 외교적 담론과 수사로 점철된 서류를 들추어내어 그 진실을 규명하는 일도 중요하지만 실효적 점유를 한 문화사적 증거를 단적으로 보여주는 한국어민의 독도생활사를 제시하는 것이 바람직한 양국의 미래를 위해 그 의미가 크다고 생각하였기 때문이다.

전술한 입장에서 필자는 정치사보다 독도와 관련된 한국어민의 생활사를 통해 독도가 어떻게 그들에게 자리매김하여왔는지에 대해 초점을 맞추려고 한다. 그들은 자신이 살고 있는 울릉도나 동해안의 지역사, 한·일관계사, 그리고 세계사의 흐름과 함께 호흡하면서 이에 대응하여 우리의 강역관을 문화적, 정치적 차원에서 실천해온 주체들이다. 또한 그들은 독도에 대해 한·일 양국사이에 중층·복합된 역사와 그 전개과정에서 진실된 역사적 사실이 무엇인지를 말할 수 있는 살아있는 증인들이기 때문이다. 그들은 독도 문화사를 보존하고 있는 이들이자 전달자로서의 역할을 해왔다. 예를 들면 "한국어민들이 독도 주변경관과 바위모양, 바다 밑의 지형, 해조류, 서식 어류 등을 인식하고 이용, 점유하면서 살아왔던 생활사를 간직하고 있는 사실"이 이를 증명하는 것이다. 이러한 입장에서 보면 독도는 무주지가 아니다.

특히 울릉도 어민들은 울릉도와 독도의 관계를 '모자관계'로서 인식하고 이곳을 터전으로 어업생활을 영위하여왔다. 이러한 역사는 그들로 하여금 독도의 자연경관과 환경, 어로작업과 관련된 민속용어, 범주 및 분류방식을 독특한 방식으로 창출하도록 하였다. 즉 한국 어민들은 독도와 관련하여 그들의 역사·문화적, 경제적 경험을 통해 나름대로의 논리와 의미를 가진 민속문화를 창출하였다고 할 수 있다. 그들이 독도의 자연환경을 인지하는 태도나 지식은 한국민속문화의

하위문화임을 반영하고 있다. 예컨대 독도에 대한 방위관, 바람과 조류 등의 분류, 그리고 어업권의 실천방식 등은 한국어민이 이 섬을 기반으로 사회·문화공간을 구성하는 방식을 나타내주는 것이다. 이것은 한국어민들이 독도를 기반으로 한 민속지식을 구승口承을 통해 개념화하고 전승하는 과정에서 형성된 결과라 할 수 있다. 이러한 현상은 독도가 한국어민에 의해 실천된 어업생활의 권역이기 때문에 가능한 것이다.

[21] 한국 어민들은 독도를 맨처음 어떻게 찾아갔었나?

독도 연근해에서 조업하고 있는 이들은 주문진·묵호·삼척 등지에서 출항한 어민들과 울릉도 어민들이다. 특히 울릉도 어민들이 가장 많이 출어하고 있음은 주지의 사실이다. 과거에 울릉어민들은 독도를 어떻게 찾아 갔을까? 그들이 독도를 바라보고 출발하는 지점은 도동의 행남살구남, 촛발이다. 김성도씨에 의하면 행남 등대가 있는 곳은 평지이지만 맑은 날 독도가 환히 보일 때가 있다고 하며, "청명한 날 독도를 보고 나가고 울릉도를 보고 들어온다"고 하였다. 이러한 얘기는 날씨가 아주 좋은 가을날 독도가 물위에 전반사되어 일어나는 현상으로서 충분히 가능한 일이라 사료된다. 앞으로 독도시달거리에 대한 일본학자들의 지리학적 접근에 대해 우리는 다른 지면을 통해 비판적 논의를 할 예정이다. 울릉도 선주민과 개척민, 그리고 현재 어민들은 도동의 행남에서 동쪽으로 가면 독도에 도착할 수 있다는 것을 모두 알고 있었다. 특히 현재 울릉도에서 독도를 눈으로 확인할 수 있는 곳은 도동 약수탕, 독도 박물관 뒤편의 보루산, 성인봉 올라가는 데 있는 팔각정, 저동 내수전, 북면 석포 등이다. 독도를 바라볼 수 있는 구역은 행남에서 북면 석포동에 이른다. 도동 주민들에 의하면 현재 독도박물관 뒤편에서 독도를 볼 수 있는 일수는 일 년에 약 60일 정도라 한다. 특히 10월에는 가시거리가 명확하여 가장 독도를 잘 볼 수 있는 때라 한다.

그러면 울릉어민들은 눈에 보이는 독도를 가기 위해 어떻게 하였을까? 어민들은 전통적으로 패철을 사용하거나 별을 이용해서 독도의 방향을 파악하였다. 패철을 사용할 때에는 행남을 중심으로 하여 90도에서 110도 방향을 설정하고서 항해하였다. 조류가 정상이고 바람이 독도 쪽으로 불 때 103도로 가면 도착할 수 있었다. 각도에서 다소 차이가 나는 것은 독도의 방향을 인지함에 있어서 개인별 차이가 있기 때문이다. 각도의 범위는 파도나 조류, 바람의 속도 등을 감안해서 그 방향과 위치를 정한다. 파도가 세면 출항을 하지 못하나 바람이 잘 불고 유속이 좋으면 빨리 갈 수 있었다. 엄경수 옹(74세)은 독도가 패철상 105도에 위치하고 있으나 103도 방향으로 갔었다 한다. 왜냐하면 조류의 유속에 의해 배가 조금씩 밀려나기 때문이다. 그는 이러한 점을 고려하지 않으면 독도에 도착할 수 없었다고 한다. 특히 8월에서 12월까지 조류는 북쪽에서 남쪽으로 흐르는 반면에 겨울철에는 동지나해에서 북으로 흐르기 때문에 이러한 점을 염두에 두고 독도에 접근하였다.

자료 제보자들은 약 30년 전까지 패철을 이용하기도 하였지만 이것에만 의존해서 독도를 찾아가기에는 어려운 일이 많이 발생하였다 한다. 변화가 심한 바람과 조류 등으로 인해 그 방향과 위치를 판단하는데 문제가 야기되었던 것이다. 그리하여 그들은 천체항해天體航海를 중요시 하였다. 독도로 갈 때에는 새벽에 삼태성이 떠오르는 것을 보고 다녔다. 삼태성이 독도 근방에서 떠오르기 시작하는 시각까지 약 6시간 동안에 약 2시간 간격으로 별을 관찰하였다. 항상 몇 시쯤 어느 별이 어느 위치에 있는지를 파악하였다. 또한 독도에서 울릉도로 올 때에는 북두칠성을 보고 오기도 하였다. 북극성은 한 자리에 고정되어 있지만 북두칠성은 돌기 때문에 북두칠성이 어느 위치에 있을 때 독도에서 울릉도로 오면 된다는 것을 알았다. 몇 시에 어느 별이 어떻게 떠오르면 어느 방향으로 가야한다는 것을 알았다. 현재 60세에서 80세 전후 울릉도 어민들은 독도를 가는데 있어서 천체항해를 한 경험들을 가지고 있다. 그들은 북두칠성과 삼태성, 바람과 조류의 방향을 측정하여 독도에 도착하였다.

그런가하면 낮이라도 안개나 구름으로 인해 독도를 찾지 못할 수가 있는 데 이때에 그들은 삼각항해법三角航海法을 적용한다. 어느 시간 내에 독도에 도착해야함에도 불구하고 그렇지 못할 경우, 먼저 항해시간, 조류속도 등을 감안하여 자신의 배 위치를 파악한다. 그런 다음에 파악된 위치에서 30분가량 오른 쪽으로 항해하여 목적지가 있는지를 확인한다. 그래도 보이지 않으면 반대편인 왼쪽 직선방향으로 한 시간 가량 항해한다. 그 다음에도 목적지가 보이지 않으면 두세 번 이러한 방법을 반복한다. 만약 독도가 보이지 않으면 울릉도로 회항한다. 방향을 잘못 설정하여 울릉도를 찾지 못할 경우 동쪽 방향을 향해 곧장 나아간다. 그렇게 하면 강원도, 그 어디에 도착할 수 있기 때문이

다. 도착한 다음, 그들은 어선에 필요한 연료를 준비하고서 다시 울릉도로 귀항한다. 1960년대 이전, 어민들이 독도나 울릉도를 찾지 못한 경우는 간혹 일어나는 일이기도 하였다.

그밖에 그들은 갈매기가 나르는 것을 보고 섬에 근접하였는지 아닌지를 확인하였다. 갈매기는 섬이나 '짬' 고기가 나는 바위 근처를 많이 날기 때문에 육지로 부터의 거리를 짐작하는 데 필요한 새이다. 독도 부근에는 갈매기가 많이 서식하기 때문에 어민들은 그 소리를 듣고 독도에 근접하였는지를 파악하기도 하였다.

[22] 독도에서만 일컫는 재미있는 바람의 의미는?

독도에 부는 바람은 다양하다. 동쪽에서 부는 바람은 '동새'이다. 동새가 불 때 파도는 곱다. 북동풍은 '정새', 북동쪽과 동쪽 사이에서 부는 바람은 '인감풍', 북쪽에서 부는 바람은 '북새' 또는 '북청풍'이라 한다. 북새때 파도는 별로 좋지 않다.

서쪽에서 부는 바람을 '댕갈', 북서풍을 '청풍', 북서쪽과 서쪽 사이에 부는 바람은 '댕갈청풍'이라 한다. 이 바람들은 두 방향에서 바람이 섞여서 들어오는 특징이 있다. 댕갈청풍은 건조한 바람이다. "댕갈청풍은 사람의 간도 마르게 한다"고 할 만큼 습기가 적은 바람을 일컫는다. 청풍은 대개 겨울에 주로 부나 봄에 불기도 한다. 이 바람이 불 때에는 고기가 제법 잡히기 시작한다고 한다.

남쪽에서 부는 바람은 '정갈바람', 남서쪽에서 부는 바람은 '갈바람'

이다. 여름에 갈바람이 불면 고기가 안 잡힌다고 한다. 간혹 여름에 샛바람이 불기도 한다. 그리고 남동쪽에서 부는 바람을 '처진갈바람', 동쪽과 남동쪽 사이에 부는 바람을 '울진'이라 하였다. '처지다'라는 말은 저기압일 때 부는 바람을 말한다. 또한 다른 쪽에서 부는 바람을 일컫기도 한다. 주민들은 별로 좋지 않는 바람으로 간주하기도 한다.

어민들은 저기압일 때 해 옆에는 마치 달꽃과 같은 모양을 띄는 구름이 있는데 이것을 저기압이 통과하는 징표로 파악한다. 달꽃이 있고 난 뒤 3-4일 뒤에 구름이 흩어지면서 세찬 바람이 온다고 한다. 동남방향에서 불어오는 급풍을 '왁새'라 부르기도 한다. 울진과 왁새는 해롭다고 여겨지는 바람의 일종이다. 댕갈과 갈바람은 들어 올 때 급풍으로 들어오는 데 울릉도의 동쪽지역에 큰 피해를 주기도 한다. 울릉도에서는 서남풍이 가장 좋다. 어민들은 독도를 갈 때 서쪽바람을 탄다. 남서쪽에서 바람이 불 때 고기가 많이 잡힌다. 해롭지 않은 바람이라 생각한다.

특히 독도의 겨울에는 북서풍, 즉 샛바람이 부는데 바람결이 순하다. 이 바람은 4~5개월 정도 분다. 독도 주변에는 바람의 변화가 심하다. 독도의 면적이 넓지 않기 때문에 바람이 불면 작업을 할 수 없다. 앞에서 언급한 바람이외에도 '오방풍'이란 것이 있다. 남풍이 불고 난 다음 서풍, 북풍, 동풍, 남풍으로 부는 바람이다. 즉 다섯 방향에서 모두 돌아 불 때 오방풍이라 한다. 독도에는 오방풍이 분다. 바람은 시계침이 도는 방향과는 반대로 분다. 독도는 바람을 막아 주는 역할을 한다.

독도에는 '달물'이라 하여 비가 온 뒤에는 물에 '달꽃'이 핀다. 독도의 앞바다가 아주 고요한 할 때는 태풍이 불기 전야와 같은 때이다. 5m이상 태풍이 불 때에는 벌레가 기어 온다. 바람이 불어오고 있다는 징표이다. 흔히들 어민들은 태풍을 '갈바람에서 샛바람으로 돌아가면서 때리는 바람' 으로 오방풍의 일종이라고도 한다. 독도 근방에는 바람이 센데 이때 파도가 높다. 독도 쪽에서 댕갈이 불 때 울릉도에서는 항해를 하지 않는다. 특히 북풍이 불면 못 간다. 파도가 잔잔할 때 간다. 이러한 바람도 지역별로 조금씩 다르게 부른다. 천부에서는 '북쪽바람' 을 '맞바람' 이라 한다. 통구미에서는 남풍을 '맞바람' 이라 한다. 맞바람이란 마주친다고 부친 바람명이다. 독도에서 울릉도로 들어오는 바람을 독도 맞바람이라 칭하기도 한다.

[23] 독도의 해저어장을 어민들은 어떻게 알았을까?

어민들은 독도에서 휴어기를 맞기도 하지만 4계절별로 어로작업을 한다. 1월에서 4월까지 전복, 소라를 채취하고 뽈락을 잡는다. 4월말경에 미역채취를 주로 한다. 해조류는 바위에 부착되어 있는데 특히 미역의 경우 전마선을 타고 가서 수경과 낫으로 채취한다. 김이나 해태는 파도가 치는 곳에 자라는데 손으로 채취한다. 6월에는 꺽두구를 잡고 7월 중·하순부터 12월까지 오징어와 문어를 잡는다. 1년 총 작업일은 바람과 기상조건에 따라 다르지만 대체로 120일에서 150일 정도가 된다.

울릉도 어민들은 이러한 해조류를 채취하는 장소 이외에 해저바위에 고기가 서식하여 어장이 형성되는 곳을 '걸'이라 한다. 걸이란 바다 밑에 있는 산으로서 흔히들 '물방구물바위가 생긴 모양'이라 한다.

이곳에는 고기가 집중적으로 모인다. 줄을 바다 속에 넣어 보아 그 깊이를 재어 보면 대체로 동쪽은 높고 서쪽은 낮은 지형을 이루고 있다고 한다.

독도주변에는 완만하고도 넓은 해저지형이 있어서 좋은 걸을 형성하고 있다. 걸은 고기가 주로 노는 곳으로 해도상 수심 5백~1천m, 1천m~5백m 정도의 어장으로 표기 되어 있는 곳이다. 독도의 주변 해양공간에 뻗어 있는 걸의 길이는 약 2천 5백m정도 된다. 이러한 곳의 해저에는 큰 바위가 있어서 걸을 형성하여 좋은 어장을 이루고 있다. 또한 이러한 곳에는 한류와 난류가 교차하여 고기가 집중적으로 모이기도 한다.

어민들은 이러한 걸을 파악하기 위해 다음과 같은 민속어업기술을 적용하였다. 그들은 해양공간에 대해 윗대로부부터 구승口承을 통해 알

물고기떼

수중동굴

고 있던 민속지식과 경험을 이용하여 독도 어로공간의 위치를 정확하게 파악하였다. 어민들은 이를 흔히 "독도를 중심으로 산가름늠한다"고 한다. 흔히 바다에서 자신이 타고 있는 배와 걸이 어디에 위치하고 있는지를 파악하기란 매우 어렵다. 그 위치를 파악하기 위해 배와 섬의 산, 지형, 지물 등을 그 기준으로 삼는다. 먼저 동도와 서도의 산 모양을 보고 배위치를 결정한다. 어민들은 이러한 요소들과 배의 위치를 고려하여 걸에 도착하였는지 아닌지를 안다. 특히 독도와 가까운 앞바다에서 보아 동도와 서도의 산 모퉁이가 거의 일치된 위치에 배가 근접한 곳이 걸을 형성하는데 여기에 많은 고기가 서식한다. 동도와 서도의 양 산이 한 뼘 또는 두 뼘 정도의 차이가 나는 곳까지 배로 근접해야 정확한 위치를 정할 수 있다.

대개 물깊이는 낚시줄로 30발한발은 두 팔을 펴서 낚시줄을 잰 길이에 해당에서

60발 정도이다. 울릉어민들은 어로작업시 낚시줄을 넣어 그 깊이를 파악하는 관습이 있다. 어떠한 이들은 선수와 선미를 산의 정점과 일치시키는 산 가름법을 적용하기도 한다. 걸의 규모가 작더라도 숙련된 경험에 의해서 파악할 수 있다. 대개 어민들은 걸을 찾을 줄 아나 고기가 가장 많이 서식하는 걸을 잘 찾는 사람이 따로 있기도 하다. 걸에 따라 어족이 다르게 형성된다. 어민들은 도동에서 독도에 어느 정도 근접한 다음 자신의 배위치를 파악하고 그 다음에 걸에 대한 기점을 잡고 어로작업을 한다. 낚시선에서 줄을 내려 걸의 수심이 깊은 곳과 얕은 곳을 파악한다.

몇몇 어민들은 독도 주변의 걸을 파악하기 위해서 산두렁을 먼저 보기도 한다. 산의 모양, 돌의 모양, 산의 색깔 등을 고려한다. 독도의 산봉우리를 1봉, 2봉, 3봉 등으로 나누고 그 봉과 자신이 위치한 물밑의 바위가 어떠한 형태로 있는 지를 먼저 고려해야 한다. 즉 물밑 지형이 우묵하다든가 크다든가하는 형태를 파악해야 하는데 그것은 고기가 이러한 해저지형에 따라 가기 때문이다. 흔히들 망망대해에서는 어디에다 그물을 놓을 지 잘 모른다. 그래서 어민들은 독도를 기점으로 산가름을 해서 그물을 놓는다. 배의 위치는 물 흐르는 속도에 따라서 다르다. 독도주변에는 계절마다 물이 흐르는 속도가 다르다.

어민들에 의하면 독도 주변에는 걸이 넓어서 "섬 덩어리 옆에 버스리(반석)가 늘려 있다"고 한다. 독도 주변은 8노트의 속도를 내는 배로 1시간 내지 1시간 30분 정도 소요되는 거리의 구역내에는 이러한 걸로 형성되어 있다. 김성도씨에 의하면 이러한 걸에서 수확이 좋을 때에는 수입이 하루에 2,000만원이 넘을 때가 있었다고 한다. 이곳을 황금어장이라고 하는 이유도 여기에 있다.

독도 자체에는 물골걸, 가재바위걸 등으로 구성되어 있다. 가재바위란 물개가 많이 있던 곳이었고, 우륵, 뽈락, 문어 등이 많이 잡힌다. 주위바다보다 심해여서 게나 새우는 100m 이하에서 자란다. 김성도씨에 의하면 독도의 걸이 가재바위 앞 500m지점에서 2km까지("물골 앞 걸"), 그리고 서도에서 남동방향으로 10마일 해상까지 뻗혀 있다. 독도의 북동쪽과 남동쪽은 걸이 매우 크다. 남동방향은 '사이스 걸' 이라 하는데 여기에는 황열기가 난다. 진해바위에는 꺽두구 새끼, 엘에스티 바위에는 해삼·소라가, 삼형제굴에는 천초·해삼·전복이 난다. 고양이바위에는 미역·김이, 그리고 천장굴에는 소라·전복이 나고, 추발('매바리')에는 우륵·뽈락이 잡힌다. 동끼바위는 모래뻘로서 서쪽은 깊고20m-30m 동쪽은 얕다. 이러한 독도의 걸에서는 대개 1월에서 4월까지 우륵, 흑돔, 노래미, 새치, 뽈낙, 가자미, 광어 등이 잡힌다.

옛날 울릉도 어민들은 고기를 잡기위해 목그물과 광그물을 사용하였다. 요즈음 어민들은 나일론 그물을 사용한다. 해조류는 낫·수경을 사용하여 채취한다. 그들은 오징어를 낚시나 로울러 낚시로, 그리고 뽈락은 삼중망, 이중망을 사용하여 잡았다. 이러한 고기이외에도 독도 전 지역에는 미역이 자라고 있다. 1970년대에 미역바위를 도동어촌계에서 임대하여 작업을 하는데 이러한 작업을 위해 해녀가 25명에서 30명, 남자가 10여명 정도 같이 작업을 하였다.

독도에서 생활하고 있는 김성도씨는 해산물 채취를 위해 1970년에서 1984년 사이 독도에서 주거조업을 하였다고 한다. 김씨에 비해 최종덕씨는 1954년경부터 독도에 거주하였다고 한다. 김성도씨는 1967년 내지 1968경에 독도에 입도하였다. 당시 그는 부엌 1칸, 방 1칸으로 된 집을 함석으로 지었다. 최종덕씨는 고인이 되었지만 그의 사위

서도와 삼형제굴 바위

조준기씨현재 동해 거주와 김성도씨가 거주하였다. 이들은 당시에 6~8개월씩 독도에서 거주어업을 하였다. 당시에 전마선 6~7척이 문어잡이를 하기도 하였다고 한다, 각 배에는 선장 1명, 호스를 잡고 산소를 공급하는 주낙기 1명, 잠수부('머구리') 2명, 기관장 1명 등 약 5명이 한 팀이 되었다. 요즈음에는 하루 당일치기로 어업을 한다. 김성도씨는 독도어업권을 7년 전에 도동어촌계에 넘겼다고 한다. 현재 도동어촌계에서 어업권을 행사하고 있다. 어촌계에서는 고기를 잡으면 경비와 수수료를 제하고 나머지 수입을 공동 분배한다. 2004년, 독도 마을 및 협동양식어장에서 생산된 수산동식물의 생산실적을 보면 전복 66.5kg5,246 천원, 11,349kg1,1343 천원, 10,372kg129,937천원, 1,012kg5,052

〈표 1〉도동어촌계 어업생산실적(2004년)

(단위: kg, 천원)

구분	어촌계열		총계		수산동물												수산식물					
					소계		전복		소라		해삼		문어				소계		미역		김	
			수량	금액	수량	금액	수량	금액	수량	금액	수량	금액	수량	금액			수량	금액	수량	금액	수량	금액
총계			122,887.7	1,182,755	108,4487	1,108,455	873.2	178,255	55,880	300,960	50,076	621,011	1,619.5	8,229			14,440	74,300	13,250	47,500	1,190	26,800
울릉읍	소계		37,684.2	427,659.0	37,684.2	427,659	211.2	116,652	21,743	112,341	14,705	193.549	1,025	5,117			0.0	0.0	0.0	0.0	0.0	0.0
	도동어촌계	계	24,774.9	218,085	24,774.9	218,085	729	5,869	13,135	68,705	10,542	138,394	1,025	5,117			0	0	0	0	0	0
		도동	1,981.4	18,916.0	1,981.4	18,916	6.4	623	1,792	9,771	170	8,457	13	65			0	0	0	0	0	0
		독도	22,793.5	199,169.0	22,793.5	199,169	66.5	5,246	11,343	58,934	10,372	129,937	1,012	5,052			0	0	0	0	0	0
	신흥어촌계		12,909.3	209,574.0	12,909.3	209,574	138.3	110,783	8,608	43,636	4,163	55,155	0	0			0	0	0	0	0	0

천원이다(2004년 울릉군 통계자료 참조).

그밖에 독도에서 고기가 나는 때와 조류의 종류는 긴밀한 관계를 가진다. 독도에는 바닷물 종류가 다르게 들어오는 시기가 있는데 어민들은 '이카시때', '똥물때', '해파리물 때' 등으로 물때의 특징을 구분한다. 이카시때는 청물이 들어 온 것을 의미한다. 이때에는 물의 색깔이 시퍼렇고 수온이 차게 느껴진다. 똥물때는 더러운 물이 들어 온 것을 말한다. 해파리물때는 새끼해파리가 바다에 떠다녀서 물밑이 컴컴한 경우이다. 이러한 세 가지 물때가 들어올 때에는 고기가 잘 잡히지 않는다. 고기가 잡힐 때는 물이 맑을 때이다. 바닷물의 빠르기가 강물보다 빠른데 독도 앞은 더욱 빠르다. 섬이기 때문이다. 독도에 접안시키지 못하는 경우도 있다.

해류는 울릉도에서 독도 쪽으로 흐른다. 유속이 빨라서 반대방향으로 가기 힘들다. 각 위치마다 세게 흐른다. 조류가 섬에서 바다쪽으로 빠질 때 이것을 '맏물' 밑쪽으로 빠지는 물이라 한다. 자료 제보자들에 의하면 울릉도에서 독도로 맏물이 많이 간다고 한다. 독도에서는 서쪽방향으로 흐르는 '선물' 이 있다. 이때 조류의 유속이 빨라서 노를 저어서 올 수 없는 경우가 많다. 배의 기관이 고장나면 일본 쪽으로 밀려간다. 독도에서 나침반을 두고 보면 조류가 어디로 흐른다는 것을 알 수 있다. 시앙(물풍)이 있어서 물이 어디로 흐른다는 것을 알 수 있다. 물과 배가 같이 내려간다. 배가 조류를 따라 30마일씩 떠내려가기도 한다. 김성도씨는 1960년대 중반 1.5t 되는 전마선7마력으로 독도까지 약 11시간이 걸렸다 한다.

[24] 독도에 살았던 한국인들은 누구인가?

독도리에 살아있는 증인 김성도씨는 “독도는 나의 고향이며 30년 이상 살았던 내 집이다. 독도는 고요하고 좋다”고 한다. 40년 전에 해녀들은 6, 7, 8월 동안 독도에서 살았었다고 한다.

독도 근해에 고기를 잡으러 갈 때에는 음력설을 쇠고 간다. 1월에서 4월 사이에는 전복, 소라, 뿔낙을 잡았다. 해조류를 채취할 경우, 1월에는 김을 채취하고 4월에 미역을 채취하였다. 5월에는 별다른 작업을 하지 않고 6월에서 12월까지 꺽두구, 울릉도 오징어, 문어 등을 잡는다. 고기를 잡지 않을 때에는 김을 채취하는 작업을 한다. 바람과 기상조건 때문에 섬에 들어가면 한 달 이상 머무를 수밖에 없다. 쌀, 라면, 김치, 파, 무, 된장, 고추장, 간장, 식초 등을 가지고 들어간다. 잡은 고기는 회를 해서 먹고 문어를 반찬해서 먹는다. 독도 근해에는 오징어잡이를 하고 1마일 내외에서는 낚시를 한다. 독도 전 해역에 미역이 산재해 있다.

독도근해에서 오징어 잡는 일을 "독도발이"라 한다. 한치나 사탕오징어는 독도의 물끌식수나는 자리앞에서 많이 잡힌다. 천장굴 주변에도 한치가 많이 잡힌다. 독도주위의 전 수역이 황금어장이다.

도동어촌계원들이 독도에 어로작업을 하러 갈 때에는 작업인부를 데리고 간다. 조업을 하러 갈 때 5명 정도가 되며 그들의 역할이 구분되어 있다. '머구리'잠수부, '밥을 준비 하는 이', '사공', 그리고 물속에 들어가서 '물질하는 이' 등이 있다. "물질하는 이를 하늘 두껍데기 쓰고 들어 가는 이"죽을 수 있는 일을 하는 사람이라는 의미라고 한다. 선장은 항해를 담당하고 주낙기는 산소호스를 들어주고 망태기가 올라오는 것을 들어 올리는 역할을 한다. 머구리를 수부장이라고도 한다. 신호하는 줄은 농약 산포기와 같은 줄인데 한 번 치면 망태기가 가득되었다는 신호이고, 두 번 치면 당기라는 신호이다. 계속 이어서 치면 물밑이 깊다든지, 산소가 모자라는 상태를 알리는 신호이다. 독도주변에 물질하는 해녀는 약 20여명이 된다.

김성도씨는 주거어업을 하기 위해 7~8개월 동안 2~3명이 거주하면서 작업을 하였다. 10월에 들어가서 다음해 6월과 7월에 나온다. 어촌계의 작업은 4월말에 그만 두는 데 고기의 산란기이기 때문이다. 4인이 함께 가서 먹고 살기 위해서는 자신의 배와 식량, 된장, 고추장 등이 필요하다고 한다. 어촌계에서는 1995년부터 하루 동안 조업해서 돌아오는 '당일바리'를 한다. 5월은 고기가 별로 잡히지 않는 달이라 한다. 20년 전에 독도 근해에는 참새우, 보리새우철갑새우가 많이 났었다고 한다.

[25] 독도어장의 고기잡이는 어떻게 이루어졌나?

독도에 대해서는 현행법상 공동어로작업의 주체인 어촌계가 마을어업권을 행사하여 공동관리와 운영을 하고 있다도동어촌계 정관 참조. 어업공동체가 존립하기 위한 물질적 기초는 무엇보다도 어장의 공동체적 점취총유와 공동경영이며, 어장이란 배타 독점적 지배가 가능한 연안의 암벽이라고 한다. 이점은 도동어촌계의 경우에도 동일한 의미를 가진다. 밀어자密魚者나 스쿠버 다이버가 이 구역에 허가없이 들어가서 몰래 문어나 해조류 등의 수산물을 채취할 때는 수산물을 빼앗고 입어할 수 없도록 한다. 마을어업장에 생산되는 수산물에 대해서는 어촌계원이 공동작업, 공동분배를 하기 때문에 비록 어촌계에 소속된 계원이라도 개인이 어장에 나는 수산동식물을 채취, 포획할 수 없다. 공동작업은 어촌계원 중 작업선을 탄 계원만이 작업할 수 있다.

독도어장은 두 구역으로 나누어지는 데 마을어업구역으로서 수심 7m 이내와 협동양식업구역으로서 평균 수심 7m에서 15m까지이다. 독도에서 나는 패류, 해조류, 정착성 수산동물에 대해 도동어촌계에서는 이를 관리하고 포획, 채취할 수 있다. 그리고 협동양식어업구역에 어촌계원들은 해삼에 대한 양식어업을 하고 있다. 그러나 전복은 그 종자를 뿌려도 빠른 유속으로 인해 양식이 되지 않고 있다.

특징적인 점은 도동어촌계원들이 마을양식과 협동양식의 법적 권역을 반드시 구분하지 않고 있다는 것이다. 어촌계원들이 두 어업권역에 대한 분화된 관념을 가지고 있지 않다고 할 수 있다. 법적으로 이러한 권역을 수심에 따라 정한 것을 해안선의 어느 기점을 중심으로 7m와 15m로 구분하는 계원도 있다.

독도는 도동어촌계의 어장구역 중 일부이다. 면허어업에 속하기 때문에 독도 어장에 대한 어업권 행사를 위한 행정적 절차를 거쳐서 신고가 완료되어야 법적인 권한을 부여받을 수 있다. 과거에는 도동에 사는 이들은 누구나 어촌계원이 되고자 희망하면 계원이 되었다. 그러나 1990년 이후부터 연간 75만원의 출자액을 내고, 60일 이상 조업을 하여야 자격을 취득할 수 있게 되었다(1998년 김성도씨와의 대담). 그리고 해양경찰대 어선명단에 등록을 하고 확인된 사실을 수협에 전달한 다음 이사회 결정이 있어야 조합원이 될 수 있다. 즉 지구별 수협의 조합원인 동시에 법인 또는 비법인 어촌계의 계원이 된다. 배를 팔거나 조업을 할 수 없어서 탈퇴하면 출자액은 환불을 받는다.

도동어촌계에서는 독도의 어장구역에서 잠수선으로 작업을 한다. 잠수업을 하는 이들은 전북, 소라, 해삼 등을 관리·채취한다.

김성도씨는 7-8년 전에 미역바위를 임대받아서 채취작업을 하였으나 요즈음에는 문어만을 잡는다. 그는 김이나 해초를 채취하는 것으로는 수입이 안 된다고 한다. 미역은 많지만 돈이 안되는 이유가 독도산 미역을 별로 알아주지 않기 때문이다. 입찰하는데 1,000만원 정도 한다. 어촌계원이라도 아무나 작업하지 못한다.

물개바위쪽에서 바라본 서도 탕건봉과 장군바위가 보인다.

촛대바위와 해경함정

[26] 옛 지도에서 우산국과 독도는 어떻게 나타나 있는가?

가) 지도상에 표현된 두 섬의 명칭과 위치

울릉도·우산도의 두 섬과 그를 둘러싼 바다는 삼국시대에서 신라통일시대를 지나 고려시대에 이르기까지 최전방의 군사기지로서 기능하였다. 즉, 삼국시대는 신라와 고구려 및 동예東濊의 각축장으로, 또 신라통일시대는 서라벌에서 원산만까지 군사·군수물자의 수송로로, 고려시대는 여진, 몽고, 왜구 등의 외세에 대한 군사적 요충지로 각각 그 역할을 담당하여 왔다. 이러한 교통 및 국방상의 중요성으로 인해, 그 연안지역에는 많은 사원이 창·중건되어 왕성한 불교문화의 발전을 이룩할 수 있었다. 특히, 울릉도와 우산도의 두 섬은 신라에서 고려시대에 이르기까지 해상활동의 요충지로서 매우 중요한 의미를 지니고 있었으며, 그 곳에 살았던 사람들은 왕성한 해상활동을 전개하여 왔던 것이다. 이 부분과 관련하여 더욱 폭 넓은 이해를 위해서 울릉도·우산도의 두 섬을 비롯한 동해문화권의 관련 지도를 조사·종합하여 이 지역민들이 살아온 터전과 생활 그리고 그 변천 양상을 살펴보기로 한다.

아래 〈표 1〉의 ①~㉙는 울릉도·우산도의 두 섬이 나타나 있는 지도 중에서 제작시기가 비교적 오래된 16세기부터 19세기에 이르기까지, 그 사이에 제작된 지도를 임의로 선택하여 대략 연대순으로 나열해 놓은 것이다.

〈표 1〉 울릉도·우산도의 위치에 관한 지도

번호	지도명	揭載所	제작		島名·위치	적요
			연도	크기		
①	八道總圖(東覽圖)	嶺「10」	16C 후반	26.0×34.6	于山島·울릉도	木版本(加彩), 「新增東國輿地勝覽」의 附圖.
②	江原道	嶺「12」	上同	上同	上同	上同
③	八道總圖(東覽圖)	嶺「27」	上同	28.0×34.7	于山島·울릉도	上同, 임진왜란의 이전에 제작된 것으로 추정되기도 한다.
④	江原道	嶺「25」	17C 중엽	28.8×35.5	于山·울릉도	木版本, 嶺「25」의 도판에는 18C 중엽으로 誤記.
⑤	江原道(天下地圖)	嶺「32」	18C 후반	29.0×31.5	于山·울릉도	木版本, 지도와 地志의 결합된 형태가 특징임. 附註.
⑥	朝鮮全圖(各道地圖)	嶺「75」	18C 후반	99.0×56.0	울릉도·于山島	彩色筆寫本. 정상기의 동국지도를 저본으로 삼아 축소 제작된 것
⑦	朝鮮總圖(天下地圖)	嶺「43」	18C 전반	36.5×30.0	方山島·울릉도	彩色筆寫本.
⑧	輿圖	嶺「54」	18C 전반	153.7×95.0	于山島·울릉도	上同
⑨	東國圖(天下圖)	嶺「64」	18C 후반	111.8×67.1	乎山島·盃陵島	上同

번호	지도명	揭載所	제 작		島名·위치	적 요
			연도	크기		
⑩	靑丘全圖(八道全圖)	嶺「65」	19C 초반	107.3×62.7	울릉도	上同
⑪	八道全圖(八道地圖)	嶺「55」	19C 전반	98.3×61.5	울릉도 · 于山	上同, 정상기의 「동국지도」 사본 계열에 속한 지도이다. 嶺「57」에서 "18C전반"은 오기이므로 정정하였음.
⑫	江原道(八道地圖)	嶺「57」	19C 전반	71.0×71.0	울릉도 · 于山島	上同, 嶺「57」에서 "18C 전반"은 오기이므로 정정, 정상기의 「동국지도」원도체계.
⑬	江原道(八道全圖)	嶺「67」	19C 전반	81.0×61.0	울릉도 · 于山島	彩色筆寫本
⑭	江原道(古地圖帖))	嶺「47」	19C전반	95.5.×82.8	울릉도	彩色筆寫本, 附註.
⑮	海左全圖	嶺「81」	19C 중엽	98.3×56.0	울릉도 · 于山	歷代總圖·聖賢統圖, 木版本, 附註.
⑯	江原道(銅版袖珍日用方)	嶺「88」	1871년	7.4×7.4	울릉도 · 于山	銅版本, 好古堂이 동판으로 제작한 것으로 민간에서 일상생활의 의례때 사용.
⑰	八道全圖(道里圖標)	嶺「89」	19C 후반	135.0×58.0	울릉도 · 于山島	木版本(加彩), 附註.
⑱	檀箕以後諸古國(沿革圖七幅)	嶺「106」	19C 이후	110.4×82.3	울릉도 · 無名島	彩色筆寫本, 울릉도는 于山國이었다고 표기해 놓았음. 新羅所倂諸國에서 于山國의 정벌사실을 기록.
⑲	新羅(沿革圖 七幅)	嶺「109」	19C 이후	82.5×53.3	無名島	彩色筆寫本, 울릉도를 그려 놓고 섬 名은 없다. 附註.
⑳	大朝鮮國全圖(東輿圖)	嶺「80」	19C 末	21.0×30.5	울릉도 · 于山	銅版本
㉑	大韓全圖	嶺「116」	1899년	33.5×23.9	울릉도 · 于山	印刷本(加彩), 학부편집국 간행의 전도.
㉒	江原道(大韓全圖)	嶺「124」	1899년	23.0×24.6	울릉도 · 于山	上同, 학부편집국 간행의 도별 지도.

번호	지도명	揭載所	제작		島名 위치	적요
			연도	크기		
㉓	朝鮮全圖	김진명「222」	1850	61×100	울릉도·우산	김대건의 지도를 바탕으로 말트-브링 완성, 1855년에 파리지리학회지에 게재.
㉔	東國地圖	古「65」	英祖年間	91.5×65.0	울릉도·우산도·울릉도	彩色寫本, 2 울릉도의 그림 중에서 앞의 것은 삭제됨이 옳다.
㉕	天下大摠一覽之圖(朝鮮地圖)	古「69」	未詳	128×156	우산도·울릉도	彩色寫本, 國立中央圖書館藏 (古朝61-11)
㉖	海東輿地圖	古「77」	未詳	25.3×15	울릉도·우산도	彩色寫本, 國立中央圖書館藏 (貴 61-35)
㉗	左海輿圖	古「78」	未詳	21×35.5	울릉도·우산도	彩色寫本,國立中央圖書館藏 (古2702-16)
㉘	江原道 26 官圖(朝鮮地圖帖中)	古「85」	未詳	26.7×14.7	우산도·울릉도	木版本, 國立中央圖書館藏(貴209, 古朝61-85)
㉙	八路地圖	古「113」	未詳	23.9×16.1	울릉도·우산도	彩色寫本, 國立中央圖書館藏 (古2072-9)

범례: 제작란의 크기수치는 모두 cm로 표시한 것이고, 또 게재지 표시는 각 일예로서 보기로 삼는다. 즉, ㉠ 嶺「10」은 영남대박물관편, 「韓國의 옛 地圖」 도판편, 10번-21쪽, 1998. ㉡ 古「65」는 한국도서관학연구회편, 「韓國古地圖」, 65쪽, 1977. ㉢ 김진명「222」는 金鎭明, 「서양 자료로 본 독도」, 1998, 222쪽.

〈표 1〉의 ①은 우리 한국의 전도로서 현존하는 가장 오래된 것 중

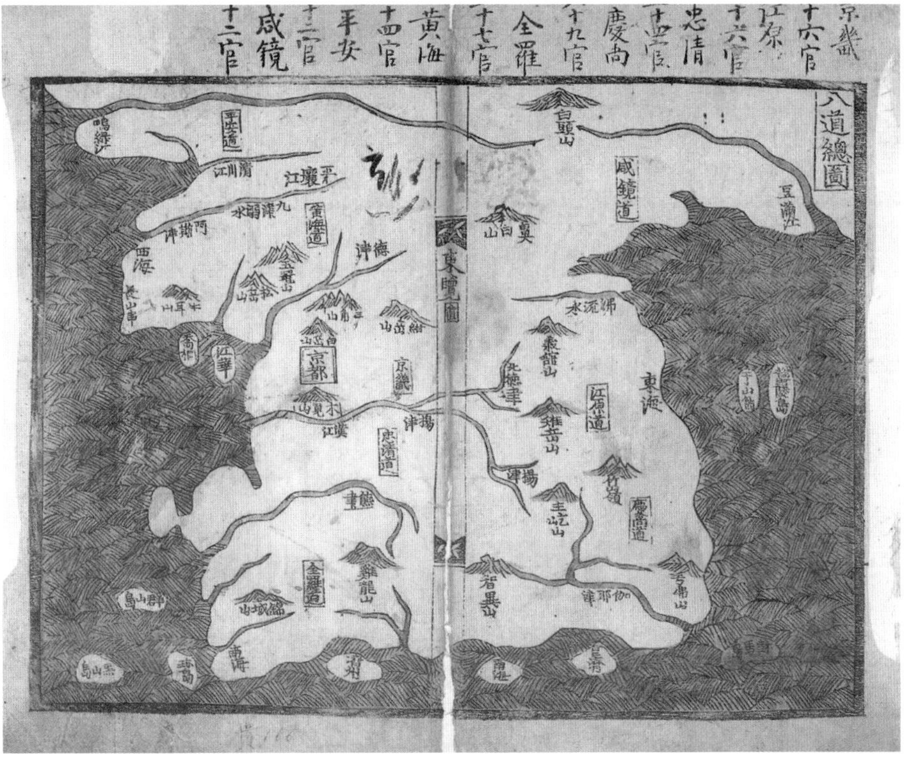

〈지도1〉 八道總圖(東覽圖)

하나이며, 〈지도 1〉 8도 총도가 이것이다. ②는 전국 8도 중에서 강원도의 분도分圖인데, 26개 군현을 한 눈에 볼 수 있도록 그려 놓았다. 다만 ①·②는 「동국여지승람」의 내용을 보완하는 부도附圖로서 제작되었기 때문에 표현하고 있는 내용들은 매우 소략하며, 사전祀典에 기재되어 있는 악嶽·독瀆·해海 및 명산대천과 각 군현의 진산鎭山을 주로 그려 놓았을 뿐이다. 이것은 그 파악이 국방과 같은 실용적 차원이 아니라 제사를 통한 왕권의 위엄과 유교적 지배이념을 확립하려는 의도와 밀접한 관련이 있었기 때문이다.

①·②는 모두 한반도의 해안 쪽에 먼저 독도인 우산도를, 그 다음에 울릉도를 각각 그려 놓은 것이 가장 큰 특이한 점인 동시에 문제점이기도 하다. 다시 말하면 첫째 양자의 공통점은 먼저 우산도를, 그 다음에 울릉도를 각각 그려 놓아 두 섬의 위치를 서로 뒤바꿔 놓은 문제가 발생하였으며, 둘째 ①전도의 우산도는 작은 섬으로, 그 뒤편의 울릉도는 큰 섬으로 각각 그려 놓고 또 ②분도는 두 섬의 크기를 거의 대등하게 그려 놓음으로써 서로 어긋나게 그려 놓은 문제점이 있다.

두 섬 위치를 ①·②와 같이 '우산도·울릉도' 식으로 그린 것은 ③·⑧·㉕·㉘의 4개도 마찬가지이다. 이 4개 중에서 먼저 ③은 ①·②와 같이 사전祀典에 수록된 중中·소사小祀를 지내는 곳인 악嶽·독瀆·해海 및 명산대천 등을 주로 표시해 놓은 지도이다. 산천에 제사를 지내는 풍습은 한국고대에서 고려시대는 물론 조선조에 이르기까지 이어져 내려왔던 것이다. ③지도의 "성격은 전국적인 산천지세의 파악에 목적을 두고 있기보다는 국가의 의례와 관련되어 산천제를 지내는 곳만을 그린 일종의 주제도적 성격을 띠고 있다"고 한다.

다음 ⑧은 정상기(鄭相驥:1678~1752)의 「동국지도」가 나오기 전 단계에

속하는 지도이나, 우산도가 ①·②·③과 동일하게 울릉도의 앞쪽인 서편에 표시된 점 등으로 보아 조선초기 「東覽圖」식의 전도全圖 양식이 반영되어 있음을 알 수 있다. 그밖에 ㉕·㉘도 역시 같은 양식이 반영된 지도들이기는 하나 약간의 상이점도 있다. 예컨대, ㉕의 동해에 '조선국'이라 써 놓고 그 아래에 우산도·울릉도의 두 섬을 거의 일직선으로 나란히 그려 놓았다. ㉘의 우산도는 울진 해안선에서 가까운 곳에, 또 울릉도는 북쪽으로 올려 상당히 멀리 떨어진 곳에 각각 그려 놓았다. 이처럼 양자가 서로 다른 까닭은 우산도·울릉도의 실재적 위치와 지형 등에 바탕을 두고 그린 것이 아니라, 각각 상이한 저본을 토대로 그렸기 때문에 나타난 현상이었을 것이다.

다음 ⑦은 방산도方山島·울릉도의 명칭으로 표기하여 놓은 것이 먼저 주목된다. 이것은 앞의 우산도·울릉도와 명칭이 다르기 때문이며, 양자를 비교하면 울릉도는 동일하므로 우선 논의에서 제외하기로 하고, 방산도와 우산도의 명칭이 서로 다르기는 하나 모두 울릉도의 앞자리에 동일하게 위치하고 있는 것으로 봐서 동일한 섬으로 볼 수밖에 없다. 다시 말하면 '방산도·울릉도'와 '우산도·울릉도'의 양자를 서로 견주어보면 방산도와 우산도의 명칭만 상이할 뿐 그 위치가 같기 때문에 동일한 섬이 분명하다. 따라서 방산도는 우산도의 오기 혹은 별칭 중 어느 쪽이었는지 현재 단정적으로 말할 수 없으나 전자였을 가능성이 높다. 역시 같은 지도에서 정평定平지역의 비백산鼻白山을 백비산白鼻山으로 오기하여 놓은 것으로 봐서 방산도가 우산도의 오기였을 것으로 생각할 수도 있고, 혹은 기존의 지도를 옮겨 적는 과정에서 잘못 베낀 것으로 추측할 수도 있다.

⑦은 "방산도·울릉도"의 두 섬 중에서 오직 방산도만 다른 명칭으로

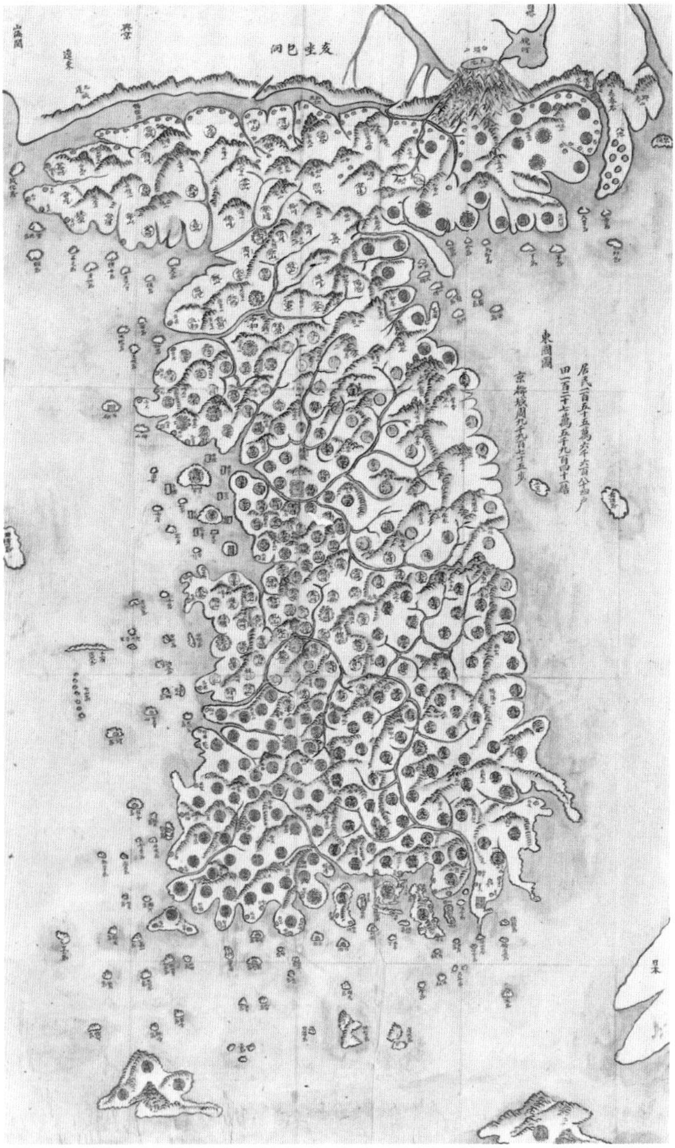

〈지도 2〉 東國圖(天下圖)

표기하여 놓았으나 ⑨는 〈지도 2〉 동국도에서 볼 수 있는 바와 같이 두 섬 이름을 평산도平山島·배릉도盃陵島로 표기하여 놓았다. 이것은 이제까지 살펴본 것과는 완전히 상이한 명칭이다. 여기서 '평산도·배릉도'는 '우산도·울릉도'의 또 다른 하나의 별칭이었을 것으로 추정된다. 이에 대해서 "울릉도를 배릉도로, 우산도를 평산도로 독특하게 표기하였으며 우산도를 울릉도 서측에 그린 점은 조선전기 지도를 계승한 것으로 볼 수 있다"는 견해가 뒷받침해 주고 있다(영남대 박물관, 「한국의 옛지도」 1998). 이 견해에 특히 주목되는 것은 울릉도의 서쪽—해안선과 울릉도의 사이에 평산도 즉 우산도를 그려 놓은 점은 조선전기 지도를 계승한 것이라고 한 부분이다.

'우산도·울릉도'의 두 섬 순차는 명칭이 비록 ⑨ '평산도·배릉도'로 바뀌었더라도 그대로 따르고 있는데, 이것은 지도를 그리면서 전래되고 있는 종전의 전통적 양식을 바꾸지 않고 따른 것에 연유하고 있었음을 알 수 있다. 앞 ⑦은 조선후기 민간에서 유행했던 지도첩에 실려 있는 채색필사본 지도였으며, 또 ⑨의 "지도 상단에 해좌사향亥坐巳向이라 표기하여 우리나라 지형의 좌향을 표기하고 있는데 전통적인 풍수적 관념이 반영된 결과로 보인다"고 한다. 따라서 ⑦ '방산도·울릉도', ⑨ '평산도·배릉도' 등의 명칭은 민간사회에서 유행했던 풍수적 주술적 행위와 연관되어 붙여진 명칭이었을 수도 있었을 것 같다. ④는 〈지도 3〉 강원도에서 볼 수 있는데, 목판본으로 제작되어 민간에서 널리 이용되었던 지도 중의 하나이며, 현재 그와 비슷한 유형의 지도가 많이 남아 있다. 이 지도에는 강원도 고성의 삼일포에 가까운 바다에 자산도子山島를, 이 섬의 위쪽 다시 자세히 말하면 동북향으로 치우친 상당히 떨어진 거리간격을 두고 위쪽에 울릉도를 각각 표기하여 놓았다. 여기 자산도는 가로로 누운 직사각형으로, 또 울릉도는 세로로 세운 타원형으로 각기 그려져 있다. 그 명칭만을 직사각형으로 둘러씌운 형상은 단지 자산도 뿐이 아니라 고성·삼척·울진·월송의 4군현명을 바다 쪽에 나란히 열거해 놓고 모두 동일한 형상으로 그려 놓았다. 여기 직사각형의 표현은 '진보鎭堡의 설치지역'이란 뜻이므로, 당시 강원도일대의 바다는 자산도 및 4군현 등이 각각 관할·진수하고 있었음을 알 수 있다.

④자산도·울릉도, 그리고 고성·삼척·울진·월송의 4군현 등의 이름을 바다 쪽에 나란히 열거해 놓고 직사각형으로 둘러씌운 형상은 ⑤도 거의 동일하다. 다만 차이점은 직사각형으로 둘러씌운 ④자산도가 ⑤에서는 타원형의 속에 우산이란 이름으로 바뀌어졌을 뿐이다.

두 섬을 중심으로 다시 말하면 해안 쪽으로 먼저 우산도를, 이 섬의 위쪽인 동북향으로 떨어진 위치에 울릉도를 각각 표기하여 놓은 점은 ④와 ⑤가 거의 동일하나, 전자는 직사각형 속의 자산도로, 또 후자는 타원형 속의 우산도로 각기 표기하여 놓은 점이 상이할 뿐이다. 여기서 자산도는 우산도의 또 다른 별칭임을 알 수 있고 또 ④17세기 중엽과 ⑤18세기 후반의 시대적 변천은 '진보鎭堡'의 설치지역에서 비설치지역으로 변천케 하였던 사실도 동시에 알 수 있다. 그밖에 ④와는 상이하게 ⑤의 지도 아랫부분의 여백에서 부기하기를 우산국의 고지인 울릉도에는 "옛 사찰 터가 많다"고 하였다. 이것은 우산국의 변천과정에서 어느 시기의 사실을 말하고 있는 것인지 현재 분명히 알 수 없으나, 그 지역에 불교문화가 개화하였던 사실만은 분명히 알 수 있다.

끝으로 ㉔는 「동국여지승람」의 8도총람 형태로 그려진 한국전도이다. 이 지도의 흡곡지역에서 가까운 해역에 울릉도를, 울진에서 가까

江原道
伊川
平康
淮陽
通川
鐵原
安峽
金化
狼川
金剛山
高城
楊口
杆城
春川
洪川
雪岳
襄陽
江陵
平昌
旌善
橫城
三陟
寧越
太白山
平海
于山
〈지도 3〉 강원도

운 해역에 우산도·울릉도를 각각 표기하여 놓아, 1개의 우산도와 2개의 울릉도를 그려 놓았다. 2개의 울릉도를 그려 놓게 된 사연이 어디에 있었는지 현재 분명히 가릴 수 없지만 흡곡지역의 가까운 해역에 있는 울릉도는 잘못 그려진 것이 분명하므로 없는 것으로 간주하면 우산도·울릉도의 두 섬만이 자연 남게 된다. 따라서 우산도·울릉도의 순서로 그려진 지도임을 알 수 있다.

이상을 요약 정리하면, 울릉도는 배릉도, 우산도는 자산도·방산도·평산도 등으로 각기 상이하게 표기하여 놓은 경우도 있었으나, 그것은 울릉도와 우산도의 별칭 혹은 오기 등이었을 것으로 짐작된다. 이 두 섬의 위치가 한반도와 가까운 쪽인 서편에 우산도를, 그 반대쪽인 동편에 울릉도를 각각 그려 놓은 것이 가장 큰 특색이요 전체적인 공통점이다. 두 섬 중에서 울릉도는 오늘날도 동일하게 호칭하고 있으나 우산도는 독도의 옛 이름임을 후술하는 바에 의해서 알 수 있다.

그렇다면 한반도의 해안 쪽으로부터 먼저 우산도, 그 다음에 울릉도 등의 순서로 된 것은 잘못 그려진 지도임을 알 수 있다. 설혹 우산도는 오늘날 독도의 옛 이름이 아니라고 하더라도 우산도·울릉도의 순서로 표시된 지도는 잘못 그려진 것이 틀림없다. 한반도에서 울릉도까지 직통거리로 왕래하는 사이의 해역에 어떤 섬도 존재하지 않기 때문이다.

위와 같이 두 섬의 위치를 정반대로 바꾸어 놓은 사연이 반드시 있었을 것으로 짐작된다. 지도제작은 각 지역의 산세·하천을 포함한 지형지세와 도로·역참·산성·읍치·방리 등을 일목요연하게 파악하여 지방행정과 군사작전 등을 용이하게 함으로써 국가의 지배체제를 강화하려는데 일차적 목적이 있었다. 그렇기 때문에 지도를 그릴 때 군사·

행정·경제 등과 같은 실용적 측면에 높은 비중을 두었을 것은 틀림없을 것이며, 그밖에 지도제작 당시의 사회적·정치적인 필요와 시대적 요구 등이 투영되어 그려진 경우도 있었을 것이다.

조선초기의 지도에 공통적으로 표현되고 있는 특징은 각 군현의 진산 및 명산대천과 섬·바다 등을 주로 표시하여 놓은 것이다. 이것은 국방과 같은 실용적 차원이 아니라 제사를 통한 왕권의 위엄과 유교적 지배이념을 확립하려는 의도와 밀접한 관련이 있었기 때문이다. 산천에 제사를 지내는 풍습은 한국 고대에서 고려시대는 물론 조선조에 이르기까지 이어져 내려 왔다. 그리고 이 당시에 우리나라 지형의 좌향을 지도에 표기해 놓은 것도 전통적인 풍수적 관념이 반영된 결과로 보인다. 따라서 한반도의 해안 쪽으로부터 먼저 우산도를, 그 다음에 울릉도를 차례로 그린 잘못된 지도는 우산도가 제사지 혹은 풍수적인 길지 등으로 숭앙되면서, 해상을 왕래하는 어민들의 마음속에 늘 친근한 이웃으로 느끼고 친숙한 섬으로 유포되기에 이르자, 그것이 울릉도보다 더 가까운 섬으로 지도에 표현되기에 이르렀던 것으로 추측해 볼 수도 있을 것이다.

우산국의 옛터에는 제의를 행하였던 장소가 있었던 것이 사실이다. 울릉도의 현포동 고분군 안에 위치한 폭 12m에 이르는 공간에는 14개의 열석列石과 잘 다듬어진 원형 돌이 최근에 발굴된 바가 있으며, 그 규모와 형태는 국내에서 유래를 찾아볼 수 없는 특이한 것이었다. 이곳은 최근 발굴이 있기 이전에 불상이 발견되었으므로 막연히 절터로 여겨 오게 되었으나, 4~5개의 돌기둥이 3열을 이룬 열석이 발굴되자, 사지가 아니라 제의를 행하던 제사장으로 추정하기에 이르렀다. 따라서 "울릉도 자체 내에 우산국 시절에 이미 이런 행사 내지는 이런 성격의 시설물이 만들어진 것"으로 추정하고, 또 신라의 통치력이 미치는 지역에서 "8세기까지 잔존해 있었고 또 그 기능을 가지고 있었던 종교적인 하나의 신전에 해당될 수 있는 역할을 하였던 곳"으로 추정키도 했다. 만약 이러한 추정이 틀린다고 하더라도 울릉도지역에 제의를 행하던 제사장이 존재하고 있었다는 사실의 발견이 중요하다.

우산도·울릉도의 두 섬을 둘러싼 해역까지 지배영역으로 삼았던 우산국에는 많은 강치=해룡이 살고 있었으며, 해룡은 백성들에게 수호신으로 숭앙되면서 이곳은 신성지 혹은 이상향으로 여겨 왔다고 울릉도의 주민들에 의해서 현재도 구전되고 있다. 그리고 일본인 사이토 호센齋登豊仙이 1667년 오키시마隱岐島를 직접 답사하고 견문한 바에 의하면 송도·죽도울릉도·독도에 대한 일본의 호칭에 "대나무·물고기와 해록海鹿이 많다"하고, "신서神書에서 소위 '50맹猛'이라 한 것인 듯하다"고 했다. 해록은 오늘날 울릉도에서 구전되고 있는 강치=해룡을 의미하고 있는 듯하고, '신서의 소위 50맹'은 많은 해룡들의 신비스러운 형상과 용맹 등으로 생겨난 설화에서 따온 말일 것으로 생각된다.

우산도·울릉도의 순서로 위치를 표시한 잘못 그려진 지도들의 제작시기는 〈표 1〉에서 ㉘은 "연대미상"이므로 제외하면, ①~⑨ 즉 16세기 후반부터 18세기 후반까지 이르고 있다. 이 시기에 제작된 지도 즉 '우산도·울릉도'식의 순서로 그려진 잘못된 지도는 조선초기 「동람도」식의 양식이 반영된 것들이다. 다시 말하면 두 섬의 순서를 잘못 그린 지도는 실재적 위치와 지형 등에 바탕을 두고 그려진 것이 아님을 반증하고 있는 것이며, 또 잘못된 지도가 약 2세기에 이르도록 장기간 지속되게 된 것은 기존의 저본을 전사과정에서 계속 잘못 베껴

왔기 때문에 나타난 현상이었을 것이다.

〈표 1〉의 ①~㉙ 중 위에서 논급된 것은 ①~⑤, ⑦~⑨, ㉔~㉕, ㉘ 등 총 11개이며, 모두 한반도의 해안 쪽인 서편으로부터 먼저 우산도와 그 다음 울릉도의 차례로 그려진 지도들이었으나, 그 밖의 18개는 섬의 위치가 위에서 언급한 것과 동일하지 않은 경우이다. 이 18개 지도의 섬 위치에 대해서 대략 미리 말하면 앞과는 반대로 해안에서 가까운 쪽인 서편에 울릉도를, 그 반대쪽 동편에 우산도를 그려 놓은 것과 또 울릉도만을 그려 놓은 것 등이다. 이에 해당하는 지도들을 아래에서 살펴보기로 한다.

여기서 미리 언급하고 싶은 것은 한국전도와 그 분도의 관계는 전체와 부분의 지도이기 때문에 지도의 지면에 따라 형체·대소와 상밀詳密 여부 등이 어느 정도 상이할 수 있을 것으로 여겨지지만, 이와 달리 양자 중 어느 일방의 오작誤作으로 상호간에 괴리가 발생하였다면 이것은 문제이다.

그러면 위에서 말한 18개 중에서 번호가 가장 빠른 ⑥부터 살펴보면, 이 지도는 18세기 이후 유행했던 도리도표道里圖標에 실려 있는 필사본 한국전도이다. 이 지도는 "정상기의 「동국지도」 계열을 따르고 있으나, 전체적인 해안선 윤곽은 전형적인 「동국지도」 사본들과는 다소의 차이가 있다"고 한다. 그러나 이 지도의 여백에는 한국지형의 좌향과 정동·서·남·북의 위치와 거리를 주기하여 놓고 또 10촌으로 구분된 백리척도 옆에 그려 놓은 것으로 봐서 종전에 비해서 울릉도·우산도의 순차와 위치 및 간격거리 등의 묘사에 진일보한 면을 찾아 볼 수 있다.

다음 ⑩·⑪은 앞의 ⑥과 같이 한국전도를 그려 놓은 것이고 또 ⑫·

⑬·⑭는 강원도만을 그려 놓은 분도이다. 모두 정상기의 「동국지도」 사본 계열에 속하는 지도이고 동일 지도첩에 수록되어 있음에도 불구하고 전도와 분도의 양자가 울릉도·우산도의 위치를 각각 다르게 그려 놓았다. 다시 예를 들어 말하면 동일 지도첩에 수록되어 있는 〈지도 4〉 8도 전도인 ⑪전도는 울릉도와 그 동편 우산도의 사이에 상당한 간격을 띄워서 그려 놓았으나, 〈지도 5〉 강원도 지도인 분도의 울릉도·우산도는 완전히 밀착시켜 놓았기 때문에 우산도란 섬은 보이지 않고 단지 그 명칭만이 보일 뿐이다. 이에 따라 우산도는 오늘날의 울릉도 곁에 인접해 있는 죽도로 오인할 수도 있게 되었다. 요컨대, 지도의 제작과정에서 ⑪의 전도는 두 섬의 간격거리를 상당히 띄어서 그려 놓았으나 동일 지도첩에 수록되어 있는 ⑫의 분도에서는 두 섬의 간격거리를 완전히 밀착시켜 그려 놓았기 때문에 전도와 분도가 상호 불일치란 괴리현상을 낳게 된 것이다.

⑫와 거의 동일한 형상을 ⑬에서도 볼 수 있다. 양자 모두 전도全圖의 우산도 위치와 불일치를 낳게 됨으로써 그 결함이 발견되고 있으나, 다른 한편으로는 해안선의 윤곽이 정상기의 「동국지도」 원도 계열을 따라 굴곡으로 그려서 실제 섬의 지형을 나타내려고 하였으며, 또 모두 울릉도의 아래쪽 여백에 "울진에서 바람을 얻으면 2일만에 도달할 수 있다"고 적어 놓았으므로, 당시 주로 울진에서 울릉도의 왕래가 이루어졌음을 알 수 있게 하였다.

다음 ⑮ 즉 〈지도 6〉 해좌전도에서 울릉도·우산도의 그림을 통하여 18세기 정상기의 「동국지도」가 나온 이래로 축적된 성과가 잘 반영되어 있음을 볼 수 있다. 즉, 울진 해안선에서 울릉도까지 또 울릉도에서 우산도까지 거리간격과 두 섬 크기의 비율 등에서 볼 수 있는 것이

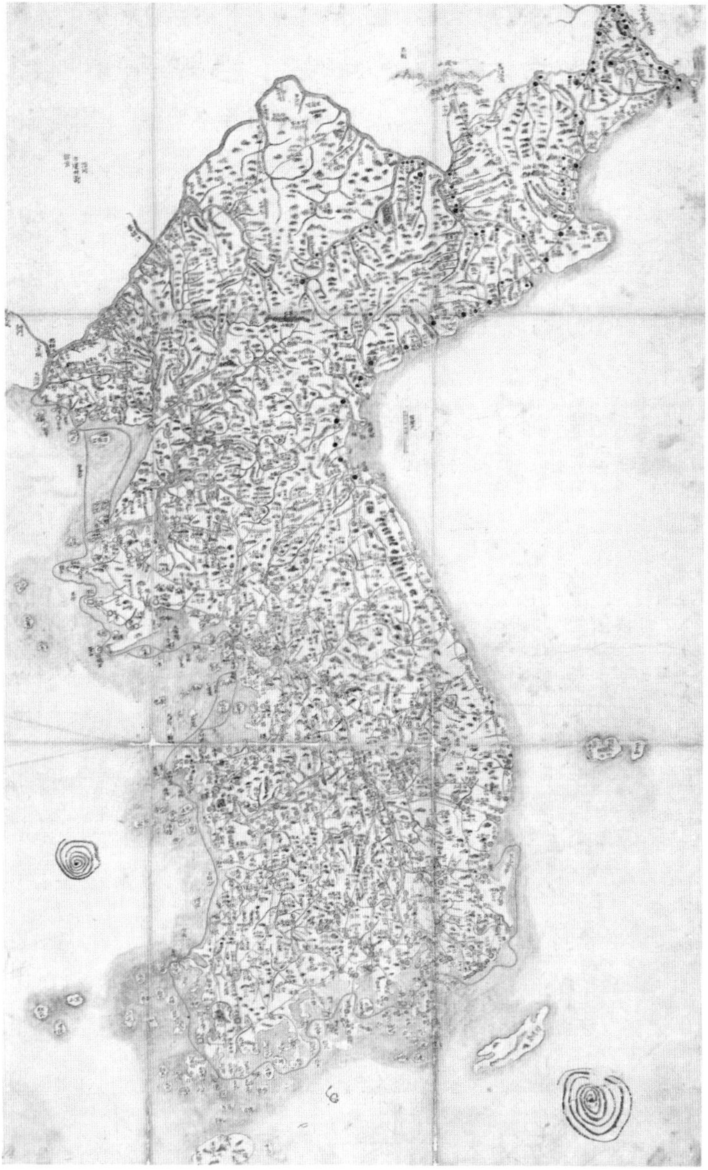

〈지도 4〉 八道全圖(八道地圖

그 일예이다. 그 정확성에 대한 평가는 오늘날 울릉도와 독도-우산도의 실제 거리간격과 그것을 비교해 보면 알 수 있을 것으로 생각된다. 그리고 울릉도와 우산도 등에는 각각 연봉으로 이루어진 산봉우리의 그림을 그려 놓고 전자에는 중봉中峰이란 명칭까지 붙여 실제에 접근하는 사실적 그림으로 표기하려는 노력을 엿볼 수 있다.

〈지도 6〉에 그려진 산맥·하천·해안지역의 도서, 수로의 표시, 팔도의 경계 표시 등과 ⑳의 그림을 서로 비교해 보면 양자가 거의 유사하게 보이나, 후자가 실제는 더욱 정밀하고 사실적으로 표현되어 있다. 이 지도는 전통적인 표현 양식을 계승하면서도 조선후기 지도학적 성과를 반영하고 있는 대표적인 지도로 평가되고 있다. 다만 〈지도 6〉 즉 ⑮의 지도여백에는 지지地誌에 관련된 내용을 빽빽하게 기록해 놓았는데, 이 기록은 지도만으로 파악하기 어려운 내용과 역사적 사실 등을 추가해 놓은 자료들이다. 예컨대, ⑮의 '우산' 섬 그림 오른쪽에 "울릉도는 원래 우산국이었으며, 험준함을 믿고 항복하지 않자, 신라는 이사부를 파견 공격하여 그들을 항복케 하였다"는 부주가 그것이다. 이것은 지도에 표현할 수 없는 역사적 사실이며, 그를 통하여 ⑮·⑳의 울릉도·우산도는 옛 우산국의 영토였고 이 나라는 신라와 정치적 상하관계를 맺게 되었던 상황을 알 수 있게 해주고 있는 것이다.

지도 제작 당시에 울릉도·우산도가 원래 우산국의 옛터였음을 밝혀 놓은 것은 단지 ⑮만이 아니다. 앞에서 이미 언급한⑤·⑭와 또 ⑰·⑱·⑲ 등에서도 볼 수 있는데, 이 지도들은 모두 정상기의 「동국지도」가 나온 이래 축적된 성과가 잘 반영되어 있다. 특히, 울릉도와 우산도의 위치·거리간격을 표시해 놓은 정확도가 오늘날 과학적으로 측정한 실재와 거의 버금가는 수준에 이르고 있다. 여기에 첨가해서 울릉도·우

〈지도 5〉 江原道(八道地圖)

산도는 우산국의 옛땅이요, 이 나라는 강대국인 신라에 "험준함을 믿고 불복했다"는 주기註記를 붙여 둔 것을 특별히 주목하지 않을 수 없다.

이것은 그 지형이 천험적 군사요새지임을 강조하는 뜻이 포함되어 있을 것으로 생각된다. 신라는 고구려의 동해방면으로의 진출과 동예의 남하 등을 방어하기 위해서 우산국을 토벌하지 않을 수 없었고, 그 이후로 신라는 함경도까지 진출하여 황초령과 마운령 등지에 순수비를 세울 수 있게 되었다.

⑯은 민간에서 일상생활의 의례 때 사용하는 각종 서식과 팔도 이정표 등을 수록하고 여기에 지도를 합편하여 휴대하기 편리하게 만든 일종의 생활 백과수첩이다. 그 중에서 〈지도 7〉의 좌편에 위치한 강원도 분도만을 보면 한반도의 해안선을 따라 위쪽인 북北으로부터 점차 남南으로 내려오면서 울릉·우산의 두 섬과 삼척·월송의 두 지역 등 도합 4곳만을 표기하여 놓았다. 그러면 울릉·우산의 두 섬을 관동팔경의 명승지와 더불어 표기하여 놓은 사연은 어디에 있는 것일까. 현재 단정적으로 말할 수 없지만 그 두 섬의 표기는 '동람도' 식의 전통적인 양식에 따른 지도 그리기와 밀접한 관련이 있었을 것으로 생각됨과 동시에 동해상의 군사적 요새지로서의 비중이 더 크게 고려되었을 것이다. 특히, 지도상에 표시되어 있는 우산도의 그림은 군사시설의 존치를 표현해 둔 그림이 아닌가 추측된다. 만약 이러한 추측이 사실이라면 강원도의 해역에 표시된 4곳은 군사·행정 등의 실용적 차원과 더불어 산수를 조망하며 풍류를 즐겼던 사대부들의 의식이 지도에 투영된 것으로 볼 수 있을 것이다.

⑰은 울진에서 가까운 바다에 울릉도를, 그 동편에 우산도를 각각 그려 놓았다. 두 섬의 아랫부분 여백에 부기하기를 "울릉도는 본래 우

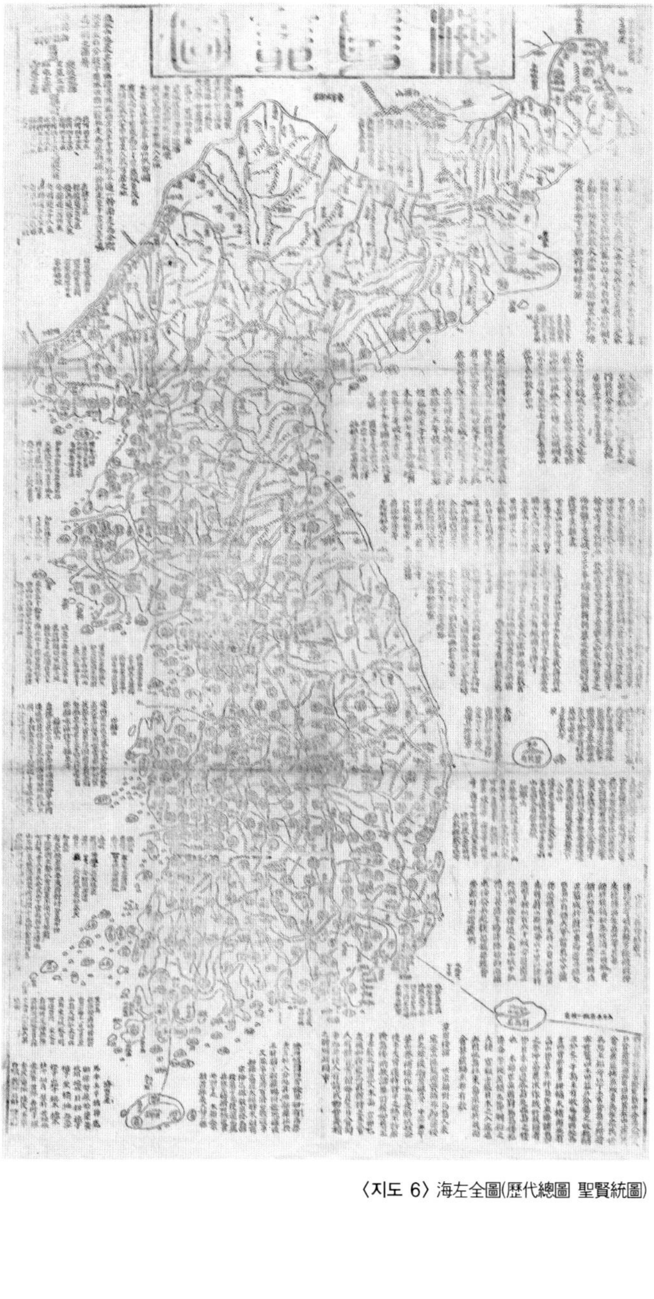

〈지도 6〉 海左全圖(歷代總圖 聖賢統圖)

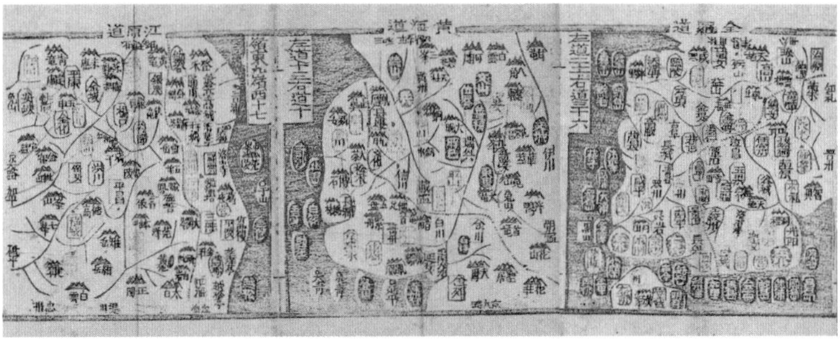

〈지도 7〉 江原道(銅版袖珍日用方)

산국이었고 험준함을 믿고 불복하자 신라는 이사부를 파견하여 항복을 받았다. … 세종 22년1440에 만호 남호南顥를 파견하여 김환金丸 등 70여인을 모두 포로로 잡아왔다가 그 땅으로 돌려보냈으나 마침내 폐허화하게 되었다"고 했다. 울릉도·우산도의 두 섬에 거주하던 주민들은 신라 이래로 조선조 세종 때에 이르기까지 토벌과 포로 등으로 수난을 당해왔는데, 이것은 우산국의 옛 땅에 거주하던 사나운 백성이란 인식과 무관하지 않았을 것이다.

〈지도 8〉, 즉 ⑱은 정상기의 「동국지도」 윤곽을 따르고 있는 한국전도이다. 이 지도 즉 '단기檀箕이후 제고국諸古國'이란 제하의 한국전도, 이를 비롯하여 신라·백제·고구려·발해도와 신라 경덕왕 구주도九州圖 및 고려 도읍도 등의 7폭, 즉 '연혁도 7폭'을 지도첩에 모두 수록하여 놓은 것 중의 하나이다. 이것은 조선후기 실학파 학자들의 활동으로 역대 왕조의 강역과 위치, 지명의 고증과 변화를 주로 다룬 역사지리 분야의 연구성과가 반영된 지도이다. '연혁도 7폭' 전체를 모두 언급하기는 지나치게 번거롭고 복잡하기 때문에 그 중에서 우산국과 관련

이 있는 ⑱·⑲의 지도에 나타난 것만을 선택하여 언급하기로 한다.

먼저 ⑱은 해안에서 멀리 떨어진 바다에 큰 섬을 그려 놓고 그 속에 큰 글자로 우산국, 또 그 아래에 작은 글자로 울릉도 등으로 각각 기록해 놓았으며, 그 동쪽으로 멀지 않은 곳에 단지 이름 없는 섬 그림만을 그려 놓았다. 그리고 지도의 여백에 많은 주기註記를 달아 놓았는데, 그 중에는 신라가 병합하였던 여러 나라를 각 왕별로 열거해 둔 것도 포함되어 있다. 여기서 지증왕 시기의 사실은 오직 2개만 밝혀 놓았다. 그 하나는 왕 13년에 "우산국이 험준함을 믿고 불복하자, 나무로 만든 사자를 싣고 가서 멸망시켰다"고 한 것이요, 또 다른 하나는 "금관국은 옛 가락국으로서 사방경계가 미쳤던 곳" 등을 동시에 나란히 기록해 놓은 것을 〈지도 8〉의 우산국 그림 아래쪽 부주附註에서 볼 수 있다.

신라의 발전과정에서 가락국과의 교류·병합이 얼마나 큰 영향을 미쳤던가에 대한 것은 여기서 언급한다는 것 자체가 새삼스러운 것에 지나지 않기에 삼가기로 하지만, 신라의 우산국 정벌과 가락국의 병합 사실 등을 동시에 나란히 밝혀 놓은 것은 조선후기 실학자들이 그 두 역사적 사건을 동급으로 취급하고 있었음을 보여주고 있는 것으로 이해할 수 있다.

다음 〈지도 9〉 즉 ⑲의 '신라' 지도에는 강원도 삼척의 앞 바다에 단지 이름 없는 섬 1개를 그려 놓았을 뿐, 한국 동해의 전체에 그 밖의 섬은 전혀 없다. 그 무명의 섬은 오늘날 울릉도를 그려 놓은 것임을 일견 알 수 있다. 그런데 본 지도의 최상단에는 단천·황초령·함흥의 지명을 열거해 놓았고 또 지도의 좌편 여백에는 신라의 간단한 연혁 및 진흥왕 순수비의 내용 일부를 기록하여 놓았음을 볼 수 있다.

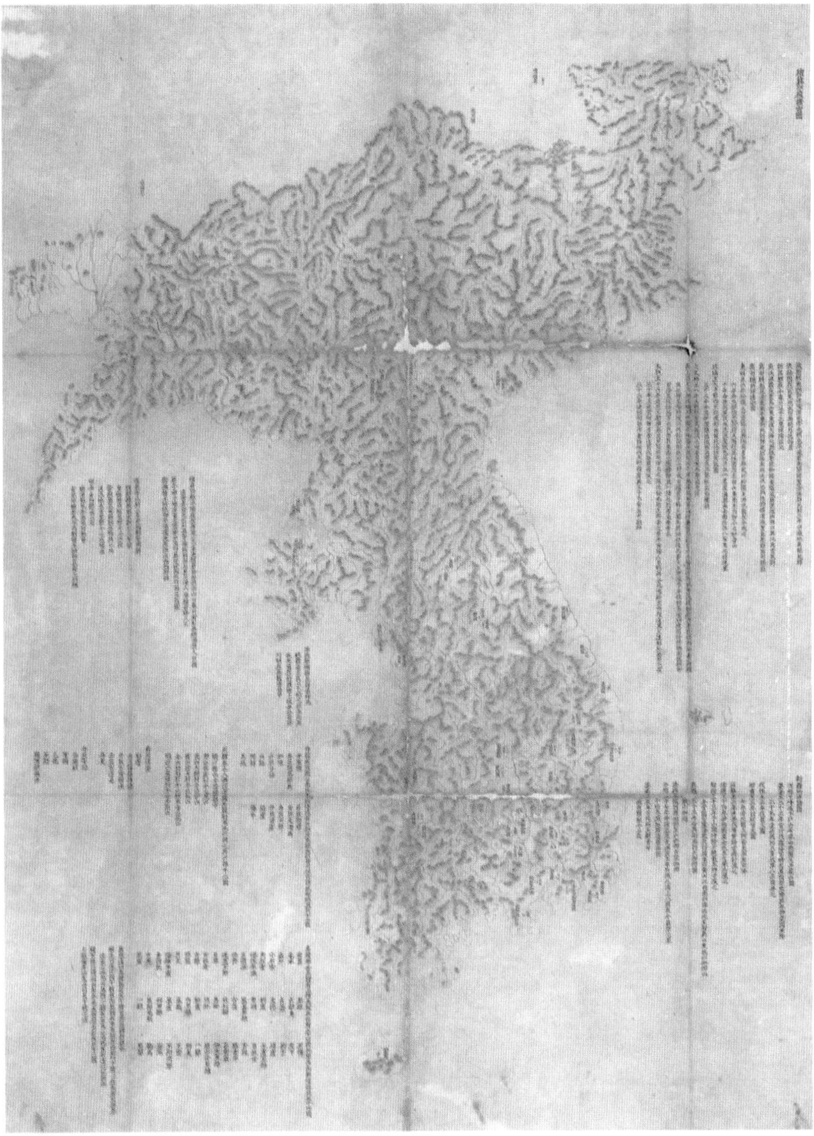

〈지도 8〉 檀箕以後諸古國(沿革圖七幅)

여기서 논술의 편의상 순수비에 표현되어 있는 것만을 살펴보면 "진흥왕이 오늘날의 안변은 비열주比洌州로, 고원은 정천군井泉郡으로 각각 삼고, 함흥 황초령 및 단천에 순수비를 세웠다."고 했다. 여기 단천의 순수비는 마운령비를 가리키고 있음이 틀림없다.

「沿革圖 七幅」은 조선후기 실학파 학자들의 역사지리 분야의 연구성과가 반영된 지도였음이 이미 널리 알려져 왔다. 따라서 〈지도 9〉의 '신라' 지도 역시 동해의 전체에 오직 울릉도로 추측되는 무명의 섬 1개만을 그림으로 그려 놓고 또 우산국에 관한 주기는 없이 단지 황초령과 마운령 등지의 순수비에 관한 것만을 기록하여 놓은 것도 어떤 역사적 사실을 적시하고 있을 것으로 보여진다. 다시 말하면 앞에 나열되어 있는 각자는 언뜻 상호 밀접한 관련이 없는 듯이 보이나 어떤 역사적 사실을 증언코자 하는 것일 성싶다. 즉, 신라가 진흥왕 때에 이르러 함경도지역에 이르기까지 어떤 해상세력 즉 무명의 섬-우산국을 비롯한 해상세력으로부터 저항을 받지 않고 동해를 왕래하면서 어로·물류 이동 등 해상활동을 자유로이 하였음을 지도와 순수비의 사실 등을 병기해 놓은 것에 참 뜻이 있었을 것으로 여겨진다.

요컨대, 지증왕 때 우산국을 정벌하고 진흥왕 때 황초령과 마운령 등지에 순수비를 세운 것 등의 역사적 사실을 지도에 그림과 기록 등으로 표기하여 놓은 조선후기 실학자들의 의도는 우산국의 옛 땅-울릉도·우산도를 둘러싼 해역 즉 동해에서 어로·물류 이동 등 해상활동에 따른 역사적 당위성을 적시코자 하였을 것으로 생각한다.

㉑은 학부편집국이 간행한 지도로서 전국 13도의 전체를 그려 놓은 전도이고 ㉒도 같은 곳에서 간행한 전국 13도의 분도 중에 강원도 분도이다. 그런데 전자는 울릉도와 천산千山 등으로 표기하여 놓았으나,

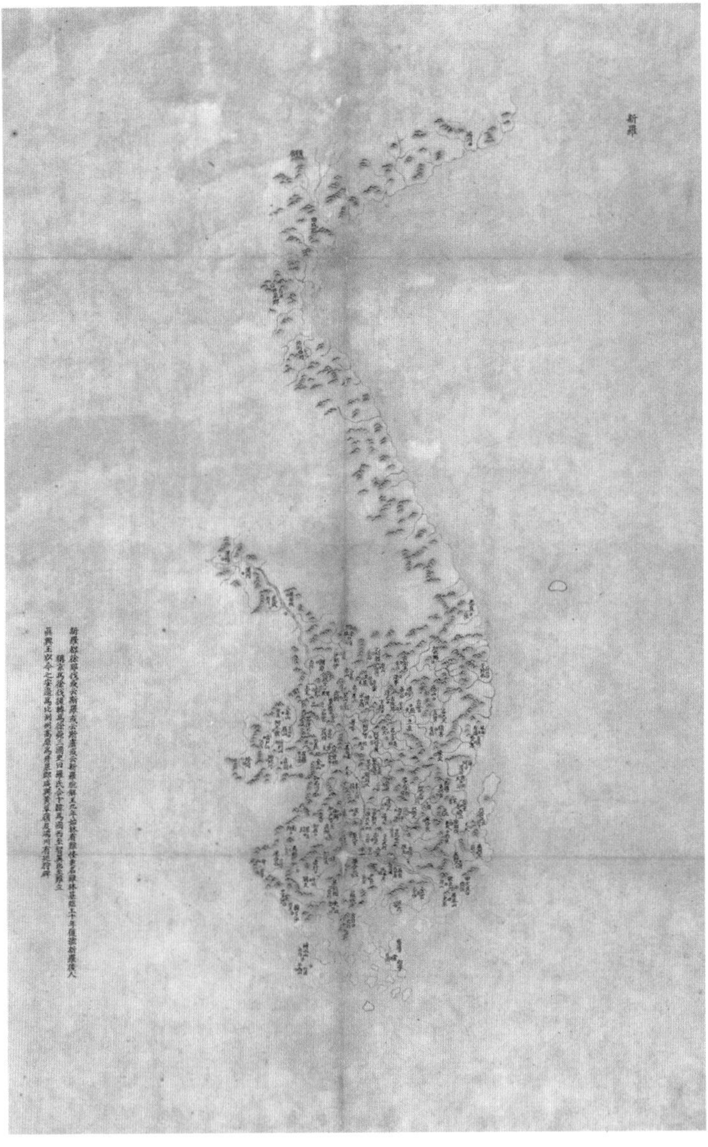

〈지도 9〉 新羅(沿革圖 七幅)

후자는 울릉도와 우산 등으로 바로 잡아 놓은 것을 통하여 전자의 천산은 우산의 오기였음을 알 수 있다. 전국 13도의 각 분도 중에 해안 지역에는 크고 작은 많은 섬들이 매우 상세하게 그려져 있고, 당시의 해로도 잘 나타나 있어서 해상활동이 중요하게 인식되었음을 엿볼 수 있다. 20세기에 진입하기 직전인 19세기 말엽인 이때 우산을 천산 등으로 비록 오기한 경우도 있었으나 그 섬들이 조선조의 영역으로 지도에 선명하게 그려져 있다는 것은 우산 즉 독도가 우리의 영토임을 분명히 인식하고 있었다는 확실한 증거이다.

㉓은 원래 우리 나라 김대건 신부가 그린 지도를 바탕으로 프랑스 지리학자 말트 브링이 축소하여 그려서 「파리지리학회지」1855년판에 게재하였던 것이며, 현재 원본은 프랑스 중앙도서관에 보관되어 있다고 한다. 이 지도는 울릉도·우산도의 명칭을 프랑스어 발음 즉 Oulangto·Ousan으로 표기하여 놓았으며, 서양에서 그린 「조선전도」에 해안으로부터 먼저 울릉도와 그 다음에 우산도를 그린 지도가 처음으로 간행된 것임을 아래에서 알 수 있다.

이 지도에 우산이 울릉도 오른 쪽에 크게 나타나 있다. 우산이 울릉도에 가까이 나타나 있어 '죽서' 쯤으로 오해할 소지도 있으나, 죽서는 지도에 나타날 수 없는 조그만 암섬이고, 우산이라는 명칭이 죽서에 대해 사용한 적이 없고, 독도를 가리키는 명칭이었으므로 '우산'은 독도를 지칭하는 것이 틀림없다.

–金鎭明, 「서양 자료로 본 독도」, 제5장 1850–1920년대, 1998, 71쪽

위의 '죽서'는 오늘날 울릉도의 해안에 바로 인접해 있는 죽도일명 대섬를 일컫고 있는 것이다. 이 섬을 우산도로 부른 사례가 없다는 것과 우산도는 독도를 지칭하고 있다는 것 등이 그의 주장 중에서 가장 핵심이다. 울릉도·우산도의 두 섬 중에서 특히 우산도 즉 독도의 위치·형체·거리간격을 잘못 그려 놓은 지도는 앞에서 이미 많이 살펴 본 바와 같다.

지도에 표현된 두 섬의 위치·거리 간격과 형체·크기 등이 실재의 섬과 서로 완전히 부합하고 있다는 주장은 할 수 없더라도 종전의 지도에 비하여 진일보한 것이다. 다시 말하면 이 지도에서 한반도의 해안선·울릉도·우산도의 각 거리간격과 두 섬의 형체 크기 등의 비율이 종전 지도와 비교하면 훨씬 발전한 모습을 띠고 있는 것은 사실이다. 김정호의 대동여지도보다 15년 앞서 근대적 작도법에 의해 작성된 지도이기 때문이다.

끝으로 ㉖·㉗은 모두 조선시대의 전국 8도를 그려 놓은 전도인데, 그 형상은 정상기의 「동국지도」를 묘사한 것으로 간주되며 거의 현대지도에 가깝다는 것을 〈지도 10〉과 〈지도 11〉 등을 통하여 볼 수 있다. 더욱 〈지도 10〉 즉 ㉖의 "도법은 정상기의 것과는 달리 산맥은 입체감을 나타내는 필법의 조감도로 되어 있다"고 한다(한국도서관학연구회편, 「한국 고지도」 1977). 이 전도에 각 도 군현을 색채로 구분하여 놓고, 또 지도의 여백에 고조선·4군·신라 9주·고려 8도의 내용을 변천 단계별로 기록하여 놓았음을 볼 수 있다. 다음 〈지도 11〉 즉 ㉗은 ㉖과 같은 부기는 없으나 전국의 도별과 군현 등 구분을 위한 채색으로 행정도와 지형도의 역할을 할 수 있도록 제작하였다. 각 군현의 연혁을 부기하여 놓은 것은 지도에 표현할 수 없는 시대적 변천과정에서 표출된 사

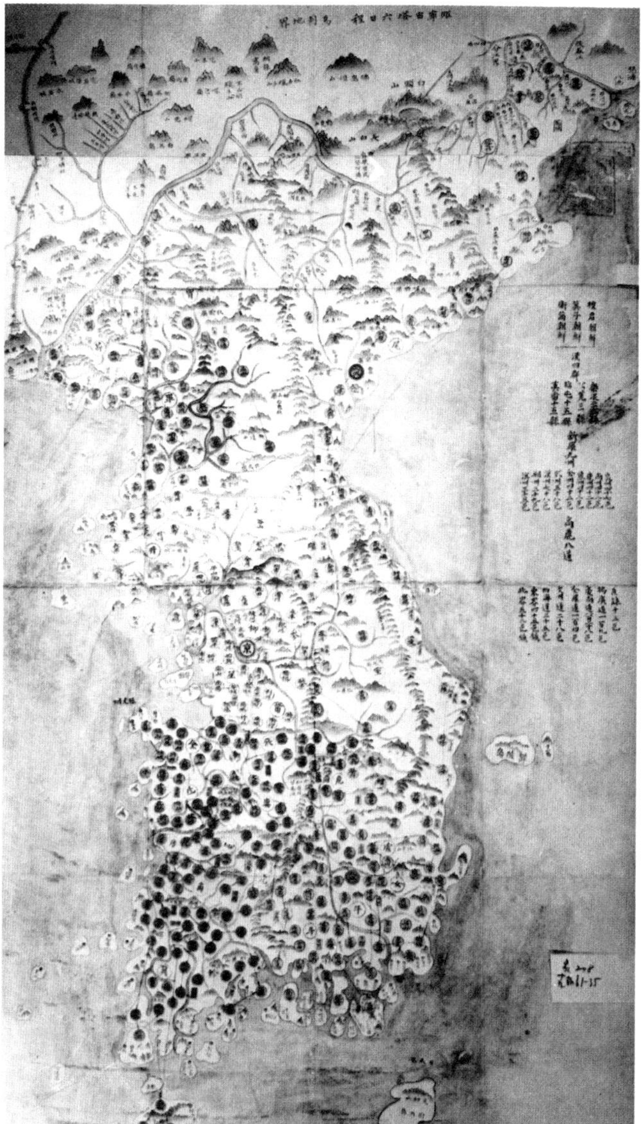

〈지도 10〉 海東輿地圖

실과 현재의 상황을 하나로 결합하여 지역행정의 원활을 기하기 위한 것이라면, 울릉도·우산도의 지형 그림과 우산국의 연혁을 부기해 놓은 까닭도 그 지역의 특수성을 상호 보완적으로 파악하기 위한 것에 목적이 있었을 것이다.

여기서 설명의 편의상 ㉘·㉙의 강원도 분도에서 울릉도·우산도의 두 섬에 표현된 특징만을 잠깐 언급해 두기로 한다. 다만 ㉘은 해안 쪽으로부터 먼저 우산도, 그 다음 울릉도의 순서로 잘못 그려져 있다고 이미 언급한 바 있으므로 ㉙의 특징부터 먼저 살펴보면, 이 지도는 삼척의 해안선 가까운 곳에 울릉도를, 또 이 섬의 동북해안선에 완전히 붙여 우산도를 각각 그려 놓았다. 이처럼 두 섬의 위치와 거리간격 등이 잘못 그려져 있는 것 보다 ㉘은 더욱 심하게 두 섬의 위치가 정반대 쪽으로 뒤바뀌져 있고 또 거리간격도 잘못 띄워 놓기도 하였다.

위의 분도에 비해서 ㉖과 ㉗ 등 전도에 표현된 울릉도·우산도의 위치와 거리간격 등은 거의 정확하게 그려져 있다고 표현하여도 지나친 말은 아닐 것이다. 다시 말하면 해안선↔울릉도↔우산도 등 각 지역 간 거리의 비율은 오늘날 과학적으로 측량한 지도와 비교하더라도 큰 손색이 없을 정도이다.

그리고 ㉖의 우산도에는 바위, 혹은 산 모양 중에 어느 한쪽이라고 할 수 없는 그림이 그려져 있다. 당장 그 중에 어느 한쪽으로 선택하라고 만약 강요한다면 그 그림은 독도의 바위를 표현한 것으로 본다고 대답할 수밖에 없다. 이 그림이 비록 바위 그림이 아니라고 하더라도 바로 옆의 울릉도에 그려져 있는 산 모양과 서로 비교해 보면 울릉도의 산과는 분명 상이한 그림이므로 독도를 상징하고 있는 그림이 분명하다. 요컨대, ㉖우산도의 그림은 오늘날 독도에 실재하고 있는

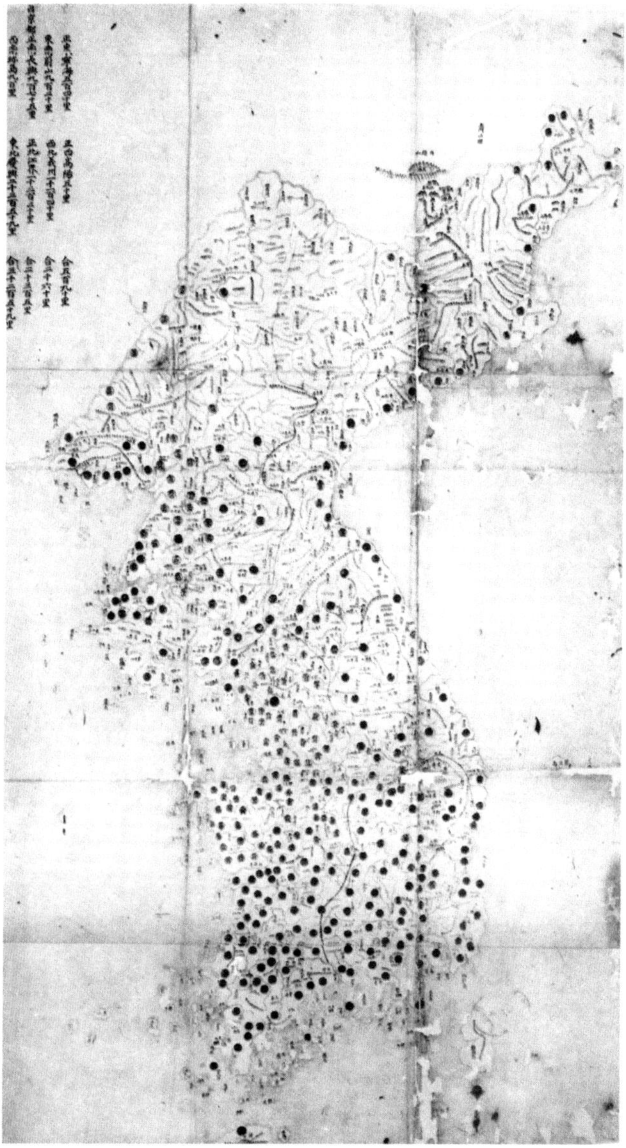

〈지도 11〉 左海輿圖

바위의 그림을 유사하게 묘사하여 놓은 것이라면 우산도는 곧 독도의 옛 명칭이다는 주장도 용납하게 되는 것이다.

㉗ 즉 〈지도 11〉의 「좌해여도左海輿圖」를 해설한 글 중에서 “특히 울릉도 옆의 우산도의 위치가 제대로 되어 있고 그 밑에 백리척의 축척표시가 보인다”〔「左海輿圖」(국립중앙도서관장, 古2702-16). 한국도서관학연구회 편, 「韓國古地圖」, 1977, 78쪽〕고 했다. 이것은 우산도의 위치가 정확하게 그려져 있다는 것을 우회적으로 표현한 말이다. 여기 우산도는 곧 독도를 지칭하고 있는 것이다. 최근 측량한 바에 의하면, 울진군 죽변↔울릉군 도동의 거리는 140㎞이고, 울릉도 도동↔독도의 거리는 92㎞라고 한다. ㉗의 「좌해여도」에 나타나 있는 울진↔울릉군, 울릉도↔독도 등의 거리 간격과 오늘날 과학적으로 측량한 것을 서로 견주어 보면 그 비율이 대략 일치하고 있다는 것이다.

나) 일본·청국인의 제작지도에 표현된 두 섬의 명칭과 특성

「만기요람萬機要覽」 군정편에서 문헌비고文獻備考와 여지지輿地志 등을 인용하여 “울릉·우산은 모두 우산국의 땅이며, 우산은 일본사람들이 말하는 송도松島이다”고 하였다. 그러면 직접적으로 외국인 특히 일본인들이 제작하였던 지도에서 울릉도·우산도를 어떤 형태로 표현해 놓았는지를 살펴보기로 한다. 〈표 2〉는 1783~1936년의 시기에 일본·청국인이 제작한 지도에 한국의 울릉도·독도의 두 섬을 어떻게 표현하여 놓았는지를 살펴보기 위해서 대략 연대순으로 나열해 놓은 것이다.

〈표 2〉의 전체 ⓐ~ⓠ의 17종 사례가 각각 표현하고 있는 섬의 이름을 먼저 유형별로 살펴보면 대략 아래와 같이 분류된다.

> (1) 竹島·松島↔ⓐ·ⓕ·ⓗ·ⓙ·ⓞ 등, (2) 松島·竹島↔ⓖ, (3) 竹島·無名島 ↔ ⓑ, (4)于山島·鬱陵島 ↔ ⓒ·ⓓ 등, (5)鬱陵島 ↔ ⓔ, (6)竹島·鬱陵島↔ⓘ, (7)竹島·杆城島 ↔ ⓚ, (8) 松島·리앙꼬르岩 ↔ ⓛ, (9)鬱陵島·리앙꼬르岩 ↔ ⓜ·ⓟ 등, (10)松島·竹島·松島 ↔ ⓝ, (11)鬱陵島·竹島 ↔ ⓠ

한국의 울릉도·독도의 두 섬에 대해서 일본식으로 표현해 놓은 전체 17종 사례 중에서 같은 유형별로 나누어 보면 위와 같이 11등분이 된다. 한국의 울릉도·독도를 일본은 (1) '죽도·송도' 로 호칭해 오다가 근래는 (2) '송도·죽도' 로 바꾸어 호칭하고 있다. 그런데 전체 17종 사례 중에서 (1)은 5종, (2)는 단 1종뿐이다. 다시 말하면 (1)울릉도=죽도, 독도=송도 등으로 호칭한 것은 5종에 이르지만, (2)울릉도=송도, 독도=죽도 등으로 호칭한 것은 단지 한 차례뿐이다. 그러나 (1)·(2) 양자의 합계 6종을 제외하고 그 나머지도 결국 양자의 또 다른 표현에 불과할 뿐이며, 양자 중 어느 한쪽을 표현하고 있는 것이 틀림없다.

예컨대, (3)의 죽도는 큰 섬으로, 또 무명도無名島는 작은 섬으로 각각 그려 놓은 것으로 봐서 큰 섬인 죽도는 울릉도를, 또 작은 섬인 무명도는 독도를 각각 상징한 그림으로 간주할 수 있고, 또 (4)우산도·울릉도는 독도와 울릉도를 각각 표기하여 놓은 것으로 간주할 수 있는 것이 그것이다. 이같은 방식으로 유형별 11등분은 결국 (1)·(2) 양자로

〈표 2〉 청·일인이 제작한 울릉도·독도의 표기지도

번호	지도명	제작			島名·위치	적요
		연도	작자(소)	크기		
ⓐ	日本輿地圖	1783	岸本彦右衛門(星文堂)	54×52㎝	竹島·松島	북위 37~38° 사이의 죽도·송도는 각각 울릉도·독도의 위치에 있다.
ⓑ	三國接壤地圖	1785	林子平	39×54㎝	竹島·無名島	죽도는 "조선의 것"이라 하면서 독도 위치의 섬은 무명으로 표시하여 놓았다.
ⓒ	清十八省輿地全圖	1874	合翠出版	93×77㎝	于山島·鬱陵島	日本海 속에 두 섬은 죽도·송도로 기록해 놓지 않았다.
ⓓ	朝鮮全圖	1874	北畠茂兵衛	97×46㎝	于山島·鬱陵島	우산도가 울릉도의 앞에 위치하고 있다.
ⓔ	朝鮮八道圖	1876	樫原義長	48.0×35.4㎝	鬱陵島	樫原義長 "일본에서는 竹島라 부른다"고 하였으나 독도는 그려 놓지 않았다.
ⓕ	大日本分見新圖	1878	山村淸助,	37.5×50.5㎝	竹島·松島	울릉도·독도에 대한 명칭이 일본이 붙인 이름이다.(今과 相異함에 주목)
ⓖ	清國輿地全圖	1880	高田義甫	71×92㎝	松島·竹島	울릉도·독도에 대해서 일본이 오늘날 부르고 있는 이름이다.
ⓗ	銅版朝鮮國全圖	1882	木村文造,	42×59.5㎝	竹島·松島	울릉도·독도에 대한 명칭이 일본이 붙인 이름이다. (今과 相異함에 주목)
ⓘ	明治改正大日本明見地圖	1883	樺井達之助	51×72㎝	竹島·鬱陵島	일본지도 왼쪽 상단에 '朝鮮國之圖'로 표기되어 있다.
ⓙ	日清韓陸海軍要地圖	1884	高橋友太郎	39×54㎝	竹島·松島	갑신정변 이후에 일본의 전략상 필요에 의한 군사지도이다.
ⓚ	明治改正大日本精圖	1887	樺井達之輔	72.5×72.5㎝	竹島·杆城島	독도는 간성도란 이름으로 기록해 놓았다.
ⓛ	世界全圖	1887	해군수로부	75×130㎝	松島·리앙꼬르岩	울릉도는 송도로, 독도는 리앙꼬르岩으로 각각 표시하였다.
ⓜ	朝鮮及其附近露清海岸	1891	日本摠部	71×100㎝	鬱陵島·리앙꼬르岩	독도는 리앙꼬르岩으로 표시하였다.

번호	지도명	제 작			島名·위치	적 요
		연도	작자(소)	크기		
ⓝ	淸國新地圖	1894	炭谷傳太郎	53×40㎝	松島·竹島·松島	2개의 송도로 잘못 그려 놓았으나 울릉도는 죽도로, 독도는 송도로 각각 호칭하고 있다.
ⓞ	朝鮮輿地圖	1894	中村鍾美堂	76×105㎝	竹島·松島	좌측 상단에 소융삼보(紹隆三寶)란 박영효의 친필이 있다.
ⓟ	日本海海戰圖	1905	博文局	45.5×34.5㎝	鬱陵島·리앙꼬르岩	독도 즉 리앙꼬르岩을 일본의 문자로 표기해 놓았다.
ⓠ	區域一覽圖(其1)	1936	陸地測量部	78.5×110㎝	鬱陵島·竹島	울릉도는 본명대로, 독도만 죽도라고 주장하고 있다.

압축 분류될 수 있을 것이다. 아래에서 전체 17종을 각기 구체적으로 살펴보기로 한다. 다만 그 전에 미리 밝혀 두고 싶은 것은 일본이 한국의 울릉도·독도를 마치 오래 전부터 (2) '송도·죽도' 로 호칭하여 왔으며, 그 두 섬은 자기들의 영토였다고 주장한 것처럼 말하고 있는 것은 사실이 아니라는 점을 ⓐ~ⓠ의 하나 하나 개별적 내용을 살펴보는 과정에서 알 수 있을 것이란 점이다.

ⓐ는 1783년 일본에서 발행된 지도이며, 여기 죽도·송도는 북위 37~38° 사이에 그려 놓은 섬이다. 오늘날 한국 동해의 울릉도·독도의 자리에 두 섬이 그려져 있는 것으로 봐서, 죽도는 울릉도를, 또 송도는 독도를 각각 지칭하였음을 알 수 있다. 그렇다면 일본은 1783년부터 한국의 울릉도는 죽도로, 또 독도는 송도로 각각 호칭하여 왔음을 알 수 있다. ⓑ동해 상의 두 섬 중에 큰 섬은 죽도로, 또 다른 작은 섬은 이름이 없는 무명도로 각기 상이하게 그려 놓았다. 그런데 죽도·무

명도의 위치와 거리간격 및 그림 형상 등 모두 전근대「조선지도」에서 흔히 볼 수 있는 울릉도·우산도의 것과 거의 일치하고 있으며, 또 두 섬의 그림 아래 여백에 "조선의 것"朝鮮ノ持ニ이라고 표기하여 놓았다. 따라서 그 두 섬은 죽도·무명도가 아니라 한국의 울릉도·우산도의 그림임을 파악할 수 있다.

위 지도에는 한반도와 두 섬 등을 모두 황색으로, 또 일본을 녹색으로 각각 다르게 색깔이 칠해져 있는 것을 봐서, 이 색깔은 나라별로 영토를 구분하기 위한 것임을 알 수 있다. 이 지도는 일본에서 지도제작의 대가로 알려져 있는 하야시林子平가 저작한「三國通覽圖說」의 부도附圖이다. 요컨대, 이 지도가 제작된 18세기부터 울릉도와 우산도-독도는 조선영토임을 일본인 스스로 확인하여 주고 있는 것이다.

ⓒ는 한반도의 해안 쪽으로 먼저 우산도를, 그 위쪽으로 올라간 동북쪽으로 울릉도를 각각 그려 놓은 지도이며, 이 두 섬이 있는 바다는 '일본해'로 기록하여 놓았다. 중국에서 간행한 이 지도는 두 섬의 위치를 위와 같이 바꿔 놓은 것 외에도 한반도의 지형과 산천의 표시도 잘못 그려 놓은 것이 많으나, 다만 우산도·울릉도의 두 섬이 한국의 영토임을 알 수 있게 표기하여 놓았음을 볼 수 있다.

ⓓ도 앞 ⓒ와 동일하게 한반도의 해안 쪽에서 먼저 우산도, 그 다음에 울릉도 등 순서로 그려 놓았다. 일본에서 본 지도를 제작할 때 어떤 저본을 필사하였는지 현재 확실히 알 수 없으나 우리의「청구도」와 거의 유사하며, 두 섬의 위치가 반대로 바뀐 것도 저본의 오류와 무관하지 않을 듯하다. 다만 송도·죽도로 호칭하지 않고 우산도·울릉도의 원래 명칭을 그대로 사용하고 있는 점이 주목된다.

ⓔ 울릉도에 대해서 오늘날 쓰고 있는 한자인 '울릉도鬱陵島'로 정확

히 기록하고 그 옆에 "일본에서는 죽도竹島라 부른다"라고 기입해 놓았으나, 우산도의 그림은 그려 놓지 않았고 또 다른 지도와는 달리 경·위선이 없다. 그런데 「조선 8도도」란 명칭을 사용하고 있는 것으로 봐서 정상기의 「동국지도」를 저본으로 삼았을 가능성이 높다. 다시 말하면 조선의 지도를 수용하면서 일본식 표현방법을 쓴 것으로 이해할 수 있다.

ⓕ 조선반도와 죽도·송도를 포함한 부속도서 등 전체를 일본과는 완전히 다른 단일 색채로 그려 하나의 영토임을 표시한 것이 본 지도의 특색이다. 그런데 위도·경도는 정확하게 그려져 있으나 죽도·송도 즉 울릉도·독도의 위치는 정확하게 그려져 있다고 할 수 없다. 특히, 울릉도는 강원도의 해안 쪽으로 약간 치우쳐 있으며 또 두 섬간의 간격은 실제보다 많이 떨어져 있고 크기는 실상과 달리 두 섬이 거의 비슷하게 그려진 단점이 있으나, 송도 즉 독도는 그 실제의 위치에 그려 놓았음을 볼 수 있다.

ⓖ 지도상의 송도는 울릉도에, 죽도는 독도에 각각 해당하는 지리적 위치에 표시되어 있다. 그리고 본 지도에서 일본은 연한 가지색으로, 또 중국은 각 성별의 색으로 상이하게 표시되어 있으나 조선반도와 송도·죽도는 모두 색칠을 하지 않고 무색으로 둔 것으로 봐서 그 전체를 한국의 영토로 인식하고 있었음을 알 수 있다. 여기서 다시 한번 되풀이하고 싶은 말은, 일본이 울릉도는 송도, 독도는 죽도라는 식으로 두 섬을 묶어 동시에 호칭하였던 사례는 이것이 ⓐ~ⓠ의 17종 중에서 유일한 것이다.

ⓗ는 위 ⓖ와 상이하게 죽도는 울릉도에, 송도는 독도에 각각 해당하는 지리적 위치에 표시되어 있다. 그 위치에 대해서 구체적으로 말

하면 동경 136°를 기준으로 서편의 강원도 해안 쪽으로 죽도를, 그 반대 동편의 오늘날 독도지점에 송도를 각각 정확한 위치에 표시하기 위해서 경·위도를 그려 가면서까지 나타내 놓았으며, 두 섬 모두 조선지도와 동일한 색채로 표시하여 한국의 영토임을 나타내고 있다. 요컨대, 본 지도의 제작처인 일본은 이 당시에도 울릉도는 죽도로, 독도는 송도로 각각 호칭하고 있으면서 두 섬 모두 한국의 영토임을 분명하게 색채로 표현해 두었던 것이다.

ⓘ는 한국 동해에 울릉도와 죽도의 두 섬이 그려져 있는데, 만약 오늘날의 울릉도·독도를 그려 놓은 것이라고 가정한다면 두 섬의 위치와 크기 등이 모두 잘못 그려진 그림이다. 특히, 이 지도상의 죽도는 울릉도의 북동향 즉 위쪽으로 올라가서 동향으로 치우친 지점에 그려 놓았을 뿐만 아니라 울릉도에 비하여 10분의 9정도로 더 크게 그려져 있다. 그 위치에 울릉도 보다 약 10배 가까이 더 큰 섬은 실재하지 않음에도 불구하고 죽도란 명칭을 붙여 놓았음을 볼 수 있다. 본 지도의 제작처인 일본은 한국의 독도를 죽도로 호칭한 사례가 있다는 것을 이미 언급한 바가 있다. 그러나 한국은 아주 먼 예로부터 독도로 호칭하지는 않았지만 우산도로 불러왔다는 것은 모두 알고 있는 사실이다.

본 지도의 제작처인 일본은 죽도 즉 우산도에 대해서 울릉도 보다 오히려 더 큰 섬이란 선입견을 갖고 있었던 것은 아니었을까? 즉 죽도-우산도는 옛 우산국을 구성하고 있었던 섬이었고, 이 나라가 울릉도를 포함한 일본해 즉 한국의 동해를 지배하였던 '해상국가'란 선입견을 갖고 있었기 때문에 실제보다 큰 규모의 섬으로 표현하기에 이르게 했을 가능성이 없지 않다.

ⓙ는 강원도의 간성과 양양의 사이에서 크게 멀지 않은 바다에 먼저

죽도를, 이 지점에서 동남향 즉 동향하여 아래로 내려간 해상에 송도를 각각 그려 놓고, 두 섬을 일본해로 둘러싼 그림으로 그려 놓았다. 여기 죽도·송도는 오늘날 울릉도와 독도의 지리적 위치에 정확하게 그려 놓지는 못했지만 울릉도와 독도의 두 섬을 일컫고 있는 것으로 추측된다. 그러나 일본의 영토가 아닌 한국의 영토로 간주하고 있음이 틀림없다. 예컨대, 강원도 양양에서 죽도까지의 거리와 죽도 동남방향으로 송도까지의 거리를 각각 울릉도·독도의 거리간격과 비슷하게 그려 놓음으로서 조선의 도서 즉 영토가 다다르고 있는 경계선까지 나타내기에 이르렀던 것이 그것이다. 본 지도는 제목에서 짐작할 수 있듯이 군사 작전용으로 그린 것이다. 지도 상단에 내무성 검열 허가가 있고 바닷길은 부산서 원산까지 300해리 등, 해로 표시가 되어 있다. 그리고 지도 하단에 주석을 달아놓은 것을 보면 조선·청의 군대세력, 조선 부근 청의 육·해군 배치 상황, 조선의 새 내각 등을 상세하게 기록해 놓았다.

ⓚ는 울진의 앞 바다에 두 섬을 그려 놓고 위쪽의 죽도는 큰 섬으로, 그 아래쪽의 간성도는 작은 섬으로 각각 표기해 놓았다. 여기 죽도는 울릉도를 간성도는 우산도를 각각 가리키고 있음이 틀림없다. 그러나 간성도는 처음 등장하는 섬 이름이다. 일본인들이 간성도라고 작명을 하게된 전후의 사정을 현재 자세히 파악할 수는 없지만 한국의 섬들을 세세히 조사하는 과정에서 각 지방민들의 구술을 그대로 옮겨 적으면서 우산도를 오기하여 놓은 것인 듯하다. 본 지도 좌상에 "조선국지명세표朝鮮國之明細表"라고 붙여놓은 것에서 그것을 짐작할 수 있기 때문이다.

ⓛ은 「세계지도」로서는 최초로 조선의 독도를 리앙꼬르암岩으로 표

기하였다. 여기서 울릉도는 송도로 불렀으나, 두 섬 모두 '조선 영토'로 표기하였다. 그리고 부산과 시모노세키 사이를 조선해협으로 명명하긴 했으나 한국의 동해는 일본해로 그들의 본위로 표기하였다. 이 지도는 그 제작에 제일 권위가 있다고 일본 스스로 자부하고 있는 해군수로부에서 발행한 것이다.

ⓜ은 울릉도는 본래 이름 그대로 부르고 있으나 독도는 일본 문자로 리앙꼬르암이라고 표기해 놓았다. 다만 본 지도는 해안, 해로, 수심 등을 상세하게 기록하고 울릉도와 리앙꼬르암 즉 독도의 지리적 위치를 정확하게 표시해 놓았다.

ⓝ은 동해를 일본해로 표기하고 3개의 섬을 그려 놓았다. 일본해란 글자를 기준으로 양분하여 말하면 조선 쪽의 두 섬 중에 위의 방향으로 올라간 북쪽 섬은 죽도로, 또 그 아래의 섬은 울도로, 일본 쪽의 섬은 송도로 각각 표기해 놓았다. 여기 전자의 두 섬 즉 죽도·울도는 오늘날 죽도·울릉도, 후자인 송도는 독도를 각기 지칭하고 있는 것으로 추측된다. 이 지도는 일본인들이 청국 즉 중국을 위시하여 세계 여러 나라에 동해는 일본해로, 또 독도는 송도로 각각 명명하여 자신들의 소유로 홍보하려는 노력을 19세기부터 치열하게 전개하여 왔음을 보여주는 하나의 증빙자료이다. 그러나 이 3개의 섬과 그를 둘러싸고 있는 바다는 옛 우산국의 영토였고, 또 그들의 생활터전이요 활동무대였던 것이다.

ⓞ는 울릉도가 죽도로 또 독도가 송도로 각각 명칭이 잘못 표기되어 있긴 하나, 그 지리적 위치가 정확하고, 두 섬이 조선반도와 동일한 색채로 이루어져 있는 점이 특색이다. 특히, 우측의 외곽 선을 넓혀 가면서까지 송도 즉 독도를 조선에 포함시켜 조선의 영토임을 분명하

게 나타낸 점과 또 지도의 여백에 경성에서 각 지방에 이르는 이정표를 부기하고 있는 점 등이 주목된다. 이 지도의 좌측 상단에 '소륭삼보紹隆三寶' 란 박영효의 친필이 있는데, 이것으로 갑신정변을 일으킨 뒤에 일본으로 망명한 김옥균과 관련지워 언급하는 사람도 있다.

ⓟ는 울릉도는 본래 이름인 울릉도로, 독도는 프랑스 해군이 1851년에 제작한 「태평양전도」에서 리앙꼬르 바위섬으로 기록해 놓은대로 본 지도에서도 "リヤンコルン岩"으로 표기하고 있다. 이 해전도의 부록인 "일로전쟁실기 제37편 부록"에서 볼 수 있듯이 러·일전쟁 때 일본해전5월의 작전지도라는 것을 알 수 있다. 1905년에 일본 박문국에서 본 지도가 제작되기까지 리앙꼬르 바위섬 즉 독도에 대해서 일본이 사실적 명칭을 붙이지 못하였던 사실을 파악할 수 있고, 또 그들의 영토가 아닌 타국-조선의 영토에서 작전 수행을 하고 있었다는 것을 본의 아니게 폭로해 놓았음을 간파할 수 있다.

ⓠ는 조선·일본·북해도·대만의 4구역으로 나누어 놓고, 조선 구역에는 울릉도와 죽도의 두 섬을 각각 1매의 도엽으로 표시해 놓았다. 다시 말하면 두 섬이 조선 구역에 편입되어 있는 것은 조선의 영토임을 확인해 준 것이다. 1936년 본 지도의 제작 당시 일본의 최고 권위와 공신력을 자타가 인정하고 있었던 육지측량부 발행의 지도에서 죽도는 조선의 영토로 확인되고 있는 것이다. 그러나 일본은 종전까지 한국의 독도를 송도로 불러오다가 태도를 바꾸어 죽도로 고쳐 부르게 된 저의가 그들의 영유권 주장에 이롭기 때문임을 이미 누구나 알고 있는 사실이다.